KB138093

AI
수익화 전략

AI
수익화
전략

초판 1쇄 발행 2024년 5월 1일
초판 3쇄 발행 2024년 5월 31일

지은이 김동석

발행인 장상진
발행처 (주)경향비피
등록번호 제2012-000228호
등록일자 2012년 7월 2일

주소 서울시 영등포구 양평동 2가 37-1번지 동아프라임밸리 507-508호
전화 1644-5613 | **팩스** 02) 304-5613

ⓒ 김동석

ISBN 978-89-6952-581-9 03320

수익화 전략

김동석 지음

챗GPT 시대 생성형 AI 활용법을 배우다

경향BP

생성형 AI, 거부할 수 없는 혁명의 시작

책 『타이탄의 도구들』에 "1,000명의 팬을 확보하라."라는 말이 있습니다. 이 말의 핵심은 "성공은 복잡할 필요가 없다. 그냥 1,000명의 사람을 지극히 행복하게 만들어 주는 것에서 시작하면 된다."는 것입니다. 이후 '팬덤 마케팅', '팬덤 비즈니스'라는 키워드가 급부상했고, 이와 함께 '크리에이터 이코노미', '팬덤 이코노미'라는 용어들이 생겨나기 시작했습니다.

최근 몇 년간 생겨난 이 새로운 용어들의 공통점은 무엇일까요? 바로 IP(Intellectual property, 지적재산권)와 밀접한 관련성이 있다는 사실입니다. 챗 GPT를 비롯한 생성형 AI들의 등장은 누구나 쉽고 빠르게 콘텐츠를 생산할 수 있게 돕고 있으며, 누구나 크리에이터가 될 수 있다는 것을 의미하기도 합니다. 그들이 만들어 낸 모든 창작물과 콘텐츠도 IP가 될 수 있고, 크리에이터와 같은 사람 자체가 IP가 될 수도 있습니다.

우리가 나만의 IP를 만들어야 하는 가장 큰 이유는 적은 자본으로도 누구나 쉽게 시작할 수 있는 분야이기 때문입니다. 심지어 블로그, 인스타그램, 유튜브는 노트북이나 핸드폰만 있으면 충분히 시작할 수 있기에 투자금 0원으로도 시작할 수 있다는 장점이 있습니다.

이처럼 자신만의 콘텐츠를 창작하는 사람을 디지털 시대의 개척자 크리에이터라고 부릅니다. 이들은 단순히 창작자에 그치지 않고 자신이 만든 콘텐츠를 기반으로 전자책, 강의, 코칭 프로그램 및 제품과 서비스를 만들어 1인 브랜드, 창업가로 성장하기도 합니다.

콘텐츠로 시작해 자신만의 브랜드를 만들어 부가가치를 창출해 내는 사람들이 만들어 가는 새로운 경제 시스템을 '크리에이터 이코노미'라고 부릅니다. 인터넷과 모바일 기반의 Web 2.0 시대 블로그, 인스타그램, 유튜브 등의 SNS 채널을 통해 크리에이터들이 새롭게 탄생했습니다.

불과 10년 전에 방송국이 아닌 개인이 자신만의 채널을 만들고 미디어 시장의 주인공이 될 것이라고 누가 상상이나 했습니까? 마찬가지로 Web 3.0 시대 메타버스와 생성형 AI를 통해 우리는 다음 세기를 이끌어 갈 새로운 크리에이터들의 탄생과 마주하게 되는 동시에 새로운 시장을 만들어 나갈 것입니다.

시대가 변해도 가장 강력한 IP 공급 수단은 단연 콘텐츠입니다. 콘텐츠를 빼고 IP를 만들기란 불가능에 가깝기 때문입니다. 생각해 보면 모든 IP는 각자만의 메시지를 담은 콘텐츠를 가지고 있습니다. 이는 자신만의 콘텐츠를 보유한 개인 누구나 각자가 만들어 낸 IP로, 때로는 자신이 IP가 되어 나만의 N잡, 새로운 직업을 만들어 새로운 경제 생태계를 구축할 수 있음을 뜻합니다.

물론 그리 간단하지만은 않을 것입니다. 하지만 기회는 누구에게나 열려 있다는 사실을 기억하고, 이 책을 통해 생성형 AI를 활용한 브랜딩과 수익화의 기본기를 다지는 동시에 지금 바로 직접 경험을 통해 빠르게 시작해 보기 바랍니다.

김동석

CONTENTS

2장

생성형 AI로 수익 시스템 구축하기

04. 알아 두면 유용한 생성형 AI 툴

05. 생성형 AI가 불러올 변화

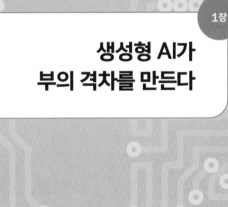

1장

**생성형 AI가
부의 격차를 만든다**

독자 여러분께 질문드리겠습니다. '가상 인플루언서', '아바타' 하면 가장 먼저 무엇이 떠오르나요? 아마도 나와는 상관없는, 다소 거리가 먼 영역이라 생각할 것입니다. 대부분 대기업이나, 이와 관련한 사업을 하는 스타트업들이 만들어 가고 있는 영역이기 때문입니다. 하지만 이번 장을 읽고 나면 완전히 다른 관점을 가지게 될 것입니다. 하루 빨리 나만의 AI 챗봇, 나만의 아바타를 만들어야겠다는 생각을 하게 될 것입니다.

챗봇 AI가 사용자 프로필, 정보, 채팅을 통해 사용자에 대해 배우고 그에 맞는 상대방을 매칭해 주는 데이팅 앱이 출시되었다는 기사를 접하고 '이제 사람과 사람을 연결해 주는 일에도 AI(인공지능)가 스며들고 있구나.'라는 생각에 갑자기 번뜩이는 아이디어가 떠올랐습니다.

먼저 이 서비스에 대한 이해가 필요합니다. 예를 들어 여성 사용자가 키, 몸무게, 혈액형, MBTI, 성격, 취향, 취미, 전공, 관심사, 현재 하는 일, 이상형, SNS 채널, 일기장, 하루 일과표 등의 정보를 데이터 그라운딩(챗GPT 와 같은 생성형 AI에 없는 데이터를 추가로 집어넣음으로써 특정 영역에 대한 전문적인 지식에 답할 수 있도록 유도하는 작업)을 하면 나와 닮은 디지털 아바타가 만들어집니다.

그러면 나를 닮은 아바타가 나를 대신해 남성 사용자들과 대화를 나눕니다. 현실에서의 나는 시간적 제한 때문에 하루에 1명과의 대화도 힘들지만, 이 아바타는 하루에 10명, 20명과 대화를 할 수 있고, 심지어 동시에 여러 명과도 대화할 수 있습니다. 예상 매칭자의 AI와 먼저 채팅하며 상대방에 대해 알아갈 수 있어 이용자들의 만족도가 높습니다. 그래서 이 대화를 통해 그 남성이 내가 좋아할 만한 이상형과 매칭율이 높다는 AI의 분석 결과가 나오면 실제 현실의 나와 그 남성을 연결시켜 주는 것입니다.

여기까지 듣고 무릎을 탁 치는 아이디어가 떠오르시나요? 나만의 AI 챗봇을 데이팅 앱이 아닌 다른 영역으로 확장시킬 수 있는 시대가 이미 우리 가까이에 와 있습니다. 한 회사에 20년 차 인사총무 담당자 A가 있습니다. 그동안 그가 쌓아 온 실무지식, 경험, 노하우를 비롯하여 그가 운영하는 SNS에서 업무와 관련해 작성한 글, 인사총무와 관련한 책의 내용, 관련 신문 기사들을 정리한 자료, 그동안 학회에 참여해서 모았던 자료 등을 모두 데이터 그라운딩해서 인사총무 전문가 A의 AI 챗봇을 만드는 것입니다.

그럼 이 AI는 뭘 할까요? 인사총무의 현업에 있는 직장인들이 질문하는 것에 대답해 주고, 문제점이 생겼을 때 그것을 해결할 수 있는 팁을 제공해 줄 수 있습니다. 범위를 조금 더 세분화한다면 취업을 준비하거나 이직을 준비하는 사람들에게 자소서나 면접에 관한 코칭을 해 줄 수 있고, 회사에서 부당한 처우를 당한 사람에게 대처 방법에 대한 조언을 해 줄 수도 있습니다. 실제 현실에서의 A는 이 모든 것을 실시간으로 대답해 줄 수 없지만, A가 만든 AI 챗봇 A는 가능합니다.

나아가 질문자들의 질문 리스트를 파악했을 때 4대 보험, 연말정산에 대한 정보가 부족해서 답변의 만족도가 낮았다면 해당 정보를 추가로 업데이트해서 데이터 그라운딩을 해 주면서 인사총무 분야에서 최고의 전문가로 자리매김할 수도 있습니다. 이 모든 것이 무료로 제공된다면 사람들은 몰리게 될 것이고, A가 제공하는 정보가 좋았거나 도움을 얻었다면, 아바타A가 아닌 실제 현실에서의 A를 만나서 조언을 듣고 싶어 하는 사람들도 늘어날 것입니다. 생성형 AI를 통해 나만의 브랜딩을 쉽고 빠르게 할 수 있는 시대가 온 것입니다.

결국 또 다른 내가 되는 나만의 AI 챗봇이 사람들의 선택을 받는 제대로 된 아바타로 만들어지기 위해서는 관련 주제의 깊고 넓은 지식, 나의 직·

간접적인 경험의 데이터들이 학습되어야 합니다. 예를 들어 "어른들을 위한 생성형 AI로 나만의 브랜딩을 만들고 수익화하는 방법을 쉽게 알려 드립니다."라는 메시지를 가진 저의 AI 아바타 '동동쌤'이 있다고 가정하겠습니다. 아바타 동동쌤은 제가 자고 있을 때에도 가상세계를 돌아다니며 가상세계에 접속한 현실 세계에 살고 있는 사람들과 대화를 나누게 됩니다. 실시간 번역도 가능한 시대이기 때문에 스페인, 프랑스, 남아프리카공화국에 살고 있는 사람들과도 각 나라의 언어로 자연스러운 소통이 가능합니다.

만약 동동쌤의 아바타가 전하는 메시지와 콘텐츠에 매력을 느낀다면 그 사람은 가상의 아바타 동동쌤이 아닌 진짜 현실에서 저를 만나고 싶어 하고, 제 강의가 있다면 수강하고 싶을 것입니다. 그러면 자연스럽게 김동석이라는 사람의 콘텐츠가 담긴 SNS 채널을 찾거나 저와 관련된 강의나 책을 찾아보게 될 것입니다. 또 누군가는 저에게 1:1 강의 수강이나 컨설팅을 의뢰하기도 할 것입니다. 그러면 이것이 유료화가 가능해지고, 나만의 새로운 수익원이 될 수 있습니다.

만약 이게 현실이라면 어땠을까요? 아마도 저는 상세페이지를 만들고, 홍보용 영상을 제작하고, 다양한 나라의 언어로 번역한 자료를 만드는 등 많은 시간을 투여해야 했을 것입니다. 하지만 나만의 AI 챗봇이 있으면 24시간 내내 고객상담센터가 실시간으로 돌아가고 있는 것과 같습니다. 똑똑한 AI 아바타 하나가 영업사원, 마케터, 고객상담사 3명 이상이 해야 하는 업무를 도와주는 일당백 직원의 역할을 해 주는 것입니다.

이제 대기업이나 스타트업에서만 가상 인플루언서, 아바타를 만드는 것이지 나와는 상관없는 영역이라고 생각했던 것을 바꾸어야 하는 이유를 알았나요?

유튜브는 2005년 서비스를 시작하여 2006년 구글에 인수되어 성장한 전 세계 최대 무료 동영상 공유 사이트입니다. 2010년 초반까지는 특별함을 가진 소수의 사람만이 운영하는 채널이었습니다. 하지만 14년이 지난 현재는 초등학교 아이들의 장래희망 1순위가 유튜브 크리에이터가 될 만큼 누구나 유튜브 채널을 만들고 영상을 통해 소통하고, 브랜딩을 구축하고, 수익화까지 할 수 있는 시대가 되었습니다.

분명 나만의 AI 챗봇 영역도 마찬가지일 것입니다. 현재는 특별함을 가진 소수의 사람만이 도전하는 영역이라 생각하겠지만, 내가 만든 제2의 '나' AI 챗봇이 활동하고 소통하는 서비스와 문화가 전 세계적으로 폭발적인 이용량을 기록하는 시기가 오게 될 것입니다. 저는 그 시작점에서 독자 여러분과 함께 나아가고 싶습니다.

"1그램의 경험이 1톤의 이론보다 낫다."는 존 듀이(John Dewey)의 명언은 AI 시대에도 유효합니다. AI의 등장으로 우리의 일상이 바뀌고 있고, 기업에서 원하는 인재상 역시 바뀌고 있습니다. 결국 조직이나 개인에게 해결해야 할 문제가 무엇인지 빠르게 파악하고, 적절한 AI 도구를 찾아 활용해 문제를 해결해 내는 사람이 일을 잘하는 사람, 기업에서 필요한 인재상일 것입니다. 나와는 상관이 없고, 높게만 느껴지는 AI 장벽을 무너뜨리고 넘어 설 수 있는 방법은 '경험'뿐이라는 사실을 기억하기 바랍니다.

명확한 방향성과 마인드셋이 잡히고 생성형 AI 툴을 활용하는 것과 그냥 남들이 하니까, 트렌드라고 하니까 나도 써 보자는 식의 활용에는 분명 차이가 있습니다. 이 책을 통해 생성형 AI 툴의 사용 방법을 익히고, 나의 명확한 메시지와 방향성을 찾아 2년, 3년 후 AI 활용이 본격적으로 일상화되는 세상이 왔을 때 더 높게 비상하기 바랍니다.

'Web 2.0 시대 누가 돈을 벌었을까?' 질문 속 힌트

AI 네이티브가 사는 세상

얼마 전에 새로운 도전을 위해 마흔의 나이에 늦깎이 대학생으로 입학한 동기와 이야기를 나누었습니다. 동기는 대기업 팀장으로 남부럽지 않은 급여에 일찍이 투자 마인드를 가져서 나이 마흔에 서울에 40평대 자가를 갖춘, 주변 사람들의 부러움을 사는 친구입니다. 그런데 1학년 2학기 기말고사 시험기간에 스무 살 어린 동기들에게 들은 다소 충격적인(?) 이야기를 들려주었습니다.

친구의 배경을 알 리 없는 어린 동기들이 친구에게 "혹시⋯태블릿을 살 돈이 없으셔서 그렇게 종이에 빽빽하게 노트 필기를 하세요?"라는 걱정 어린 질문과 함께 ○○대학교 학생들을 대상으로 태블릿을 파격 할인해 주는 매장까지 추천받았다고 했습니다.

이 이야기를 나누며 '세상이 참 많이 변했구나.'라는 생각을 했습니다. 40대에게 익숙한 공부 방식은 노트에 필기하고, 종이 형태의 기출문제를 푸는 것이지만 2000년대에 태어난 대학생들에게는 태블릿으로 필기하고 정리하는 것이 더욱 익숙한 세상이 되었습니다.

1980년에서 2000년대 초반에 태어난 세대를 '디지털 네이티브(Digital native)'라 부릅니다. 이들은 초고속 인터넷으로 연결된 세상에서 TV, PC, 스마트폰 등 다양한 디지털 기기를 능숙하게 사용합니다. 2001년 미국의 교육학자 마크 프렌스키(Marc Prensky)가 논문 「디지털 원주민, 디지털 이민자(Digital Natives, Digital Immigrants)」에서 '디지털 네이티브'라는 단어를 처음 사용했습니다. 그는 아날로그를 고집하는 기존 세대를 '디지털 이민자'로 표현했으며, 이에 반하는 새로운 세대를 '디지털 네이티브'로 정의했습니다. 디지털 네이티브는 인터넷, PC, 스마트폰 등의 보급·확산과 함께 성장해 왔기 때문에 새로운 디지털 기술과 디바이스를 받아들이는 것을 두려워하지 않고 직접 경험을 통해 일상과 업무에 적용했습니다. 아마 이 책을 읽고 있는 대부분의 독자는 이 세대에 속할 것입니다.

하지만 2022년 11월 30일 오픈AI(Open AI)가 개발한 챗GPT(ChatGPT)는 출시 5일 만에 100만 유저를 확보하고 공개 후 2개월 만에 1억 명의 사용자를 돌파했습니다. 이후 많은 것이 변화하기 시작했습니다. 자연스럽게 IT 영역에서의 네이티브 개념이 확대·변화했습니다. 2024년 디지털 네이티브를 뛰어넘어 새로운 세대가 우리 앞에 다가왔습니다. 바로 AI와 자연스럽게 소통하는 신인류 AI 네이티브(AI native)의 등장입니다.

그들은 외부에서 볼 때는 디지털 네이티브와 비슷하지만 내부로 들어가면 모습이 전혀 다릅니다. 디지털 네이티브처럼 스마트폰을 사용하지만, 그 속에서 AI를 활용해 그림을 그리고, 궁금하거나 찾아야 하는 답에 대한 결과를 텍스트로 얻고, 인공지능 챗봇을 통해 쇼핑도 즐깁니다. 또 생성형 AI를 활용해 게임 캐릭터, 이모티콘, 아이템 등을 직접 만들고 자동번역 서비스를 통해 세계 곳곳의 친구들과도 소통합니다. 디지털 네이티브가 디지털 문화와 함께 성장한 세대라면 AI 네이티브는 인공지능 시대를 살아가는 세대인 것입니다.

기존 SNS 채널은 일방적인 콘텐츠(텍스트, 이미지, 동영상) 전달 방식을 기반으로 변화를 이끌었지만 AI는 기계와 인간이 서로 대화하고 교감하는 쌍방향의 상호작용을 하기 때문에 그 파급 효과는 이전 세대보다 더욱 크게 다가올 것입니다. 이제 겨우 5살인 둘째 아들은 엄마의 아이폰에서 시리(Siri)를 소환해 대화를 하거나 인공지능 스피커에게 자신이 좋아하는 애니메이션 주제곡이나 영상을 플레이시킬 만큼 기계와 익숙하게 대화를 나눕니다.

그들은 그것을 당연한 소통방식이자 재미로 받아들입니다. 기계가 어색하거나 잘못된 답을 내놓아도 당황하지 않고 여러 번 대화를 시도하며 결국 원하는 답을 얻어 냅니다. 다시 말해 인간이 아닌 기계와 자유롭게 대화를 나누는 신인류가 탄생한 것입니다.

The page "AI native" does not exist.(AI 네이티브 페이지가 존재하지 않습니다.)

출처: 위키피디아

30~40대 디지털 네이티브들이 5~10년 후 AI 네이티브 친구들과 함께 소통하며 일할 시기가 머지않았습니다. 2024년 4월 현재 위키피디아 백과사전에서 'AI 네이티브' 키워드를 검색하면 아직은 페이지가 존재하지 않는다고 나옵니다. 하지만 AI 네이티브라는 단어가 업로드되는 것은 멀지 않아 보입니다.

인공지능을 어려운 전문 분야로 여기며 나와는 상관없는 일이라 치부해서는 안 되는 시대가 되었습니다. 그렇다면 '새로운 시대, 새로운 인류와의 공존을 위해 우리는 무엇을 알아야 할까요?'라는 궁금증이 생깁니다. 새로운 IT 기술과 알고리즘, 트렌드, 생성형 AI나 로봇의 작동 원리를 알아야 할까요? 아닙니다. 우리가 가장 먼저 할 일은 AI를 직접 경험하며 내 업무에, 내 일상에, 내 삶에 받아들이고 적용하려는 자세입니다.

오늘날은 누구나 숨 쉬고 밥 먹듯 일상처럼 스마트폰을 사용합니다. AI 역시 마찬가지입니다. 더 이상 연구실에서만 사용하는 과학이 아니라 우리의 삶과 일의 방식을 바꾸고 하나의 문화로 자리 잡아 가고 있기에 생활화, 일상화되어야 합니다. 이제는 사람의 마음도 관통한 대화형 챗봇이 등장하며 사람의 언어에 가까워질 날도 머지않았습니다.

소프트뱅크 손정의 회장은 "AI는 단 1명의 사업가가 세상을 바꾸는 시대를 만들 수 있다."고 말합니다. 여기에 담긴 의미는 인공지능의 도움을 받는다면 한 사람의 개인이 큰 영향력을 갖는다는 것입니다. 『슈퍼 개인의 탄생』의 저자 이승환 박사는 "생성 AI 혁명의 시대, AI와 공생하는 신인류 '슈퍼 개인'이 온다."고 합니다. 그들은 생성형 AI를 활용해 생산성을 극강으로 높일 줄 알고, 생성형 AI로 자신의 영역을 확장하며 새로운 분야에 도전하며 가치를 창조해 내는 사람이라 설명합니다.

두 전문가의 말을 종합해 보면 인공지능을 통해서라면 누구에게나 새로운 기회가 열려 있다는 것입니다. 디지털 네이티브로 PC, 모바일 등의 디지털 기기에 잘 적응했던 것처럼 이제 AI 네이티브를 이해하고 그들과 어떻게 대화할 것인지 준비를 해야 할 때입니다. 그리고 다양한 생성형 AI를 직접 경험하고, 새로운 디바이스에 대해서도 두려워하지 말고, 남 일처럼 무관심하지 말고 적극적인 자세로 도전하고 경험해 보기 바랍니다. 분명 준비된 자에게 기회가 찾아올 것입니다.

멀티 페르소나의 시대

생성형 AI 도구를 통해 텍스트나 이미지를 만들어 내는 것은 이제 기본 소양이 될 것입니다. 결국 그걸 통해서 나의 이야기를 전달할 수 있는 사람이나 브랜드가 경쟁력을 갖추고 돈을 벌게 될 것입니다. 많은 사람이 착각하는 것 중 하나가 남들이 하니까 나도 따라서 1일 1콘텐츠를 생산하고, 1일 1영상, 1일 1포스팅을 열심히만 하면 언젠가 나만의 브랜딩이 만들어지고, 수익화는 저절로 따라올 것이라고 생각한다는 것입니다.

하지만 어떤 대상들이 가진 문제점을 해결해 주거나, 도움을 줄 것인지에 대해 명확한 '기여'를 하지 못하고 그저 열심히만 한다면 결국 대중은 찾아오지 않고 한계에 부딪치게 됩니다. 나의 이야기를 전달하지 않으면 그저 휘발성 콘텐츠에 불과하다는 사실을 명심해야 합니다.

그렇기 때문에 내가 세상에 전하고자 하는 명확한 메시지를 중심으로 내 콘텐츠와 내 캐릭터, 내 브랜드에 명확한 페르소나(Persona, 정체성)를 부여해야만 합니다. 그래서 최근 들어 개인화 다매체의 방향으로 변화하면서 각각의 상황, 매체에 맞는 멀티 페르소나(Multi Persona)가 중요한 트렌드로 급부상하고 있습니다.

　이제 현대인들은 하나의 페르소나를 넘어 다양하게 분리된 정체성을 가진 멀티 페르소나를 갖는 세상에 살고 있고, 살게 될 것입니다. 회사에서, 집에서, 일상에서, SNS에서 모두 각기 다른 페르소나를 가지고 자신의 역할을 바꾸며 주변 세계와 소통하는 것입니다. 심지어 SNS 플랫폼마다 각기 다른 페르소나를 가지고 있는 모습을 살펴볼 수 있습니다. 저의 경우에도 블로그에서는 육아 블로거이지만, 인스타그램에서는 독서와 기록의 자기계발 인스타그래머, 유튜브에서는 나만의 브랜딩을 통해 1인 기업을 만들어 가는 퍼스널 브랜딩 전문가로 3개의 페르소나를 가지고 있습니다.

　제가 직장을 다니면서도 N잡을 해 낼 수 있었던 것은 명확한 페르소나 설정이 있었기 때문입니다. 다양한 경험을 통해 알게 된 것이, 페르소나의 목적성과 방향성이 확실해지면 그 가치를 위해서 달려가기 시작하고, 그쪽으로 가게끔 된다는 것입니다. 그러다 보면 자연스럽게 생성형 AI 도구를 활용해 어떤 콘텐츠와 브랜드를 구축해야 할지에 대한 목적성과 방향성이 뚜렷한 윤곽을 드러내게 됩니다. 현재 저는 회사원, 아빠, 남편, 작가, 강사, 코치, 컨설턴트 등 다양한 페르소나를 소화하고 있으며, 앞으로 더욱 확장해 나갈 것입니다.

전문가가 아니어도 좋다 – 지식 전달 계층 전략

　지금부터 설명하는 개념은 생성형 AI를 활용해 회사 밖에서 생존하는 데 도움이 되는 엄청난 무기를 만들어 줄 것입니다. 많은 사람이 나만의 브랜딩과 수익화 구조 만들기에서 착각하는 부분이 있습니다. 무언가 특별한 기술이 있거나, 상위 클래스 전문가 수준의 실력은 되어야 시작할 수

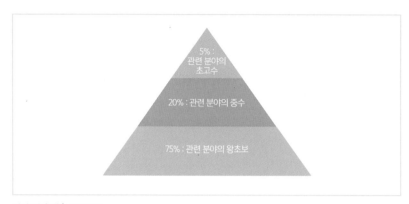

지식 전달 계층 피라미드

있다는 생각입니다. 하지만 어떤 분야든 5 : 20 : 75의 법칙'이 존재한다는
것을 기억하길 바랍니다.

모든 분야에는 5%의 초고수, 20%의 중수, 75%의 왕초보가 있습니다.
생성형 AI 도구를 활용한 수익화 구조 만들기의 핵심 전략은 내가 하려는
분야에서 20%의 중수로 빠르게 포지셔닝해 75%의 왕초보에게 어필하는
것에 달려 있습니다.

블로그 수익화 분야를 예로 들어 보겠습니다. A는 2년간 블로그를 운영
하면서 200회 이상의 블로그 체험단에 참여했습니다. 누군가를 가르쳐 본
경험이 없기 때문에 대부분의 사람은 이 정도 경력으로는 왕초보 단계라
고 생각합니다. 하지만 A는 리뷰 포스팅을 발행하면서 경험한 일들(체험단
사이트 응모, 가이드에 맞게 사진을 촬영, 키워드에 맞춰 포스팅 발행) 덕분에 가계에 보탬
이 되었던 적이 있습니다.

블로그 수익화 분야에는 이제 막 블로그를 해 볼까 고민하거나, 체험단
을 통한 협찬 방법조차 몰라 전전긍긍하는 사람이 분명 있습니다. 시장의

75%의 왕초보는 여러분이 아니라 이런 사람입니다. 인기 있는 분야라면 왕초보는 늘 생겨납니다. 매년 130만 개의 블로그가 새로 개설되고 있습니다. 여러분의 위치는 어디인지, 얼마나 더 공부해야 20%의 중수에 도달할 수 있을지 알아야 합니다. 또 타깃으로 삼아야 하는 75% 왕초보의 수준은 어느 정도인지도 명확하게 기준을 설정해야 합니다.

정말 누가 돈을 벌었을까?

꼭 돈이 성공의 결과를 판단하는 잣대는 아니지만 그만큼 돈이 몰렸다는 것은 대중의 니즈를 명확히 알고 그들의 욕구와 갈증을 해소시켜 주었다는 뜻입니다. 그렇다면 개인으로서 앞으로 어떤 영역에 도전해 볼 수 있을까요?

대표 SNS 채널을 통해 알아본 'Web 2.0 인터넷 시대 누가 돈을 벌었을까?'		
블로거	**인스타그래머**	**유튜버**
블로그 강사 (기본~심화 / 수익화, 브랜딩 과정)	인스타그램 강사 (기본~심화 / 수익화, 브랜딩 과정)	유튜브 강사 (기본~심화 / 수익화, 브랜딩 과정)
블로그 관련 PDF 작가	인스타그램 관련 PDF 작가	유튜브 관련 PDF 작가
블로그 관련 도서 출간 작가	인스타그램 관련 도서 출간 작가	유튜브 관련 도서 출간 작가
재능 플랫폼 VOD 강의 입점	재능 플랫폼 VOD 강의 입점	재능 플랫폼 VOD 강의 입점
홈페이지형 블로그 제작자	카드뉴스 제작자	영상 촬영/편집자
블로그 마케팅 대행	인스타그램 마케팅 대행	유튜브 마케팅 대행
블로그 + 글쓰기 관련 교육	인스타그램 + 이미지 제작 관련 교육 (미리캔버스, 캔바 등)	유튜브 + 영상 촬영 / 편집 관련 교육 (캡컷, 브루, 프리미어프로 등)
블로그 운영 대행	인스타그램 체험/리뷰단 운영	
블로그 체험/리뷰단 운영		

생성형 AI가 등장한 현 시점에서, 그리고 미래에는 어떤 새로운 영역에서 개인이 뛰어들고 도전해 볼 수 있을까요? 이 질문에 대한 답을 찾기 전에 세상 모든 분야에는 5 : 20 : 75 법칙이 존재한다는 사실을 기억해야 합니다.

가장 먼저는 앞 페이지의 표에서 나열된 인터넷 시대 브랜딩을 구축하고, 수익화를 만들었던 일들에 생성형 AI가 연결되어 한 차원 업그레이드된 방식으로 발전하게 될 것입니다. 예를 들어 현재 '블로그 + 글 쓰는 방법, 글쓰기' 관련 교육의 방식이 '블로그 + 챗GPT, 생성형 AI 활용 글쓰기'로 변화할 것이며, '유튜브 영상 촬영·편집' 관련 작업 방식이 'AI 활용 영상 생성' 방식으로 변화할 것입니다. 따라서 '제로(0)'에서 새로운 것을 찾는 방식이 아닌, 기존의 것에서 새로움을 '+a'시킬 수 있는 영역과 방식을 찾아야만 빠르게 변화하는 트렌드에서 내 것을 만들고 경쟁력을 확보할 수 있습니다.

다시 한번 강조하지만 이 책을 읽는 모든 독자 여러분에게 강사, 작가가 되라는 말이 아닙니다. 기본은 직접 경험과 '내 콘텐츠를 만들어 75%의 왕초보들에게도 알려 준다.'라는 명확한 목적성을 가진 사람과 그렇지 못한 사람의 인풋(In-Put) 집중도와 깊이감은 달라지기에 좀 더 큰 그림을 그리며 경험칙을 쌓아 가기를 권합니다.

죽음의 계곡 - J 커브 효과

하워드 러브(Howard Love) 교수는 저서 『스타트업 J 커브(The Start-UP J Curve)』에서 스타트업 기업의 성장 과정을 6단계로 구분하고 시장 진입 과정, 즉 제품이나 서비스를 개발하고 공개하면서 거치는 리스크 구간을 '죽음의 계곡(Valley of Death)'으로 제시했습니다.

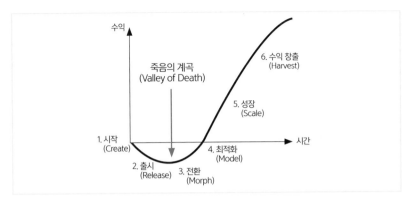

J 커브와 죽음의 계곡

출처 : 『스타트업 J 커브』

'J 커브 효과'는 본래 경제학 용어입니다. 사업 시작 후 성과가 발생하기까지는 지속되는 음(−)의 영역, 일명 '죽음의 계곡'을 거치게 됩니다. 소위 '임계점'을 돌파하여 0을 지나 양(+)의 영역으로 진입하는 순간 본격적으로 성과가 발생하고, 이후 수익성이 기하급수적으로 늘어나게 됩니다. 이 원리를 잘 보여 주는 그래프가 바로 J 커브 효과, J 커브 곡선입니다.

J 커브를 보면 시작(Create), 출시(Release), 전환(Morph)을 거쳐 최적화(Model), 성장(Scale), 수익 창출(Harvest)의 6단계를 거칩니다. 나의 지식, 경험, 노하우를 브랜딩화하고 판매하기 위해 생성형 AI를 활용해 콘텐츠를 만들고 관계를 맺으며 N잡, 수익화 시스템을 구축해 나아가는 과정 역시 스타트업의 성장 과정 단계와 비슷한 형태를 띕니다.

특히 그래프에 보이는 수익 창출까지 가는 과정은 험난합니다. 어떤 사람은 6개월이 걸리기도 하지만 1년 이상 걸리는 사람도 있습니다. 포기, 좌절, 낙담, 핑계 등 거의 모든 실패가 '죽음의 계곡'에서 일어납니다. 우리는 100세 시대를 살아가는데 생성형 AI를 활용한 나만의 브랜딩, 수익화 구조 만들기 로드맵에 대한 큰 그림을 그려 보지 않으면 이 구간에서 3년, 5년 심지어 끝까지 머무르기도 합니다.

따라서 생성형 AI라는 도구를 활용하여 이 구간을 빠르게 탈출해 나만의 브랜딩 구축과 수익 창출까지 이르는 시간을 최대한 단축해야 합니다. 목표가 명확할수록 이 기간은 점점 짧아질 것입니다.

니즈를 자극하라 - 솔루션 제시 전략

어떤 사람은 75%의 왕초보에서 20%의 중수로 넘어가고, 죽음의 계곡에서 탈출해 본격적인 수익화 궤도에 남들보다 빠르게 올라섭니다. 반대로 1, 2년이 지나도록 죽음의 계곡에만 머무는 사람도 있습니다. 왜 이런 차이가 발생하는지 컨설팅 경험을 토대로 정리해 보면 다음 3가지 원인이 있습니다.

명확한 타깃 설정의 부재
대상 타깃의 니즈(문제점)를 파악하지 못함
'꾸준함'을 유지하는 지속성

핵심은 빠르게 20%의 중수로 올라서는 것입니다. 이때 필요한 것은 '명확한 메시지'와 '명확한 타깃 설정'입니다. 콘텐츠를 소비할 타깃층이 누구인지, 그들이 어려워하는 점, 궁금해하고 답답해하는 내용이 무엇인지 먼저 파악해야 명확한 메시지, 솔루션을 제공할 수 있기 때문입니다.

이러한 분석 없이 그저 챗GPT를 활용해 100일간 1일 1포스팅을 달성하거나, 영상 생성 AI를 활용해 1년간 주 2회 유튜브 채널에 영상 콘텐츠를 업로드하는 것은 꾸준함에 대한 칭찬은 할 수 있지만 자기만족형 콘텐츠 생산에 가까워서 내 콘텐츠를 소비하는 대상 타깃들에 대한 기여도와 나만의 브랜딩 구축에서의 효과는 거의 제로에 가깝다고 볼 수 있습니다.

하지만 이제는 이런 고민을 혼자 하며 답답해하지 않아도 됩니다. 각 분야에서 뛰어난 능력을 가진 기획자, 에디터, 디자이너가 나를 위해 일하게 될 테니까요. 지금부터 배우게 될 챗GPT를 비롯한 다양한 생성형 AI 도구를 활용해 시장과 대중에 통하는 주제를 찾고, 양질의 콘텐츠를 짧은 시간 안에 효율적으로 생산하는 방법을 익힘으로써 브랜딩과 수익화 두 마리 토끼를 잡게 될 것입니다.

한 방에 끝내는
챗GPT 활용법

　최근 가장 많은 주목을 받고 있는 주제를 꼽으라면 단연 챗GPT로 촉발된 생성형 AI입니다. 도구의 발달로 인류의 노동이 기계로 대체되는 '근육 증강'의 시대를 넘어 이제는 정보와 지식이 대체되는 '지능 증강'의 시대로 변화하고 있습니다. 새로운 지능 증강 시대의 핵심 키워드가 바로 AI입니다.

　기존에 우리가 생각하던 AI는 코딩이나 프로그래밍 등과 관련한 전공자나 전문가 또는 관심이 많은 마니아들이 사용하는 것이라는 생각에 접근 자체를 생각하지 못했습니다. 하지만 챗GPT를 중심으로 하는 생성형 AI 도구는 친구와 대화하듯 명령어만 입력하면 되기 때문에 10대 청소년들부터 60대, 70대 어르신들까지도 누구나 쉽게 사용할 수 있게 되었습니다.

　'어? 쉽네. 나도 한 번 써 볼까?'라는 생각을 하며 직접 사용해 보는 접근성이 좋아졌습니다. 이제 AI는 기술을 넘어 나의 업무나 일상에 유용함과 편리함을 주는 하나의 커뮤니케이션 도구로 자리 잡아 가고 있습니다.

　그렇다면 과연 무엇이 챗GPT 돌풍을 이끌어 낸 것일까요? 궁금증을 해결하고 그 해답을 찾기 위해 거듭 강조하지만 직접 경험하는 것만큼 효과적인 것은 없습니다. 지금부터 챗GPT란 무엇인지, 어떻게 시작하면 되는 지를 알아보겠습니다. 아마도 처음 만나는 AI라 두렵고 다소 낯설 수 있습니다. 하지만 누구나 쉽게 사용할 수 있는 방법을 알려 드릴 테니 편하게 따라 해 보세요.

그래서 챗GPT가 뭔데?

챗GPT는 오픈AI가 개발한 대화형 인공지능 모델 중 하나로 2022년 11월 세상에 공개되었습니다. 출시되자마자 일주일 만에 100만 사용자를 돌파하면서 많은 사람의 관심을 불러일으켰습니다. 현재 챗GPT-4 터보(Turbo)는 기존의 언어 모델들보다 상위 수준의 언어 능력을 가지고 있으며, 텍스트뿐만 아니라 음성, 소리, 이미지, 영상 등 멀티모달 기술까지 처리할 수 있을 만큼 발전했습니다.

그로 인하여 디지털 문명을 진화시키는 또 하나의 게임 체인저로서의 역할을 하고 있습니다. 2024년 1월 사용자가 AI 챗봇을 사고팔 수 있는 'GPT 스토어'를 통한 생태계 구축을 시작으로 메타 인더스트리로의 첫발을 내디디면서 AI 생태계가 폭발적으로 확장될 것으로 예상됩니다.

챗GPT는 GPT 기술을 기반으로 하여 인간과 대화할 수 있는 인공지능 챗봇입니다. 챗봇은 이용자의 메시지에 자동으로 응답해 주는 프로그램을 말합니다. 폴더폰 시절에 사용하던 심심이나 스마트폰의 시리나 빅스비(Bixby) 역시 음성 인식·출력 기능을 탑재한 챗봇입니다. 챗GPT의 챗(Chat)은 대화한다는 뜻이고 GPT는 생성적 사전 학습 변환기(Generative Pre-trained Transformer)라는 뜻을 가지고 있습니다. 어렵게 느껴지지만 이 용어의 핵심은 많은 양의 텍스트 데이터를 미리 학습한 AI가 무언가를 '생성한다'라는 점입니다.

주요 용어를 살펴보겠습니다. GPT는 사전 훈련된 생성 변환기의 약자입니다. '생성(Generative)'은 답변을 생성한다는 의미이며, '사전 훈련된(Pre-trained)'은 GPT 인공지능이 대규모 데이터 셋을 바탕으로 언어의 기본 패턴, 구조, 문맥을 이해하고 답변을 만들어 낸다는 의미입니다. 마지막으로 트랜스포머(Transformer)는 GPT의 등장을 가능하게 한 핵심적인 신경망 모델로 특히 자연어 처리(NLP) 분야에서 뛰어난 성능을 보이고 있습니다.

결국 챗GPT는 다양한 데이터 생성이 가능한 사전 학습된 트랜스포머에 기반을 둔 인공지능입니다. 트랜스포머 기반 언어 모델은 2017년에 발표된 논문 「Attention Is All You Need」에서 제안된 기반 모델로, 기존의 모델을 대체하는 혁신적인 딥러닝 모델입니다.

이 모델은 사전 학습(pre-training) 단계와 세부 조정(fine-tuning) 단계로 나누어 학습하게 됩니다. 사전 학습 단계에서는 대규모 텍스트 데이터를 이용하여 문법, 문맥, 추론 등을 학습합니다. 이후 세부 조정 단계에서는 특정 자연어 처리 문제에 맞게 특화된 학습을 통해 모델을 조정하여 성능을 개선합니다. 결국 사용자 프롬프트(명령이나 질문)를 받으면 챗GPT는 위의 원리로 답변을 생성합니다.

챗GPT 시작하기

먼저 검색창에 '챗GPT'라고 검색하거나 챗GPT 사이트(openai.com/blog/chatgpt)에 접속합니다. 왼쪽 하단이나 화면 오른쪽 상단에 위치한 'Try ChatGPT' 버튼을 클릭하면 'Log in' 버튼과 'Sign up' 버튼이 나옵니다.

ChatGPT ●

Recommend a dish
to bring to a potluck ●

Get started

Log in   Sign up

챗GPT의 첫 화면

대부분 챗GPT가 처음이기 때문에 오른쪽의 Sign up 버튼을 클릭해 가
입부터 시작해 보겠습니다. 참고로 회원가입은 무료입니다. 버튼을 클릭
하면 다음 그림과 같은 화면으로 전환이 됩니다.

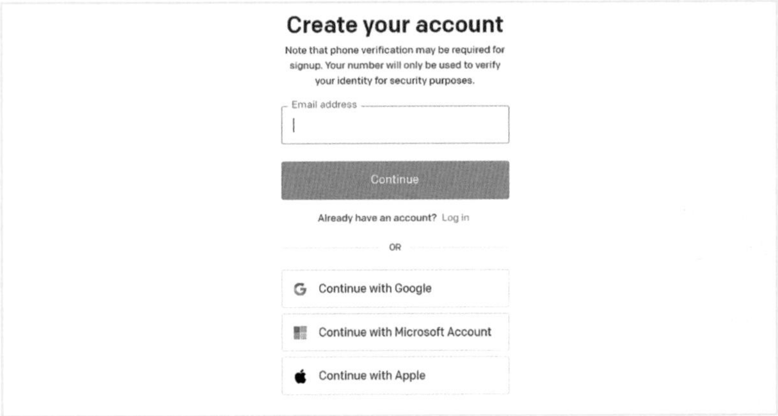

Create your account

Note that phone verification may be required for
signup. Your number will only be used to verify
your identity for security purposes.

Email address

Continue

Already have an account? Log in

OR

G Continue with Google

▦ Continue with Microsoft Account

🍎 Continue with Apple

챗GPT 회원가입 화면

회원가입은 이메일 또는 구글이나 MS 계정으로 간단하게 가입할 수 있습니다. 가장 대표적으로 활용하는 구글 계정을 통해 가입하는 방법에 대해서 알아보겠습니다. 먼저 화면에서 Continue with Google 버튼을 클릭합니다. 회원가입에 사용할 구글 계정을 선택하고, 사용자의 이름과 생년월일을 기재하고 Continue 버튼을 클릭합니다.

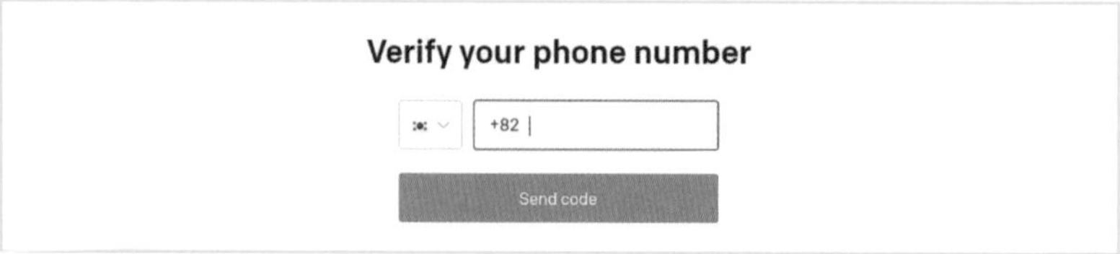

Verify your phone number

+82 |

Send code

휴대폰 인증 화면

구글 계정 가입 시 사용한 휴대폰 번호 인증을 합니다. 국적은 한국으로 자동 선택되어 있기 때문에 바로 010으로 시작하는 휴대폰 번호를 입력하고 Send code를 클릭하면 휴대폰으로 인증문자가 전송됩니다. 6자리 코드를 가입 인증창에 입력해 주면 가입이 완료되며 바로 무료 버전으로 사용할 수 있는 메인 화면으로 넘어갑니다.

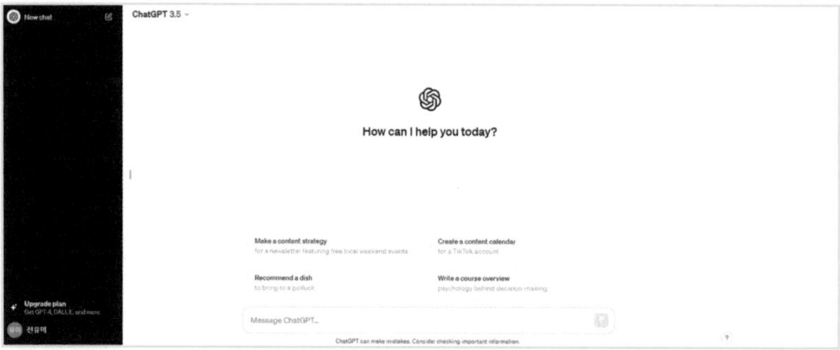

가입 완료 후 챗GPT 첫 화면

로그인을 하고 나면 챗GPT 메인 화면으로 전환이 됩니다. 기본으로 제공되는 서비스는 무료 버전인 챗GPT-3.5 모델입니다. 가장 가운데에 사용 예시가 나열되어 있습니다. 기본적인 기능들에 대해서 알아보겠습니다.

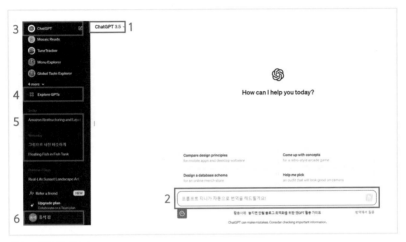

챗GPT 화면 살펴보기

1) 버전 선택창 : 무료 버전일 때는 GPT-3.5 버전만 사용할 수 있고, 유료 버전일 때는 GPT-3.5, 4를 선택하여 사용할 수 있습니다.

　*GPT-4 유료 사용자에게 제공되는 서비스 중 하나였던 플러그인(Plugins : 외부 서비스를 호출해서 챗GPT에서 사용할 수 있는 확장 프로그램) 서비스는 2024년 4월부터 GPTs로 대체되었습니다. 좌측 사이드바 'GPT 탐색하기' 탭에서 원하는 플러그인을 검색해서 불러와 사용할 수 있습니다.

2) 프롬프트/채팅 입력창 : 챗GPT에게 물어보고 싶은 질문을 입력하는 영역으로, 이곳에 입력하는 모든 글자가 프롬프트(Prompt)가 될 수 있습니다.

3) New chat : 기존 대화를 종료하고 새로운 질문, 대화를 생성하고 싶을 때 New chat 버튼을 클릭하면 새로운 채팅이 생성됩니다.

4) Explore GPTs : GPT 스토어로 다른 사람들이 만들어 둔 다양한 챗봇을 만날 수 있으며, 나만의 챗봇을 만들 수 있습니다.(유료 버전인 GPT-4에서만 사용 가능)

5) 히스토리 : 챗GPT와 진행한 대화 기록이 남아 있는 영역으로, 기존의 채팅 기록을 클릭하면 해당 채팅방으로 이동해 대화를 이어 갈 수 있습니다.

6) 설정창 : 챗GPT의 옵션을 설정하는 영역입니다.

챗GPT의 메인 화면은 크게 6부분으로 나눕니다.

업데이트 전 챗GPT 선택 화면(왼쪽), 2024년 4월 업데이트된 후 챗GPT 선택 화면(오른쪽)

챗GPT Light 모드(왼쪽)와 Dark 모드(오른쪽)

화면 테마는 설정 〉 Setting 〉 Theme에서 바꿀 수 있으며 Light와 Dark 모드로 설정할 수 있습니다.

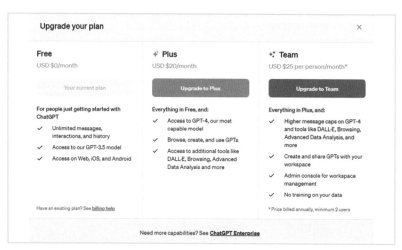

챗GPT Plane 구성

챗GPT는 회원가입만 하면 누구나 무료로 서비스를 이용할 수 있습니다. 하지만 보다 높은 성능의 챗GPT-4 모델을 사용하기 위해서는 추가 결제를 통해 유료 버전으로 업그레이드해야 합니다. 왼쪽 사이드바 하단의 'Upgrade plan'을 클릭하면 요금제에 대한 설명 및 업그레이드가 가능합니다. 현재 무료 버전, 플러스 요금제(20달러/월), 150명 미만의 소규모 기업과 조직을 위한 팀 요금제(25달러/월)가 있습니다. 팀 요금제의 경우 사용자 정보가 AI 학습에 활용되지 않도록 보안을 강화했습니다.

무료 버전(챗GPT-3.5, 위)과 유료 버전(챗GPT-4, 아래)의 프롬프트 입력창

무료 버전인 챗GPT-3.5와 유료 버전인 챗GPT-4의 프롬프트 입력창을 보면 클립 모양의 아이콘 유무 차이가 있습니다. 네 맞습니다. 챗GPT-4는 텍스트와 이미지, 음성 데이터를 모두 처리할 수 있는 멀티모달 모델입니다. 예를 들어 이미지를 첨부하면 해당 이미지를 프롬프트의 일부로 받아들이고 해당 이미지를 기반으로 적절한 텍스트 응답을 제공해 줍니다. 그 밖에도 사용자들이 몰리는 시간에 데이터 우선 처리로 빠른 응답이 가능합니다. 더 긴 대화를 할 수 있고, 더 넓은 범주에서 신뢰성과 창의성 높은 답변을 얻을 수 있다는 장점이 있습니다.

챗GPT와 친해지기

챗GPT를 활용해 보다 심화된 기능을 사용하거나 다양한 플러그인 서비스를 자주 활용한다면 유료 버전을 추천합니다. 하지만 무료 버전을 사용해 본 결과 무료로 이용하는 것만으로도 충분하다면 처음부터 무리해서 유료 버전을 사용하기보다 무료 버전으로 먼저 사용해 보고 익숙해진 다음 유료 버전으로 업그레이드하는 것이 좋습니다.

아마도 이 책을 끝까지 읽고 나면 대부분 유료 버전으로 업그레이드를 하게 될 것입니다. 챗GPT에게 단순한 질문을 하는 것을 넘어 나만의 콘텐츠를 기획하고, 생산해서 채널 운영 및 실제 수익화로 연결하는 방법을 터득하게 될 것이기 때문입니다.

그럼 챗GPT를 제대로 활용하고 나에게 적용하기 위해 한 걸음 더 가까이 다가가 친해져 보도록 하겠습니다. 생성형 AI 도구를 활용하는 데 가장 기본이 되는 것 중 하나가 바로 답변을 생성하도록 요청하는 문장이나 명령을 의미하는 '프롬프트' 입력하기입니다. 프롬프트 입력 내용은 챗GPT가 생성하는 답변의 퀄리티를 결정합니다. 따라서 프롬프트 입력을 위한 기본적인 이해가 필요합니다. 프롬프트의 고급 버전에 대해서는 이어지는 프롬프트 엔지니어링 부문에서 자세히 다루도록 하겠습니다.

챗GPT가 처음이라면 추천 질문으로 시작해 보세요.

아직 초보라도 괜찮습니다. 처음에는 어색할 수 있습니다. 하지만 몇 번의 질문과 답변을 생성한 결과물을 직접 경험해 보면 매끄러운 대화가 가능해집니다. 그러니 자신감을 가지고 여러 번 시도해 보세요.

가장 쉬운 방법은 챗GPT가 추천하는 질문으로 시작해 보는 것입니다. 'Plan a trip'이라는 질문을 클릭하니, 채팅 입력창에 질문이 자동으로 입력되고 순식간에 일주일간의 방콕 여행 계획 아이디어를 제안해 주었습니다.

기본 추천 질문으로 챗GPT와 친해지기

그런데 문제는 챗GPT의 답변이 영어로 생성되었다는 점입니다. 당황하지 말고 아래 프롬프트 입력창에 '이 내용을 한국어로 번역해 줘.'라고 입력한 후 '엔터'를 누르면 바로 한국어로 번역을 해 줍니다. 이와 같이 챗GPT는 문장의 생성부터 번역, 대화, 요약, 질의응답 능력을 갖추고 있는 똑똑한 도구입니다.

챗GPT 사이드바 이전 대화 목록 & 새로운 대화(New chat) 설정

이렇게 하나의 질문을 입력하고 답변이 생성되면 왼쪽 사이드바에 새로운 대화 목록이 생성됩니다. 대화 목록의 제목은 챗GPT가 질문과 답변 내용을 바탕으로 자동으로 입력합니다. 하지만 언제든 목록의 이름을 수정할 수 있습니다.

챗GPT는 사용자와의 대화 맥락을 기억해 두었다가 계속 이어 나가며 대화를 확장해 나가는 특징이 있습니다. 그렇기 때문에 A라는 주제로 대화를 하다가 갑자기 B라는 주제로 흘러 버릴 경우 지금까지 주고받은 대화의 맥락이 깨지는 문제가 발생합니다. 그러므로 하나의 주제로 대화를 이어 가다가 새로운 주제로 질문을 하게 될 경우에는 대화창을 새로 열어 대화를 시작하는 것이 좋습니다. 새로운 대화를 시작하기 위해서는 왼쪽 사이드바 상단의 'New chat' 메뉴를 클릭하면 챗GPT가 초기 화면으로 바뀌면서 기존의 대화 내용이 아닌 새로운 내용으로 대화를 시작할 수 있습니다.

프롬프트 엔지니어링(prompt engineering)

생성형 AI의 활용에서 중요한 능력 중 하나가 바로 프롬프팅 능력입니다. 똑같은 궁금증이 생겨도 어떤 질문을 입력하느냐에 따라 전혀 다른 퀄리티의 답이 생성되기 때문입니다. 한마디로 프롬프트는 챗GPT에게 던지는 질문으로 대화를 시작하도록 지시(명령)를 내리는 역할을 합니다.

좋은 대답을 얻기 위해 잘 질문하는 방법을 체계적으로 설계하는 과정과 스킬이 프롬프트 엔지니어링입니다. "왜 사용자에게 프롬프트가 중요할까요?"라는 질문을 좀 더 쉽게 이해할 수 있게 제가 강의에서 자주 사용하는 표현이 있습니다.

인간(감독) : 챗GPT(작가)

인간의 역할은 감독, 챗GPT의 역할은 작가입니다. 우리는 기계만큼 생성하지 못한다는 사실을 누구나 알고 있습니다. 하지만 더 많은 경험과 더 넓은 시야, 더 큰 전문성이 있고, 지금부터 알려 드릴 프롬프트 엔지니어링 능력이 있기 때문에 양질의 답을 생성하게 만들 수 있습니다. 그래서 인간에게 단순히 플레이어가 아닌 경기 전체를 판단하고 조율하는 감독으로서의 역할을 부여했습니다.

우리는 감독이 되어 챗GPT에게 임무를 부여하고 생성된 답에 대한 피드백을 해 주며 제공되는 답변의 퀄리티를 높여야 합니다. 그렇다면 어떻게 임무를 맡기고 피드백해 줘야 할까요? 지금부터 프롬프트 엔지니어링의 기초(퓨 샷 엔지니어링) 버전부터 심화(프롬프트 엔지니어링 6단계 공식) 버전까지 자세히 알아보도록 하겠습니다.

프롬프트 엔지니어링 기초 버전

좋은 답변을 얻어 내기 위한 프롬프트 엔지니어링의 기초 버전은 퓨 샷 프롬프팅(Few Shot Prompting)을 활용하는 것입니다. 퓨 샷을 쉽게 설명하면, '지시가 성공적으로 이루어진 예시를 같이 제공하는 것'입니다. 즉 챗GPT에게 정확하고 구조화된 출력을 생성하게 하는 아주 강력한 기술입니다. 여기서 샷(Shot)은 예제와 같은 뜻이며, 예제를 제공하는 개수에 따라 다양한 퓨 샷 프롬프트가 존재합니다.

제로 샷(0 Shot) 프롬프팅 : 모델에게 예제를 제공하지 않는다.

원 샷(1 Shot) 프롬프팅 : 모델에게 1개의 예제를 제공한다.

퓨 샷(Few Shot) 프롬프팅 : 모델에게 2개 이상의 예제를 제공한다.

퓨 샷 프롬프팅의 3가지 구성 요소			
단계	주제	내용	예
1단계	작업 설명 (Task Description)	챗GPT가 수행할 작업에 관해 간단한 설명 제공	"한국어로 된 동물 이름을 독일어로 번역해 줘."
2단계	예시 (Examples)	모델이 수행할 작업을 몇 가지 예시로 제공	해달 → Seeotter ein, 바다표범 → das Siegel, 사슴 → ein Hirsch라는 예시 제공
3단계	프롬프트 (Prompt)	새로운 예시의 시작 부분 챗GPT는 누락된 텍스트를 생성하여 예시를 완성	'기린'이라는 동물 이름을 '기린→'로 제시하면 해당 독일어 단어를 챗GPT가 생성

예를 들어 컬러테라피 과제를 하는 학생이라고 가정해 보겠습니다. 대부분 다음과 같은 프롬프트를 입력할 것입니다.

프롬프트 녹색이 주는 의미는?

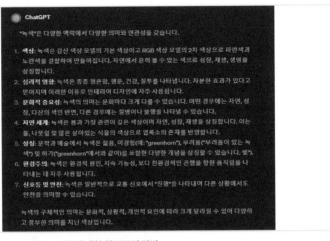

"녹색이 주는 의미는?"이라는 질문에 대한 챗GPT의 답변

그럼 챗GPT는 단순히 녹색이 주는 일반적 정의들을 나열할 것입니다. 동일한 질문에 이전과는 다른 형태의 답을 내놓거나, 녹색 외 다른 컬러가 주는 의미에 대한 질문을 입력하면 각 컬러가 담고 있는 분위기와 의미가 다르기 때문에 녹색이 주는 의미의 1~7의 조건과 동일하게 컬러를 설명해 줄 수 없습니다. 따라서 챗GPT가 생성해 준 답변을 다시 정리해야 해서 수고롭습니다. 이때 퓨 샷 프롬프팅, 즉 예시를 주어 문맥을 이해시켜 더 나은 답변을 제시할 수 있도록 예시를 넣어 보겠습니다.

빨간색이 주는 의미 : 가슴이 뛰게 하는 색 빨강
1) 피(생명), 불(따뜻함)의 색으로 매우 격렬하고 감정적인 색깔이다.
2) 긍정적 의미 : 태양, 열정, 열망, 사랑 등을 뜻하며, 자유, 활력, 에너지, 행운, 결단과 용기
3) 부정적 의미 : 피(상처), 불(방화), 고통, 상처, 찢어지는 감정, 부끄러움, 당혹감
4) 컬러의 활용 : 빨간색은 외향적인 사람이 즐겨 찾는 색깔이다. 심리요법에서는 빨간색 계통의 색을 우울증이나 소심한 마음을 극복할 때 활용한다.

오렌지색이 주는 의미 : 스마일하게 만드는 오렌지
1) 오렌지색은 빨간색과 노란색의 합성으로 에너지, 행복을 뜻한다.
2) 긍정적 의미 : 기쁨, 따스함, 뜨거움, 햇빛, 열정, 행복, 재미, 표현 등의 감정과 감각을 상징
3) 부정적 의미 : 피상적이고 변덕스러울 때가 있다. 불안을 유발시키거나 경계를 의미
4) 컬러의 활용 : 노란색도 의기소침과 우울증 치료에 효과를 볼 수 있는 색깔이다. 희미한 정신과 부정
   적인 생각을 몰아낸다. 낮은 자존감을 북돋워 주고 즐거움과 웃음을 만들어서 두려움이나 공포를 몰
   아내는 데 좋다.

위의 예시와 같은 형식으로 답해 주세요.
녹색이 주는 의미는?

퓨 샷을 적용한 프롬프팅 예시

그에 대해 챗GPT가 다음과 같이 답변을 제공해 주었습니다.

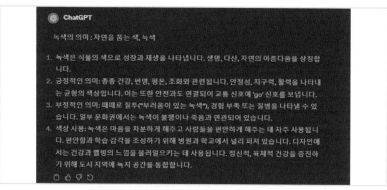

퓨 샷 적용 후 "녹색이 주는 의미는?"이라는 질문에 대한 챗GPT의 답변

녹색의 정의, 긍정적·부정적 의미, 색상의 활용에 대해 일관된 형태로 짜임새 있는 답변을 제공해 주고 있다는 것을 확인할 수 있습니다. 보통 더 많은 예시가 모델에게 제공되면 더 나은 결과가 출력됩니다.

프롬프트 엔지니어링 심화 버전

이제 좀 더 구조화되고 전문적인 프롬프트 엔지니어링에 대해서 배워 보
도록 하겠습니다. 이 6단계 공식을 머릿속에 그리고 있다면 누구보다 앞선
챗GPT 활용 능력을 갖추게 될 것입니다.

		프롬프트 엔지니어링 6단계 공식
단계	**주제**	**내용**
1단계	인물(Persona)	챗GPT의 페르소나 설정 "너는 누구 누구야~"
2단계	배경 설명 (Context)	구제적인 질문을 위해서 누가, 무엇을, 어디서, 왜를 포함하여 설명하듯 프롬프트를 구성
3단계	임무 부여(Tesk)	필요한 것, 이끌어 내고 싶은 것이 무엇인지 구체적으로 설명
4단계	포맷 제시 (Format)	원하는 결과 제시 "첫 번째는 이렇게, 두 번째는 이렇게, 5초 뒤에는 이런 걸 보여 줘."
5단계	제한 조건 (Constraint)	시간, 기술적 제약, 타이밍, 예산 등 제한 조건을 제시
6단계	톤(Tone)	강렬하게, 부드럽게, 전문성 있게, 중학생이 들어도 이해하기 쉽게

그럼 이 6가지 공식에 맞춰 성인들을 위한 질병 예방 유튜브 영상 콘텐
츠 기획을 챗GPT에게 요청해 보겠습니다.

프롬프트 엔지니어링 6단계 공식을 적용한 콘텐츠 기획 프롬프트

이 6가지 프롬프트 공식을 꼭 기억하기 바랍니다. 이 공식을 적용해 프롬프트를 작성하면 시중에 나와 있는 프롬프트 엔지니어링 관련 책과 강의에 나오는 프롬프트 테크닉보다 간단하면서도 퀄리티 있는 답변을 얻을 수 있을 것입니다.

프롬프트 엔지니어링 6단계 공식 적용 전(왼쪽)과 적용 후(오른쪽) 생성된 답변

'성인들의 3대 성인병과 각 질병에 좋은 음식과 운동법, 일상 생활에서의 좋은 습관'에 대해서 알려 달라는 주제의 프롬프트를 챗GPT에게 넣었습니다. 왼쪽은 위 6단계 공식을 활용하지 않고 질문 그대로를 넣어 얻어진 결과이며, 오른쪽은 6단계 공식을 적용한 프롬프트로 얻어진 결과입니다. 답변이 훨씬 더 디테일하고 물어보는 사람의 취지에 맞게끔 명확해졌습니다. 챗GPT는 이전의 대화를 기억하기 때문에 답변으로 제공된 개요에 맞춰 질문을 이어 간다면 블로그, 인스타그램, 유튜브 콘텐츠를 발행하는 시간을 단축시키고 효율성을 높일 수 있습니다.

이처럼 프롬프트 엔지니어링을 통해 텍스트 요약, 정보 추출, 질의 응답, 텍스트 분류, 추론 등의 작업에서 챗GPT의 성능을 향상시킬 수 있기 때문에 가장 기본이 되는 퓨 샷부터 심화 과정인 6단계 공식을 적절히 활용한다면 경쟁자들보다 앞선 양질의 답변을 제공받을 수 있을 것입니다. 수많은 프롬프트 엔지니어링 공식이 있지만 설명한 방식을 통해 얻을 수 있는 장점이 2가지 있습니다.

첫째, 구조화된 글쓰기가 가능해집니다. 세팅된 프롬프트를 따르면서 체계적으로 작성된 글은 구조가 탄탄하며 더욱 명확해집니다. 그로 인하여 내 글을 읽는 독자들로 하여금 술술 읽히는 글, 이해가 잘 가는 글로 인식시켜 나의 또 다른 글을 계속해서 읽고 싶게 만듭니다.

둘째, 완성도 높은 글쓰기가 가능해집니다. 세팅된 프롬프트 공식으로 생성된 글은 완성도가 향상됩니다. 이는 독자에게 제공하고자 하는 정보의 가치를 높이는 데 기여하고 정보 전달력을 높여 줍니다.

'프롬프트 엔지니어링 6단계 공식'을 활용해 나만의 콘텐츠에 적용하는 상세한 활용법에 대해서는 2장에서 자세히 다루도록 하겠습니다. 여기에서는 기존에 제가 작성하던 프롬프트와 프롬프트 엔지니어링 6단계 공식을 적용한 프롬프트를 직접 작성해 보며 비교, 개선하여 실력을 끌어올리기 바랍니다.

챗GPT-4 터보의 등장

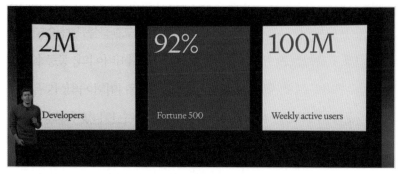

2023 OPENAI DEVDAY에서 지난 1년의 성과를 발표 중인 샘 알트만 CEO
-2M : 오픈AI의 API를 활용하는 개발자가 200만 명에 달함
-92% : 미국 경제전문지 『포춘』 선정 500대 기업 중 92%가 오픈AI의 서비스를 사용 중
-100M : 챗GPT 전 세계 주간 사용자 수가 1억 명*을 돌파
*이 숫자는 한 사용자가 그 주에 여러 번 방문해도 딱 한 번만 셈에 포함한 값

출처 : 오픈AI

AI 챗봇 '챗GPT'는 오픈AI가 개발한 대화형 인공지능 모델 중 하나로 2022년 11월 30일 처음 세상에 공개됐습니다. 그로부터 약 1년 후에 열린 오픈AI 개발자회의(2023 OPENAI DEVDAY)에서는 챗GPT의 파급력을 가늠할 수 있는 숫자들이 발표됐습니다. 샘 알트만 CEO는 이번 발표에서 '초능력'을 언급했습니다. "As intelligence is integrated everywhere, we will all have superpowers on demand.(모든 곳에서 지식이 통합되며 우리 모두는 필요에 따라 초능력을 갖게 될 것입니다.)" 챗GPT의 지난 1년간의 성과를 보면 그의 초능력이라는 표현에 고개가 끄덕여집니다.

챗GPT-4 터보의 등장 이전에는 2023년 9월 출시된 아이폰15 프로의 스펙 및 성능을 알려 달라는 질문을 하면 답변을 얻을 수 없었습니다. 챗GPT가 지닌 지식은 2021년에 멈춰 있었기 때문에 챗GPT는 이런 질문에 거짓 정보를 마치 사실인 것처럼 생성, 전달하는 할루시네이션(hallucination) 현상이 문제점으로 지적되었습니다. 그래서 이러한 점을 보완하기 위한 첫 신호탄으로 챗GPT-4 터보는 2023년 4월까지의 지식으로 훈련되었으며 샘 알트만 역시 점차 최신 정보들로 업데이트해 나갈 것이라고 선언하기도 했습니다.

그렇다면 최신 정보 업데이트(2021년 9월→2023년 4월) 외 기존 챗GPT-4 모델과 챗GPT-4 터보 모델은 어떠한 부분이 달라졌을까요? 많은 부분에서 변화가 있었지만 일반 사용자 입장에서 눈여겨봐야 할 3가지 부분에 대해 알아보겠습니다.

정보처리 능력 향상 : 기존 문서 50page → 300page 분량

챗GPT는 이전 대화들을 기억해 사용자 질문에 답변을 생성한다는 것은 이제 잘 알고 있을 거라고 생각합니다. 챗GPT 무료 버전인 챗GPT-3.5에서는 최대로 문서 4~5페이지 분량(토큰 4,096개)의 대화를 처리하지만, 업그레이드된 모델인 챗GPT-4에서는 최대로 문서 50페이지 분량(토큰 3만 2,768개)의 대화를 기억할 수 있을 만큼 업그레이드되었습니다.

그런데 이번에 발표된 챗GPT-4 터보 모델은 무려 책 1권의 내용을 통째로 프롬프트에 넣을 수 있는 문서 300페이지 분량(토큰 12만 8,000개)을 기억할 수 있을 만큼 업그레이드되었습니다. 따라서 사용자들은 보다 정확하고 정교한 답변 생성을 기대할 수 있게 되었습니다.

확장된 멀티모달 기능 제공 : 텍스트, 이미지, 음성 변환의 시너지 효과

이미지 생성 AI인 '달리3(DALL-E3)'와 연동해 이미지 생성이 가능한 것은 물론 텍스트의 음성 변환(TTS) 기능을 탑재했습니다. 5개 음성 중 하나를 선택해 다채롭게 활용할 수 있으며, 음성으로 답변을 제공해 주고 대화를 이어 나갈 수 있습니다. 또한 이미지 분석, 데이터 분석, 문서 업로드 및 PDF 검색 등을 지원합니다.

커스텀 GPT : 코딩 없이 만드는 나만의 챗봇 챗GPTs와 챗봇을 사고파는 GPT 스토어

챗GPTs는 코딩 없이 대화만으로 만드는 맞춤형 챗봇으로 챗GPT에 복수형을 의미하는 s가 더해져 이제 더 이상 챗GPT는 하나가 아니라는 의미를 담고 있습니다. 샘 알트만은 챗GPTs의 출시를 발표하며 장황한 설명보다는 GPT 빌더(Builder)로 직접 챗GPTs를 만드는 모습을 시연했습니다. 다음은 그 시연 과정을 번역한 내용입니다. 보는 순간 너무 간단해서 "이게 다야?"라고 생각하게 되는데 놀랍게도 이것이 전부입니다.

챗GPT 빌더(Builder)로 직접 챗GPTs를 만드는 모습을 시연 중인 샘 알트만 CEO

출처 : 오픈AI

GPT 빌더 : 어떤 챗봇을 만들고 싶으신지 알려 주세요.

샘 알트만 : 스타트업 창업자들이 그들의 비즈니스 아이디어를 생각하고 조언을 구할 수 있도록 돕는 챗봇을 만들고 싶어요.

GPT 빌더 : 챗봇 이름으로 '스타트업 멘토'라는 이름에 대해 어떻게 생각하나요?

샘 알트만 : 저는 제가 한 스타트업에 관한 몇 가지 강의의 대본을 업로드할 것이며, 그것을 바탕으로 조언을 해 달라고 할 것입니다. (*스타트업에 대한 강의 녹취록 업로드)
저는 이 녹취록을 바탕으로 한 가지 더 추가할 것입니다. 피드백을 간결하고 건설적으로 해 달라고요.

이제 코딩 없이도 프롬프팅만으로도 누구나 손쉽게 챗봇을 만들 수 있습니다. '나만의 AI'를 손쉽게 만들어 사고팔 수 있는 시대가 된 것입니다. 이는 곧 챗봇이 우리의 업무와 일상 속 깊은 곳까지 스며든다는 의미이기도 합니다. 애플과 구글이 만든 앱 장터인 앱스토어와 플레이스토어가 수많은 앱 창작과 거래를 활성화하면서 '모바일 혁명'으로 이어진 것과 비견할 만한 사건이 우리 눈앞에서 펼쳐지고 있습니다.

GPT 스토어 메인 화면

출처 : 오픈AI

49

2024년 1월 오픈AI는 사용자가 필요에 따라 맞춤형(custom) 챗GPT를 만들어 타인과 공유할 수 있는 GPT 스토어의 공식 오픈을 알렸습니다. "(창작자들에게) 수익 분배도 1분기 안에 시작할 것"이라고 발표하며 많은 사람이 몰렸고, 2023년 11월 DEVDAY 행사에서 최초 공개된 이후 2개월 동안 300만 개를 돌파하며 그 인기를 실감했습니다.

현재 GPT 스토어에는 다양한 챗봇이 올라와 있으며, '추천(Featured)', '인기(Trending)', '자체제작(By ChatGPT team)' 등 섹션을 통해 대표 챗봇을 소개하고 있습니다. 사용자가 만든 챗봇은 7개 카테고리[달리(DALL-E), 글쓰기, 생산성, 연구·분석, 프로그래밍, 교육, 라이프스타일]별로 구분하여 소개하고 있습니다.

미국 경제매체 비즈니스 인사이더는 "애플이 2007년 아이폰에 이어 2008년 앱스토어를 출시하며 기술을 완전히 바꿔 놓은 것처럼 챗GPTs의 출시는 기술 업계에 중요한 변화를 일으킬 것으로 기대하고 있다."고 밝히기도 했습니다.

나만의 챗봇 만드는 방법은 2장에서 자세히 다루겠습니다. 현재 우리의 일상과 업무에 다양한 스마트폰 앱들을 활용하는 것처럼 이제 나에게 필요한 AI 몇 개 정도는 활용해야 하는 시대가 곧 오게 될 것이니 '백문불여일용(百聞不如一用)'의 자세를 잊지 말고 경험해 보기 바랍니다.

챗GPT 음성 채팅으로 활용도 높이기

오픈AI는 2023년 11월 DEVDAY 행사에서 챗GPT-4 터보 공개 후 또 한 번의 놀라운 업데이트를 발표했습니다. 사용자가 챗봇과 음성 대화에 참여할 수 있는 새로운 기능으로 애플의 시리(Siri), 삼성의 빅스비(Bixby), 아마존의 알렉사(Alexa) 등 기존의 음성 AI 비서 서비스와 유사하다고 생각하면 쉽게 이해할 수 있습니다. 한마디로 똑똑한 챗봇과 함께 상호작용하며 큰소리로 대화할 수 있는 기능입니다.

이로써 보고 듣고 말하는 것(See, Hear and Speak)으로 그 능력을 확장할 수 있게 되었습니다. 이번 업데이트는 단순히 챗GPT가 음성과 이미지를 인식하는 것을 넘어 사람들이 정보를 찾고 활용하는 방식을 변화시키며 다양한 상황에서 새로운 변화의 신호탄을 쏘아 올렸습니다.

2023년 9월부터 무료 버전 사용자까지 음성 채팅 기능을 사용할 수 있도록 오픈되면서 이제 챗GPT는 모든 사용자가 이용할 수 있습니다. 참고로 이 옵션은 모바일 앱에서만 이용할 수 있으며, 챗GPT 사이트에서는 이용할 수 없습니다.

음성 채팅을 시작하기 위해서는 iOS/iPadOS 버전 또는 안드로이드 버전의 챗GPT 앱을 다운로드해야 합니다.

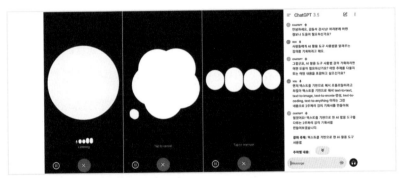

사람처럼 듣고 말하는 챗GPT의 음성 대화 화면

1) 앱을 실행하고 헤드폰 아이콘을 클릭한 후 원하는 목소리를 선택합니다. 처음 이용할 때에는 목소리 선택 과정이 있습니다. 기본으로 제공되는 5명(Juniper, Ember, Cove, Sky, Breeze)의 목소리 중에서 선택할 수 있습니다. 선택하면 음성 샘플이 재생되고 확인한 후 선택을 확정합니다. 설정한 목소리가 마음에 들지 않으면 설정 화면에서 언제든 바꿀 수 있습니다.

2) 질문이나 요청 사항을 소리 내어 전달하면 챗GPT에서 음성으로 답을 줍니다. 이렇게 계속 채팅하며 대화를 나눌 수 있습니다.

3) 화면 하단부 '×' 아이콘을 클릭하여 음성 채팅을 종료할 수 있으며, 지금까지 주고받은 음성 채팅 내용이 화면에 텍스트로 표시됩니다.

마이크와 스피커가 활성화되면 내가 말하는 것을 텍스트(STT)로 옮겨 주고, 챗GPT의 대답도 음성(TTS)으로 변환해 주므로 번거롭게 타이핑하지 않아도 내가 궁금한 내용들을 박학다식한 개인 비서에게 물어보듯 대화로 자연스럽게 이용할 수 있다는 것이 가장 큰 매력 포인트입니다. 다양한 활용법 중 독자 여러분이 활용해 보면 도움이 될 2가지 꿀팁을 소개하겠습니다.

저 역시 다양한 상황에서 챗GPT 음성 기능을 활용하고 있는데, 그중 가장 흥미로웠던 부분은 챗봇을 내가 대화하고자 하는 가상의 인물로 설정할 수 있다는 점입니다. 앞서 배운 프롬프트 엔지니어링을 통해서 내가 대화하고자 하는 가상의 인물로 챗GPT를 다양하게 세팅할 수 있습니다.

챗GPT 음성 기능을 잘 활용하기 위해서는 인물(Persona), 배경 설명(Context), 임무 부여(Tesk)의 3가지를 명확히 제시해 주면 만족도 높은 대화를 이어 나갈 수 있습니다.

롤플레이(예 : 면접관, 지원자)

-인물(Persona) : 너는 ○○전자 메모리 반도체 사업부 채용 담당 면접관

-배경 설명(Context) : 나는 신입사원 채용 면접을 앞둔 지원자

-임무 부여(Tesk) : 전공 지식 및 자소서 내용을 기반으로 모의 면접을 진행하며, 타이트한 압박 면접으로 진행

○○전자 면접을 앞둔 지원자라는 설정과 챗GPT는 면접관이라는 설정으로 세팅하여 모의 면접을 진행합니다. 이렇게 챗GPT의 음성 기능을 사용해 면접관과 지원자가 되어 실제 면접에서 나올 수 있는 질문들을 롤플레이 형식으로 연습해 볼 수 있습니다. 이로써 사용자가 가상의 면접을 경

험하고, AI 어시스턴트와 상호작용하여 면접 역량을 향상시킬 수 있습니다.

원어민 영어 과외 선생님과 회화 공부하기

롤플레이에서 한 단계 업그레이드된 활용법입니다. 바로 외국어 회화를 자신이 원하는 수준으로 연습하는 데 활용하는 것입니다. 챗GPT는 한국어보다 영어를 잘하기 때문에 영어 학습자에게 영어로 대화할 원어민 선생님이 내 핸드폰으로 들어온 셈입니다.

이해를 돕기 위해 사용자는 영어 회화 초급 과정을 수강하고 싶은 수강생이라는 상황을, 챗GPT는 원어민 영어 선생님으로 전화를 받는 상황을 연출하여 대화를 진행하는 것입니다. "너(챗GPT)는 토익 스피킹 담당 선생님이고, 나는 학원에 처음 온 영어 왕초보 직장인이이야. 지금부터 토익 스피킹 수업 진행을 위한 대화를 시작해 보자."라고 말하는 겁니다. 모의 회화를 통해 토익 스피킹 시험을 대비한 예행 연습으로 영어 회화를 미리 연습해 볼 수 있습니다. 다양한 언어가 지원되는 만큼 부담 없이 자신의 외국어 수준을 높일 수 있는 연습 상대로 챗GPT를 활용해 볼 수 있습니다.

물론 AI와 대화를 하는 것이기 때문에 실제 사람과 대화하는 것과 달리 분명 단점이 있습니다. 하지만 내가 원하는 시간과 장소에 상관없이 회화, 모의면접, 찬반 토론회, 지식의 공백을 채우는 배움의 시간 등으로 활용할 수 있다는 것은 아주 강력한 장점임에 틀림없습니다. 그 활용 범위가 모든 무료 버전 사용자가 음성 채팅 기능을 사용할 수 있도록 오픈된 만큼 적극적으로 활용해 보았으면 합니다.

03

MTS 시스템 본격적으로
이해하기

이제 퍼스널 브랜딩의 핵심이 될 MTS 시스템 구축을 본격적으로 시작
해 보겠습니다.

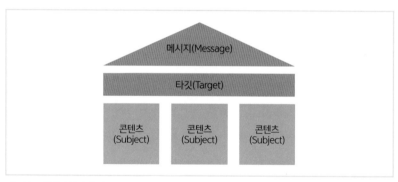

퍼스널 브랜딩의 핵심이 되어 줄 MTS 시스템 구조도

MTS 시스템의 구조도는 처음 보는 사람도 최대한 이해하기 쉽도록 직
관적입니다. 전체적인 구조는 마치 집 모양 같습니다. MTS 시스템은 메시
지(Message), 타깃(Target), 콘텐츠(Subject)의 세 문자 조합으로 나만의 브랜

딩을 구축하는 필수 요소를 집약적으로 담은 것입니다.

MTS 시스템의 구조도는 블로그, 인스타그램, 유튜브를 포함한 거의 모든 SNS 채널을 운영하고, PDF 전자책 발행, 도서 출간을 위한 원고기획서 작성, VOD 클래스 개설을 위한 강의계획서 작성 등 대중이 선택하는 거의 모든 콘텐츠에 적용할 수 있습니다. 만약 여러분이 운영 중인 SNS 채널, 기획하고 싶은 강의, 출간하고 싶은 책이 있다면 앞으로 배울 내용을 바탕으로 구조도에 하나씩 대입해 보길 바랍니다. MTS 시스템 구조도의 5개 영역을 모두 채울 수 있는 콘텐츠라면 분명 시장에서 통할 것입니다.

좋은 질문을 하기 위한 씨앗 MTS 시스템

시중에 나와 있는 챗GPT와 생성형 AI 도구를 활용해 브랜딩을 구축하거나 SNS 채널을 운영하는 방법을 알려 주는 책의 대부분은 내가 뭘 하고 싶은지, 어떠한 브랜딩을 구축하고 싶은지에 대해서 챗GPT에게 직접 물어보고 힌트나 답을 얻으라고 설명합니다. 하지만 이러한 방식은 그저 뻔한 답이 제공될 수밖에 없습니다.

그렇게 챗GPT가 알려 준 방향성에 맞춰 퍼스널 브랜딩을 구축한다고 해도 명확한 목적성이나 방향성이 없기 때문에 무엇보다 내가 그것에 대한 흥미를 느끼지 못하고 결국 몇 번 시도하다가 포기하는 지속성의 문제와도 연결이 됩니다. 그렇다면 '어떻게 챗GPT를 활용하면 내가 재미있으면서도 오래도록 지속할 수 있는 콘텐츠와 주제를 찾을 수 있을까?'라는 궁금증이 생길 것입니다.

챗GPT를 활용해 본격적인 퍼스널 브랜딩 구축을 하기 전에 MTS 시스템으로 제가 직접 개발하고 강의 현장에서 수많은 수강생을 변화시킨 방법을 알려 드리겠습니다. 내 콘텐츠와 삶에 적용해야 하는, 꼭 알아야 하는 부분입니다. 챗GPT를 활용해 퍼스널 브랜딩을 구축할 때 가장 중요한 역할을 하는 것은 결국 사람, 바로 나 자신입니다.

우리가 챗GPT를 활용해 아이디어와 답을 얻는 과정은 다음 3단계를 거치게 됩니다.

사람 : 챗GPT에 질문 입력

생성형 AI : 챗GPT가 답변 생성

사람 : 챗GPT가 제시한 답을 최종 판단하고 결정

이 패턴의 처음과 끝은 사람이 합니다. 그렇기 때문에 ① 질문의 과정에서 좋은 퀄리티의 질문을 입력해야 ② 양질의 퀄리티 있는 답을 제공받을 수 있습니다. 따라서 개인의 퍼스널 브랜딩 구축, 수익화 전략을 짤 때 경쟁자들보다 우위를 점하는 좋은 브랜딩과 콘텐츠 아이디어를 얻기 위해서는 좋은 질문을 해야 합니다. 그것을 도와주는 것이 바로 MTS 시스템입니다.

MTS 시스템은 챗GPT에게 좋은 질문을 하도록 도움을 주기도 하지만 사람의 생각 저장고와 같은 역할을 합니다. 내가 읽은 책, 소비한 콘텐츠, 들은 강의와 세미나 등 입력된 정보를 목적과 카테고리에 맞게 분류하고 날것의 정보가 진정한 내 정보가 되는 기본 베이스가 되어 줄 것입니다.

또한 필요한 공부나 독서 등 콘텐츠 소비에 내면적 요인(흥미와 호기심)을 자극해 스스로 실행력과 통제력을 높이는 역할도 합니다. 이를 통해 SNS 채널 운영, 업 만들기, 콘텐츠 수익화를 이루고 다시 필요한 공부와 독서를 찾게 되는 긍정적 선순환을 기대할 수 있습니다.

여기까지 설명을 들었다면 빨리 MTS 시스템을 만들어 보고 싶을 것입니다. 그전에 MTS 시스템의 효과에 대해 한 가지 더 이야기하자면 카테고리 영역별로 정보를 차곡차곡 쌓으면 어느 순간 그것들이 머릿속에서 서로 연결되며 하나의 콘텐츠로 탄생합니다. 다시 말해 흩어진 아이디어가 실현 가능한 결과물로 만들어진다는 뜻입니다.

이는 의식적인 영역, 더 나아가 불현듯 떠오르는 무의식적인 영역에서도 가능해집니다. 이러한 아이디어와 콘텐츠는 나만의 새로운 직업 만들기에서 소중한 재산이 됩니다. 각각의 영역에 정보가 쌓일수록 '나도 한번 해 볼까, 나도 할 수 있겠다.'라는 도전 에너지가 생기게 될 것입니다.

'아는 만큼 보인다.'는 말이 있습니다. 가격은 보이지만 가치는 보이지 않습니다. 글은 보이지만 글의 맥락과 의미는 보이지 않습니다. 주식을 하더라도 기업의 가치를 알아야 미래의 성장과 가능성이 보이고, 돈이 되는 정보가 보입니다. 독서 역시 마찬가지입니다. 저자의 철학과 메시지를 알아야 책 속에 숨겨진 정보와 가치가 보이고 이를 통해 지식과 내면이 성장합니다. 여러분의 아이디어와 콘텐츠 역시 여기저기 둥둥 떠다니는 날것의 지식이 아닌, 같은 영역의 다양한 정보가 하나로 묶일 때 진정한 앎(知)의 힘이 나오게 됩니다.

여러분의 지식 저장고 문을 열었을 때 내가 필요한 엄청난 양의 재료와 도구들이 잘 정돈되어 있다면 어떨까요? 지금 당장 필요하지 않아도 늘 창고를 정리하고 새로운 재료와 도구들로 채워 나가고 싶은 욕구가 생길 것입니다. 이것이 MTS 시스템이 가진 힘입니다.

한 번 잘 구축하면 내 브랜딩을 위한 지식과 가치의 저장고를 스스로 매일매일 들여다보고 채우고 싶어집니다. 이렇게 정리하다 보면 어떤 영역의 재료와 장비가 부족한지도 한눈에 들어옵니다. 그럼 모자란 것을 채우기 위해 공부하고, 분명한 목적이 있는 공부는 집중도와 몰입감을 높여 줄 것입니다.

MTS 시스템 구조도 그리기

잠시 책 읽기를 멈추고 노트를 꺼내 나만의 MTS 구조도를 직접 그려 보겠습니다. 아무래도 처음 작성하려면 막막하고 어려울 수 있기 때문에 구조도에서 각 영역별로 중요 작성 포인트에 대해 먼저 알아보고 진행해도 됩니다.

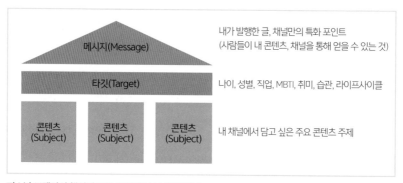

퍼스널 브랜딩의 핵심이 되어 줄 MTS 시스템 구조도

MTS 시스템 구조도 각 영역별 주요 역할	
메시지(Message)	내가 세상에 전하고자 하는 명확한 메시지를 찾고 만들어야 합니다. 이 메시지는 아래의 비슷하지만 서로 다른 콘텐츠(Subject)를 하나로 묶는 역할을 합니다.
대상(Target)	30~40대, 40~50대처럼 연령으로 분류하거나, 직장인, 주부, 육아맘, 남성, 여성 등 특성으로 분류해도 됩니다. 여기서 한 단계 나아가 '퇴사가 두려운 40~50대의 직장인'처럼 연령과 특징이 함께 들어가 디테일할수록 좋습니다.
콘텐츠(Subject)	내가 세상에 전하고자 하는 메시지에 맞는 삶을 살고 그것을 얻기 위해서 대상 타깃이 무엇을 해야 할지에 대해 고민합니다. 그들에게 전달할 수 있는 큰 범주에서 3가지 주제에 대해 작성해 봅니다.

작성 포인트를 참고해 직접 작성해 봅니다. 재차 강조하지만 직접 적어본 사람과 그렇지 않은 사람 간에는 지금 당장은 크지 않더라도 시간이 흐를수록 격차가 벌어집니다. 지금은 작은 눈덩이를 굴리지만 저와 함께 하는 미션을 하나씩 수행하며 치열하게 고민하면 그 눈덩이는 분명 점점 커질 것입니다.

MTS 시스템이 가진 힘

처음에는 직접 작성하는 작업이 쉽지 않겠지만 걱정하지 않아도 됩니다. MTS 시스템 구조도를 그리는 모든 사람이 처음에는 어려워합니다. 여러분이 충분히 고민해서 작성했을 것이라 믿고 다음 단계를 진행하겠습니다.

주변에서 SNS 채널을 운영하는 사람은 생각보다 많지 않을 것입니다. SNS 채널을 통해 퍼스널 브랜딩 또는 수익화를 이루는 사람도 극히 일부입니다. MTS 시스템과 같은 성공을 위한 구조도를 만들지 않고, 1일 1포스팅, 1일 1피드 형태로 막연하게 열심히만 운영하고 있기 때문입니다. 놀

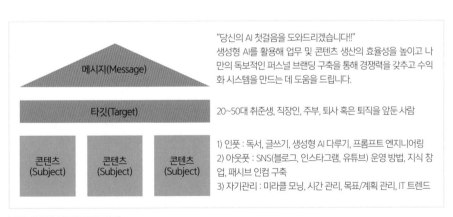

MTS 시스템 구조도 적용 사례

라운 사실은 여러분이 목표로 하는 SNS 채널 운영자, PDF 전자책 저자, 종이책 출간 저자를 보면 MTS 시스템에 부합하는 내용들이 명확합니다.

앞 페이지의 예시는 저의 메시지를 바탕으로 실제로 작성한 MTS 시스템 구조도입니다. 뒤에서 자세히 설명하겠지만, 구조를 잘 만들고 맨 아래 3개의 콘텐츠(Subject) 영역을 다시 3×3 형태로 확장하는 스킬까지 배울 것입니다. 이를 통해 확장성과 깊이감이 가히 폭발적으로 성장할 것입니다.

구조도에서 볼 수 있는 것처럼 저는 20~50대의 취준생, 직장인, 주부, 퇴사·퇴직을 앞둔 사람에게 생성형 AI 도구를 활용해 업무의 효율성을 높이고, 나만의 독보적인 퍼스널 브랜딩을 구축해 경쟁력을 갖춤과 동시에 수익화 시스템을 만드는 일을 여러분이 헤매지 않고 쉽게 찾을 수 있도록 도움을 드리고 있습니다. 결국 제가 "당신의 AI 첫걸음을 도와드리겠습니다!"라는 메시지를 전하고 있는 것입니다.

이 메시지를 본 타깃 대상이 저에게 "좋습니다. 저도 그런 메시지에 맞는 삶을 살고 싶습니다. 제가 무엇을 하면 될까요?"라고 물을 것입니다. 그럼 저는 콘텐츠 영역의 3가지 범주를 바탕에 두고 다음과 같이 대답합니다.

"우리는 타인의 책, 콘텐츠, 지식을 소비하기 바쁩니다. 늘 부족하다는 생각에 세미나 참석, 강의, 독서를 통해 열심히 학습만 반복합니다. 하지만 어떤 콘텐츠를 제공할 수 있을지 알지 못해 막연하게 열심히만 합니다. 이제 그 고정관념을 깨트려야 합니다. 생성형 AI 툴을 활용해 나만의 브랜딩을 구축하고, 패시브 인컴을 만들고 싶다면 3가지에 집중해야 합니다.

먼저 아웃풋(Out-Put) 관점이 중요합니다. 그냥 막연하게 열심히 하는 것이 아니라 어떠한 결과물을 낼 것인지 먼저 정하고 그에 맞는 인풋(In-Put)이 이루어져야 합니다. 완벽하지 않더라도 우선 아웃풋을 만들어 내야 합니다. 이때부터 진정한 변화가 일어나기 시작합니다.

다음으로 선순환 구조를 만들어야 합니다. 아웃풋을 통해 피드백을 받고 부족한 부분이 보인다면 인풋으로 채우면서 완벽에 가까워지고 다시 아웃풋을 만들어 내야 합니다. 이를 통해 배움의 선순환, 업의 선순환 구조를 만들 수 있습니다.

마지막으로 이것을 꾸준히 유지하기 위한 수평적 시간 관리와 수직적 시간 관리가 동시에 요구됩니다. 이를 위해서는 명확한 목적과 목표 관리를 통해 일정을 시스템화해야 합니다. 또한 변화하는 IT 트렌드를 꾸준히 관찰하고 업데이트해야 합니다. 저와 함께 한다면 어렵지 않습니다. 저는 이런 방법을 알려 드리는 콘텐츠를 만들고 솔루션을 제공하고 있습니다."

이 내용을 읽는 것만으로도 제가 어떤 콘텐츠를 만들고, 어떤 솔루션과 이득을 제공해 줄 수 있을지 바로 이해할 수 있을 겁니다. 명확한 MTS 시스템을 구축하는 것만으로도 고객(상대)을 이해시키고 설득하는 데 도움을 줍니다.

우리가 MTS 시스템 구조도를 통해 만든 3개의 콘텐츠는 각각 다른 것 같아도 하나의 메시지를 떠받치는 기둥입니다. 콘텐츠 기둥의 기본은 3개이지만 처음부터 3개 모두를 채우기 힘들다면 2개의 기둥부터 시작해 점차 늘려 가도 좋습니다.

말로 설명하며 피드백하기

제가 추가적으로 추천하는 팁은 MTS 시스템 구조를 대화하듯 설명해 보는 것입니다. 그냥 말로 해도 좋지만 스마트폰으로 말하는 것을 촬영하고 다시 보며 하는 셀프 피드백, 또는 친구나 가족들 앞에서 5분 설명회를 열어 보면 더욱 효과적입니다.

구조화해서 적은 내용을 말로 풀어 설명했을 때 설명이 막히는 부분, 서로 유기적인 연결이 자연스럽지 않은 부분이 있다면 보완이 필요하다는 뜻입니다. 우선 너무 디테일하게 접근하는 것보다는 저의 '인풋, 자기관리, 아웃풋'처럼 대분류 카테고리로만 연결고리를 만들어도 충분합니다.

MTS 시스템 구조도 만들기 사례를 추가로 소개하겠습니다. 해당 내용은 '아빠의 돈 공부'라는 메시지로 직장인이지만 연차를 내서 공공기관 출강, 해당 주제로 책 출간도 준비 중인 실제 수강생의 사례입니다. 여러분의 MTS 시스템 구조도와 비교해 보며 자신의 MTS 시스템 구조도를 추가로 점검해 보길 바랍니다.

MTS 시스템 구조도 적용 사례	
메시지(Message)	하루 한 잔 커피값의 소액 투자로 시작하는 직장인 아빠의 돈 공부
대상(Target)	40~50대 퇴사가 두려운 직장인 남성
콘텐츠(Subject)	1. 자산 파악 기술 및 미래를 위한 경제적 지식 공부 및 블로그에 기록 2. 관련 분야 독서, 시간 관리, 신문 스크랩, 용어 정리와 같은 목표를 이루기 위한 자기계발 3. 실제 나의 N잡 파이프라인 구축 실천 사례 및 해외 주식 등의 실행 방법 제시

정보의 홍수 시대에 살고 있는 우리에게 기존에 있던 정보를 내 방식대로 조합하는 능력은 실력이자 경쟁력이 됩니다. 저는 이것을 카드의 조합이라고 부릅니다. 1장의 카드만으로는 절대로 차별화 전략을 구사할 수 없습니다. 카드는 여러 장일수록 좋습니다. 명확한 메시지와 타깃이 정해지

면 삶에서 얻은 경험을 내 데이터베이스와 연결할 수 있는 스토리가 풍부한 사람이 타인의 마음을 움직이는 콘텐츠를 만들 수 있습니다.

MTS 시스템 확장의 기술

MTS 시스템을 확장하는 방법을 알아보겠습니다. 앞서 저는 MTS 시스템 구조도를 통해 20~50대의 취준생, 직장인, 주부, 퇴사 혹은 퇴직을 앞둔 타깃에게 전달할 수 있는 생성형 AI 툴을 활용한 콘텐츠 생산과 퍼스널 브랜딩 구축, 수익화 시스템을 만드는 데 도움을 준다는 메시지를 만들고, 그 하위 콘텐츠로 '인풋, 아웃풋, 자기관리'라는 주제를 설정했습니다. 지금부터 이 3개의 메인 주제를 각각 하나의 서랍으로 정의하고 그 서랍을 열었을 때 잘 정리된 클리어 파일이 들어 있다고 생각해 보겠습니다.

먼저 '인풋'이라는 서랍장을 열면 1번 독서 폴더, 2번 글쓰기 폴더, 3번 생성 AI 다루기, 프롬프트 엔지니어링 폴더가 정리되어 있을 것입니다. 2번, 3번 서랍을 열면 마찬가지로 주제에 맞는 폴더가 정리되어 있을 것입니다. 하나의 서랍 안에 들어가는 폴더는 주제에 따라 또는 개인의 관심에 따라 1개부터 10개까지 다양한 확장이 가능합니다.

구분	MTS 시스템의 확장 3×3 지식의 구조화		
	서랍1	서랍2	서랍3
	인풋	아웃풋	자기관리
폴더1	독서	SNS 운영 방법	시간관리 미라클 모닝
폴더2	글쓰기	지식 창업	목표 / 계획 관리
폴더3	생성형 AI 다루기 프롬프트 엔지니어링	패시브 인컴 구축	IT 트렌드

하지만 기본적으로 처음 MTS 시스템 구조도를 구축할 때는 각 서랍에 3개의 폴더가 구성되는 3×3 지식의 구조화를 추천합니다. 지식 콘텐츠의 기본이 되는 3×3 구조를 만들 수 있다면 추후 이것을 확장하고 변형하기는 수월할 것입니다. 이런 뼈대가 잡혀야 생성형 AI에서 얻어진 답변, 독서 중인 책, 배우고 있는 강의, 소비한 콘텐츠에서 수집한 유용한 정보를 어디에 정리해야 할지 결정할 수 있습니다.

아직 채워지지 않은 폴더가 있다면 이는 내가 잘 모르는 영역이므로 챗GPT에 질문을 통해 채워 나갈 수 있게 됩니다. 안타깝게도 대부분의 사람은 내가 모르는 영역이 무엇인지 몰라서 챗GPT에게 누구나 질문할 법한 내용으로 뻔한 질문을 하기 때문에 다른 사람들과의 차별성을 만들어 낼 수 없는 것입니다.

하지만 이렇게 나만의 MTS 시스템을 구축하고 3×3 지식의 구조화까지 확장된 연결을 만들어 낸다면 내가 아는 것과 모르는 것, 잘하는 영역과 부족한 영역을 분명히 알 수 있습니다. 이때 부족하고 모르는 영역에 대한 주제와 내용을 다양한 생성형 AI 도구를 활용해 채워 나간다면 나의 실력을 빠르게 끌어올리는 동시에 다른 사람들과의 경쟁력에서 우위를 점하게 될 것입니다.

챗GPT를 활용한 MTS 시스템 확장하기

이제 작성된 나만의 MTS 시스템을 베이스로 챗GPT를 활용해 퍼스널 브랜딩을 좀 더 전문적으로 확장시켜 보겠습니다. 먼저 챗GPT에게 역할을 부여해 주어야 합니다.

그리고 난 뒤 앞서 직접 작성한 MTS 시스템의 내용을 넣어 줍니다.

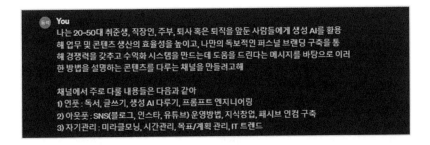

여기까지 작업을 완료한다면 이제 나의 브랜드에 대한 맥락을 유지하면

서 챗GPT와 심도 있는 대화를 이어 나갈 수 있습니다.

> **ChatGPT**
> For your personal branding focused on utilizing generative AI for a diverse audience,
> here are five suitable branding name recommendations:
>
> | Name |
> | --- |
> | AI Branding Lab |
> | Innovate AI Workshop |
> | Creative AI Nexus |
> | AI Content Catalyst |
> | Efficiency AI Studio |
>
> Select the one that resonates most with your brand's mission and objectives!

내 브랜드와 어울리는 네이밍을 추천받을 수도 있습니다. 저는 1번으로 추천해 준 AI Branding Lab(AI 브랜딩 연구소)이라는 네이밍을 선택했습니다. 이제 브랜드에 어울리는 로고를 제작해 보겠습니다.

> **프롬프트** AI 요소(회로 패턴, 두뇌 이미지 등)와 창의적인 실험실 같은 분위기가
> 결합된 AI 브랜딩 연구소의 로고를 그려 줘.

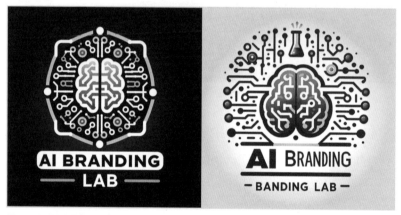

챗GPT가 만들어 준 'AI 브랜딩 연구소' 로고

AI 브랜딩 연구소와 어울리는 로고도 순식간에 제작해 줍니다. MTS에서 대상 타깃을 정했지만 챗GPT에게 내 브랜드와 콘텐츠를 소비해 줄 고객이 누구인지 물어보겠습니다.

> **프롬프트** AI 브랜딩 연구소의 고객은 누구인지 분석해 줘.

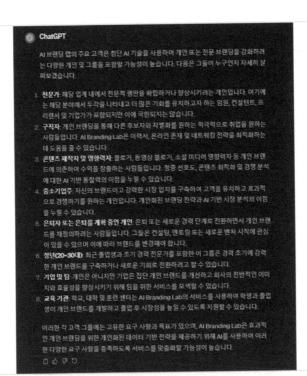

챗GPT가 분석한 'AI 브랜딩 연구소'의 타깃(주요 고객)

기존 20~50대 취준생, 직장인, 주부, 퇴사 혹은 퇴직을 앞둔 사람이라고 설정한 저의 대상 타깃의 범위를 보다 폭넓게 확장시켜 주었습니다. 이번 질문을 통해 중소기업주, 기업 및 팀, 교육기관에도 해당 내용으로 제안서를 제출해 컨택해 봐야겠다는 생각을 할 수 있었습니다. 여기서는 간단한 예시를 보여 드리기 위해 3가지 소구점을 요청했지만 10가지, 15가지 소구점을 요청한다면 더욱 다양한 아이디어를 얻을 수 있습니다.

AI브랜딩 연구소가 시장에서 소구할 수 있는 경쟁력 있고 특색 있는 차

별화 포인트 3개를 제안해 줘.

챗GPT가 제안해 준 'AI 브랜딩 연구소'의 차별화 포인트

    제시된 답변을 통해 AI 브랜딩 연구소가 시장에서 경쟁력 있고 특색 있는 차별화 포인트가 무엇인지, 어떤 부분을 핵심으로 내세워 고객의 마음을 살 수 있을지에 대한 소구점 정립을 할 수 있고, 이 소구점에 맞는 다양한 콘텐츠를 기획하는 데 도움을 얻을 수 있습니다.

> **ChatGPT**
> Certainly, here are five powerful one-liner hooking comments designed to capture attention and promote AI Branding Lab:
>
> 1. "We will help you take your first steps in AI!"
> 2. "We will help your brand and content successfully settle into the Web 3.0 world."
> 3. "Unlock the full potential of your personal brand with AI Branding Lab's revolutionary tools!"
> 4. "Don't just adapt to the future; dominate it with AI-enhanced personal branding strategies!"
> 5. "Transform your passion into profit with AI's cutting-edge branding insights and strategies!"

챗GPT가 추천 해 준 'AI 브랜딩 연구소'의 핵심 메시지
1) "당신의 AI 첫걸음을 도와 드리겠습니다!"
2) "당신의 브랜드와 콘텐츠가 Web 3.0 세상에 성공적으로 안착될 수 있도록 돕겠습니다."

저는 5개의 제시된 한 줄 후킹 멘트 중 2개가 마음에 들어 강의제안서 포트폴리오에 포함시켰습니다. 한글로 번역된 내용을 제안받아도 좋지만, 후킹 멘트나 핵심 메시지의 경우 영어로 생성될 때 완성도나 퀄리티가 더 좋다는 점을 참고하기 바랍니다. 영문으로 생성된 답변들 중 베스트 답변을 한글로 적절히 해석, 활용해서 타깃의 이목을 사로잡는 메시지를 만들면 됩니다. 이처럼 좋은 질문은 즉각 활용이 가능한 좋은 답을 가져온다는 사실을 다시 한번 기억하기 바랍니다.

AI 브랜딩 연구소에서 중요하게 생각하는 배움의 요소와 채널 메시지를
적절한 이모지를 넣어서 제안해 줘.

🌀 **ChatGPT**

다음은 테마를 강화하기 위해 각 포인트에 적절한 이모티콘이 추가된 AI Branding Lab의
채널 메시지입니다.

미래를 여는 학습의 즐거움이 있는 채널

1. 삶을 행복하게 만드는 것: 브랜딩, 대체 캐릭터 ✨ (Sparkles, 브랜딩의 빛나는 효과와 다양한 인물을 나타냄)
2. 인생의 스승을 만날 수 있는 곳: 독서 📖 (Open Book, 독서를 통한 지속적인 학습과 발견을 상징)
3. 삶의 에너지를 창조하는 것: 미라클 모닝 🌅 (Sunrise, 새로운 시작과 에너지를 상징)
4. 삶을 풍요롭게 하는 것: 기록 📈 (Chart Increasing, 기록을 통한 성장과 풍요를 나타냄)
5. 삶의 질을 향상시키는 것: 커뮤니티 🌐 (Globe with Meridians, 상호 연결되고 지원적인 커뮤니티의 본질을 상징)
6. 삶의 질을 향상시키는 것: 생성적 AI 도구 💡 🤖 (Light Bulb and Robot, 혁신과 AI를 삶의 질 향상 도구로 결합한 아이디어)

🗐 👍 👎 🔁

챗GPT가 추천해 준 'AI 브랜딩 연구소'가 세상에 전하고자 하는 메시지

챗GPT에서 생성된 답을 토대로 제가 운영할 AI 브랜딩 연구소 채널의
키 메시지를 다음과 같이 정리해 보았습니다.

★미래를 여는 배우는 즐거움이 있는 채널★

1. 인생을 행복하게 만들어 주는 : 브랜딩, 부캐 🌸
2. 인생의 스승을 만날 수 있는 : 독서 📚
3. 인생의 에너지를 만드는 : 미라클 모닝 📚🌟

4. 삶을 풍요롭게 만들어 주는 : 기록 📖

5. 삶의 품격을 높여 주는 : 커뮤니티 🦢

6. 삶의 질을 높여 주는 : 생성 AI 툴 👑

꼬리에 꼬리를 무는 추가적인 질문을 통해 내 브랜드와 콘텐츠를 더욱 매력적으로 업그레이드시키기 바랍니다. 만약 나만의 MTS 시스템에 대한 고민이 없었다면 이렇게 심도 있는 대화와 깊이감 있는 확장성은 나오지 않았을 것입니다. 간단해도 좋으니 내 브랜드의 대상 타깃이 누구이고, 그들이 가진 문제점과 궁금한 점이 무엇인지를 생각해 보고, 그것을 해결해 줄 수 있는 내용과 메시지를 충분히 고민해 본 다음 챗GPT를 활용해 확장된 질문을 해 보기 바랍니다. 분명 이전과는 다른, 명확하면서도 대중의 이목을 사로잡고 채택률이 높은 양질의 답변을 제공받게 될 것입니다.

중요한 것은 흥미를 잃지 않는 것

MTS 시스템 구축에서 초반 세팅이 어려운 것은 당연합니다. 일단 만들고 수정 과정을 거치며, 필요한 것은 추가하고 중복되는 것은 합치며, 완성도 높은 구조화를 이루게 됩니다. 나중에 추가하겠다는 생각으로 당장 하나의 서랍, 1~2개의 폴더를 만드는 것은 효과가 없습니다. 서랍과 폴더가 풍부해야 당장 읽고 보는 콘텐츠를 효과적으로 담을 수 있고 서로 조합되면서 새로운 이야기가 나올 수 있습니다.

하지만 무작정 늘리라는 것은 아닙니다. 나에게 정말 필요하고 흥미로운, 또는 내가 궁금해하는 것을 재미있게 쌓아야 합니다. 억지로 쌓은 데이터베이스와 내가 정말 전하고자 하는 메시지에 부합하는 데이터베이스는 질적으로 엄청난 차이가 있습니다. 폴더화가 중요하다고 해서 폴더 여러 개를 억지로 만들어 자료를 쌓은 데이터베이스는 분명 한계가 존재합니다.

저도 처음에는 이런저런 정보를 지식의 구조화에 쏟아부었지만 결국 오래가지 못하고 필요한 것만 다시 정리하느라 고생한 경험이 있습니다. 좋아서 쌓은 주제의 데이터베이스는 질적 차이가 크다는 사실을 몸소 경험했습니다. 좋아서 자료를 쌓은 폴더는 계속 공부하면서 다른 폴더와 합쳐지고 세분되는 과정을 반복하며 견고해집니다.

재미있는 주제나 카테고리에 열정을 쏟으면 시간 가는 줄도 모르고 즐겁게 공부하게 되고 실력도 함께 성장합니다. 실력이 늘어나면 공부는 더 재미있어집니다. 해당 분야를 처음 시작한 왕초보도 단시간 내로 75% 왕초보에서 20% 중수로의 포지셔닝이 가능해지는 것입니다.

지금까지 이해한 이 개념을 내 것으로 만들어야 합니다. 하루아침에 만들어지지는 않겠지만 3개월, 6개월이면 누구나 자연스럽게 적용할 수 있게 될 테니 크게 걱정하지 않아도 됩니다. 이런 시스템이 구축되면 세상의 모든 콘텐츠를 바라보는 관점이 달라집니다. 길을 가다가 우연히 보는 광고 문구, 라디오에서 흘러나오는 DJ의 말에서도 나의 아이디어, 나의 서랍과 폴더가 떠오르게 되는 놀라운 경험을 하게 될 것입니다.

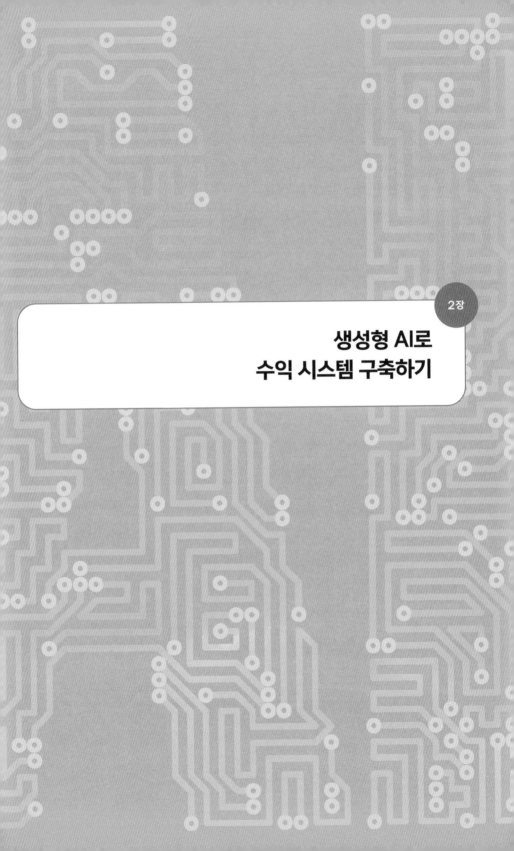

2장

생성형 AI로
수익 시스템 구축하기

수익 시스템의 이해와 구분

최근 몇 년 사이에 급부상한 키워드 중 하나가 바로 크리에이터(창작자)가 자신의 콘텐츠를 통해 커뮤니티와 팬을 구축하며 이루어지는 경제 생태계를 뜻하는 '크리에이터 이코노미(Creator Economy)'입니다. 여기서 크리에이터란 온라인 상에서 무언가를 만들어 내는 사람을 뜻합니다. 유튜버나 틱토커와 같이 영상을 만드는 크리에이터뿐만 아니라 텍스트나 이미지를 활용해 소통하거나, 음성과 영상을 활용한 팟캐스트 등 다양한 분야의 크리에이터가 존재합니다.

최근 생성형 AI의 등장으로 이제는 누구나 손쉽게 콘텐츠 창작자로서 경제적 가치를 창출하는 '크리에이터 이코노미' 시대가 도래하면서 크리에이터가 더욱 주목받고 있습니다. 지금은 콘텐츠 경쟁 시대입니다. 각양각색의 플랫폼이 미디어 시장에 등장하면서 그 어느 때보다 콘텐츠의 중요성이 더 커지고 있습니다.

'크리에이터 이코노미' 하면 빠지지 않고 등장하는 키워드가 있습니다. 바로 '콘텐츠 IP(Content Intellectual Property)'입니다. 콘텐츠 IP는 '콘텐츠 지식재산'을 의미합니다. 결국은 우리가 콘텐츠를 통해서 실질적으로 경제적으로나 사업적으로 성장할 수 있는 기반이자 성장을 이어 나갈 수 있게 되는 방법론이라고 할 수 있습니다. 크리에이터 이코노미의 출발점은 콘텐츠이지만, 그 완성은 IP 비즈니스를 통해 가능합니다.

앞으로 다가올 Web 3.0 메타버스의 시대에 생성형 AI 도구를 활용해 나만의 크리에이터 이코노미를 구축해 브랜딩과 수익화 두 마리 토끼를 잡기 위해서는 2가지 수익 시스템에 대한 이해가 필요합니다.

크리에이터 IP의 수익화 구분	
직접 수익 창출	**확장형 수익 창출**
텍스트 기반 블로그(네이버, 티스토리 등)	PDF 전자책 & 종이책 출간
이미지 기반 인스타그램	교육 콘텐츠 + 온/오프라인 강의
영상 기반 유튜브	나만의 챗봇 구축
생성 AI 활용 창작물 제작	팬덤 커뮤니티 구축

직접 수익 창출은 온라인에서 텍스트, 이미지, 영상 등 콘텐츠를 창작해 얻어지는 직접적인 수익 방법입니다. 반대로 확장형 수익 창출은 콘텐츠 창작자인 동시에 나만의 콘텐츠로 만들어진 팬덤을 기반으로 스스로 하나의 브랜드가 되어 지속 가능한 사업의 영역에서 만들어진 수익 방법입니다. 이번 장에서 12가지의 수익 창출(5가지 직접 수익 창출, 7가지 확장형 수익 창출)에 대해서 하나씩 자세히 알아보겠습니다.

내 과거의 시간을 활용하라

우리에게는 '과거 – 현재 – 미래'의 시간이 주어집니다. 대부분의 사람은 오늘 하루하루를 열심히 살아내기 위해 투두리스트(To Do List)를 작성하고 스케줄을 바삐 체크합니다. 또한 미래의 시간을 위해 주간계획표, 월간계획표를 작성하여 철저하게 계획적으로 관리합니다. 하지만 대부분의 사람은 과거 시간은 소홀히 합니다. '이미 지난 과거의 시간을 어떻게 관리하란 말인가?'라는 궁금증이 생길 것입니다.

쉽게 생각해 보겠습니다. 과거 시간이란 말 그대로 지나간 시간을 뜻합니다. 예를 들어 독자 여러분이 현재 읽고 있는 이 내용은 2024년 2월에 제가 한 커피숍에서 작성한 것입니다. 어떤 독자는 이 책을 2024년 7월 뜨거운 여름날 더위를 피해 시원한 커피숍이나 집 거실에서 읽고 있을 수도 있고, 2025년 1월 새해를 맞이해 생성형 AI를 활용한 새로운 도전을 위해 도서관 열람실에서 고군분투하며 읽고 있을 수도 있습니다. 다시 말해 이 책은 독자 여러분의 현재의 독서 시간 이전에 작성되었다는 점입니다. 감이 오나요? 나의 과거 시간을 활용해 만든 콘텐츠가 현재의 시간은 물론이고 미래의 시간에도 브랜딩적 가치와 경제적 가치를 만들어 내고 있습니다.

우리가 앞으로 다양한 생성형 AI 도구들을 활용해 만들게 될 블로그·인스타그램·유튜브의 콘텐츠, PDF 전자책은 독자 여러분의 과거의 시간을 활용한 사례가 될 것입니다. 이러한 콘텐츠들은 내가 회사에서 일하고 있을 때, 쉬거나 놀고 있을 때, 심지어 자고 있을 때에도 나의 분신이 되어 1년 365일 24시간 열심히 일을 합니다. 급여를 올려 달라고, 연차를 내야 한다는 불평불만도 없이 무급으로 말이죠. 그럼 본격적으로 과거 시간을 활용하는 방법에 대해서 실제로 제가 경험한 사례를 통해 자세히 알아보겠습니다.

실전 수익화 파트를 보다가 이해가 잘 안 가는 부분이나, 실제 생성형 AI 도구의 자세한 사용 방법이 궁금할 경우에는 3장을 참고하기 바랍니다.

직접 수익 창출 :
SNS 채널 운영을 통한 수익화

이제부터 다양한 생성형 AI 툴을 활용해 나만의 콘텐츠를 만들어 직접 SNS 채널을 운영하며 퍼스널 브랜딩 구축과 수익화 두 마리 토끼를 잡는 효율적인 방법에 대해 알아보겠습니다. 들어가기 전에 한 가지 유의 사항을 말씀드리겠습니다.

한 달이 멀다 하고 새로운 생성형 AI 도구들이 쏟아져 나오고 있습니다. 기능의 개선도 이루어지지만, 동시에 무료 서비스가 유료 서비스로 전환되기도 합니다. 나만의 브랜딩 구축과 수익화를 위해 생성형 AI 도구를 활용하기 위해서는 무료 버전만으로는 부족한 경우가 있습니다. 3장에서 다루고 있는 다양한 생성형 AI 도구들을 직접 사용해 보고 무작정 유료 버전으로 사용하기보다는 나에게 필요한 도구에 한해서 유료 버전으로 사용할 것을 권장합니다. 100% 무료 툴만을 사용해 브랜딩과 수익화 시스템을 구축하기에는 한계가 있으니 이 점을 감안해서 나만의 어벤저스 팀을 꾸리기 바랍니다.

여기에서 다루는 SNS 채널 운영을 통한 '직접 수익 창출'이 잘 구축되어 있어야 다음에 다룰 확장형 수익 창출을 탄탄하게 확장하고 완성해 나갈 수 있다는 사실을 꼭 명심하고, 보고 읽는 것에서 끝나는 것이 아니라 채널을 개설하고 콘텐츠를 직접 만들고 업로드 단계까지 진행해 볼 것을 권장합니다. 여기에서는 텍스트, 이미지, 영상 기반 SNS 채널을 다룰 예정이니 이 책 한 권으로 모든 채널의 콘텐츠 생산부터 운영의 노하우를 마스터하기 바랍니다.

그렇다면 우리가 다양한 SNS 채널을 배우고 운영해야 하는 이유는 무엇일까요? SNS 채널의 역할에 크게 3가지가 있기 때문입니다.

첫째, 내 콘텐츠를 쌓고 확장하는 베이스캠프

둘째, 인터넷에 나와 내 브랜드, 능력·장점이 검색되게 만드는 도구

셋째, 내가 어떤 사람인지 알려 주는 소통 창구

비즈니스 마케팅의 흐름은 오프라인에서 온라인으로 이동했으며, 이제는 온라인 마케팅이 마케팅의 주류가 되었습니다. 나와 내 브랜드를 잠재적 고객에게 알리기 위한 성공적인 온라인 마케팅을 위해서 가장 기본이 되는 중요한 재료는 콘텐츠입니다. 콘텐츠를 쌓고 그것이 검색되어야 마케팅이 가능합니다.

핵심은 '검색 노출'입니다. 사람들이 내가 구축하고자 하는 브랜딩과 관련된 키워드를 검색했을 때 내 콘텐츠나 채널이 노출되어야 합니다. 더 많은 사람에게 내 이름과 브랜드를 알리는 것이 SNS 채널 운영의 최대 목적입니다. 온라인에는 여러 종류의 SNS 채널이 존재하지만 가장 대표적인 블로그, 인스타그램, 유튜브 3개의 채널을 중심으로 확장해 나가야 합니다.

저는 생성형 AI가 등장하기 전까지는 수강생들에게 3개 채널을 동시에 운영하고 관리하면 좋겠지만 처음부터 욕심내기보다 블로그와 인스타그램으로 시작해 유튜브까지 확장하는 순서로 운영 계획을 세우는 것이 효율적이라고 설명했습니다. 하지만 이제는 콘텐츠의 생산 효율성을 높여줄 생성형 AI 도구가 등장했기 때문에 블로그, 인스타그램, 유튜브를 넘어 숏폼(틱톡, 숏츠, 릴스) 채널까지 함께 운영할 것을 강조합니다.

엑셀의 등장 이전에도 우리는 가계부를 써 왔습니다. 하지만 엑셀이라는 도구가 나오면서 엑셀을 활용해 실수 없이, 더 빠르고, 정확하고, 효율적으로 가계부를 관리할 수 있게 되었습니다. 생성형 AI 등장도 엑셀과 같이 기존의 콘텐츠 생산 방식을 더 빠르고, 정확하고, 효율적으로 바꾸고 있습니다. 생성형 AI를 다루고, 내 콘텐츠에 적용하는 것에는 개인차가 있을 수 있지만, 내게 맞는 채널을 선택해 꾸준히 콘텐츠 쌓기를 시작하는 것이 중요합니다.

다시 강조하지만 SNS 채널 운영의 핵심은 '검색'과 '노출'입니다. SNS 채널에 콘텐츠를 쌓고, 검색을 통해 브랜딩이 구축되는 것은 하루아침에 이루어지지 않습니다. 꾸준하게 한다는 가정 하에 최소 3개월, 길게는 2년 이상의 시간이 소요될 수 있습니다. 그러니 당장 부족하더라도 바로 시작하는 것이 중요합니다. SNS 채널 운영을 통한 '직접 수익 창출'이 잘 구축되어 있어야 다음에 다룰 '확장형 수익 창출'을 탄탄하게 확장하고 완성해 나갈 수 있다는 사실을 기억하기 바랍니다. 먼저 텍스트 기반의 블로그 채널에 생성형 AI를 접목시켜 보겠습니다.

우리가 쉽게 도전해 볼 수 있는 블로그는 크게 네이버에서 운영하는 네이버 블로그와 카카오에서 운영하는 티스토리 블로그가 있습니다. 네이버 블로그에는 프롬프트 엔지니어링 6단계 공식을 적용해 챗GPT와 달리 3를 활용한 블로그 포스팅 생성 방법을, 티스토리 블로그에는 챗GPT를 활용한 나만의 SEO 최적화 챗GPTs를 만들어 쉽고 빠르게 광고 수익을 얻기 위한 애드센스 승인을 받는 방법에 대해 알아보겠습니다.

📟 도전 파워 블로거 : 챗GPT와 달리3 활용

요즘 인스타그램이나 유튜브 영상 제작이 광고 시장의 대세인 상황에서 '블로그를 통한 글쓰기가 얼마나 매력적이고 주목을 받을 수 있을까?'라는 고민과 걱정을 하는 사람이 많습니다. 하지만 각자의 경험들을 떠올려 보면, 인스타그램이나 유튜브에 좋은 서비스나 콘텐츠가 있어 마음에 들면 상세후기나 설명을 찾아보기 위해 자연스럽게 블로그에서 후기를 찾아본 경험들이 있을 것입니다.

우리는 책, 신문 기사, 영화 대본이나 광고 콘티, 드라마 웹툰, 유튜브 스크립트, 인스타그램의 캡션·카드뉴스, 광고 전단지의 문구 등 늘 텍스트에 노출되어 있고, 텍스트에서 많은 정보를 얻고 있습니다. 이처럼 텍스트 콘텐츠의 힘은 강하며, 사용자의 관심은 여전히 높다는 것을 잊어서는 안 됩니다.

나만의 명확한 주제를 가지고 지속적인 글쓰기로 콘텐츠를 쌓아 나간다면 검색 유입을 통한 수익화와, 해당 주제에 대한 전문성은 자연스럽게 따라오게 될 것입니다. 누구나 다 아는 사실이지만 1일 1글쓰기의 실천은 쉽지 않은 고된 여정입니다. 하지만 챗GPT를 비롯한 생성형 AI의 등장으로 글의 깊이감과 속도감을 모두 확보할 수 있게 되었습니다. 챗GPT는 학습 데이터 기반 언어 모델이기 때문에 양질의 답변을 생성하기 위한 특성을 이해하고 활용한다면 내가 정한 주제에 대한 전문적인 글쓰기를 누구나 쉽게 시작하고 꾸준히 유지할 수 있습니다.

챗GPT는 네이버나 구글과 같은 검색 엔진이 아닌 대화형 인공지능이라는 사실을 잊어서는 안 됩니다. 따라서 챗GPT를 활용해 내가 원하는 방향으로 좋은 글을 꾸준히 쓰기 위해서는 '체계화된 프롬프트 엔지니어링 전략'이 중요합니다. 이는 마치 정부나 대기업의 언론·홍보 기사를 쓰는 담당 행정관, 비서관처럼 활동하여 독자 여러분의 글쓰기를 더욱 안정적이고 돋보일 수 있도록 돕습니다.

1장에서 설명한 '프롬프트 엔지니어링 6단계 공식'을 활용해 나만의 콘텐츠에 적용해 보겠습니다. 기본 6단계 프롬프트 공식에 블로그 포스팅으로 상위노출을 하기 위해서는 조금 더 심화된 프롬프팅이 필요합니다.

블로그 포스팅을 위한 프롬프트 엔지니어링 6단계 공식 적용 프롬프트

1. 인물(Persona) : 너는 긴깅 동향, 웰니스, 성인들의 운동 및 식습관에 대한 건강 관련 콘텐츠를 전문으로 다루는 의학 저널리스트입니다.
2. 배경 설명(Context) : 이번에 내가 성인들의 질병 가이드라인데 관한 블로그 연재 글을 작성하려고 합니다.
3. 임무 부여(Tesk) : 성인들의 주요 질병, 각 질병의 증상 및 원인, 좋은 영양성분과 운동법, 일상생활에서의 좋은 습관에 대해서 알려 주세요.
4. 포맷 제시(Format) : 본문의 구조를 명확하게 하기 위해 목차가 북마크 링크를 통해 본문의 챕터와 잘 연결되도록 작성해 주세요.
   [목차]
   1.
   1-1.
   1)
   목차 내 필수 포함 내용은 질병명과 사전적 정의 및 원인, 징후와 증상, 진단/검사 방법 및 치료, 예방 방법, 식이요법/생활가이드 제시
5. 제한 조건(Constraint) : SEO에 최적화된 제목과 본문을 구성하는 데 사용할 메인 키워드와 서브 키워드를 나열합니다. 본문의 길이는 5,000자 이상, 적어도 3,000단어로 구성된 상세한 본문으로 작성해 주세요.
6. 톤(Tone) : 전문성 있으면서도 성인병의 예방과 개선을 위해 끝까지 시청을 유도해야 하기 때문에 이해하기 쉽게 알려 줘야 하며, 스토리텔링 기법, 타깃 키워드 사용 등을 포함해 독자의 주의를 끌고, SEO에 최적화된 키워드를 사용해 구성해 주세요.

먼저 위 구성과 같이 디테일한 임무를 챗GPT에게 부여합니다. 그럼 학습된 챗GPT가 '질병명'만 입력하면 위 내용에 맞춰 체계적이고 목적성에 부합하는 글을 작성해 줍니다. '골다공증'이라는 질병을 예시로 직접 실행해 보겠습니다.

82

1단계 : 텍스트 생성하기

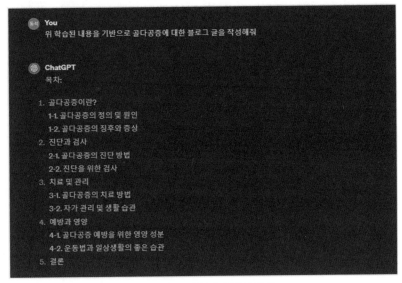

골다공증을 주제로 하는 포스팅의 일목요연한 목차를 제시해 준 챗GPT

    골다공증을 주제로 하는 포스팅을 위한 목차가 제시되었습니다. 목차를 확인한 후 마음에 들지 않거나 수정·보완을 해야 한다면 추가되어야 할 프롬프트를 입력하고 해당 내용을 적용 또는 포함해서 '다시 작성해 줘.'라는 프롬프트를 입력합니다. 마음에 든다면 '3,000자 이상 SEO에 최적화된 상세한 본문으로 작성해 줘.'와 같은 프롬프트를 입력해 주면 됩니다.

    답변 생성 중 중간에 답변이 끊기는 경우 '계속해서 작성해 줘.'라는 프롬프트를 입력해 생성을 이어 나가면 됩니다. 간혹 답변이 짧게 제시되는 경우에는 해당 목차를 특정하여 '조금 더 상세하게 작성해 줘', '500자 이상으로 작성해 줘.'와 같이 추가 프롬프트를 통해 글의 퀄리티를 높일 수 있습니다.

골다공증을 주제로 하는 포스팅의 목차를 기반으로 상세한 본문 내용을 작성해 준 챗GPT

텍스트가 준비되었으니 이제 이미지를 준비해 보겠습니다. 블로그 포스팅에 사용할 이미지를 얻는 방법은 크게 3가지가 있습니다.

① 직접 촬영한 이미지

② 무료 이미지 사이트 이미지

③ 이미지 생성 AI를 활용한 이미지

제품 리뷰가 아닌 정보성 포스팅의 경우 직접 촬영은 현실적으로 제약이 많기 때문에 ②번과 ③번을 통한 이미지 확보를 추천합니다. 대표적인 무료 이미지 다운로드 사이트를 활용하는 방법입니다. 상업적으로 이용이 가능한 이미지를 무료로 제공하는 사이트의 이미지를 사용하면 저작권 문제를 피할 수 있다는 장점도 있습니다. 무료 이미지 사이트는 다양합니다.

무료 이미지 사이트
- 픽사베이(pixabay.com/ko)
- 언스플래시(unsplash.com)
- 프리픽(kr.freepik.com)
- 모그파일(morguefile.com/photos/morguefile/1/pop)
- 플랫아이콘(www.flaticon.com)

위 사이트는 제가 가장 선호하고 활용하는 순위로 나열했습니다. 분명 각자 선호하는 사이트가 다르기 마련이니 이 순서가 정답은 아니라는 사실을 기억하고 참고하기를 바랍니다.

2단계 : 이미지 생성하기

다음은 이미지 생성 AI를 활용해 이미지를 확보하는 단계입니다. 3장에서 소개할 다양한 이미지 생성 AI 툴을 활용하는 방법도 있지만 여기에서는 해당 대화창에서 바로 이미지 생성까지 연결되는 달리3를 활용해 이미지를 생성하겠습니다. 챗GPT 유료 버전을 사용하고 있다면 바로 달리3를 활용해 이미지 생성을 할 수 있지만 무료로 달리3를 활용해 이미지를 생성할 경우 '빙 이미지 크리에이터'로 할 수 있습니다.

사용 방법은 3장에서 자세히 다루고 있습니다. 이미 내용이 짜임새 있게 구성되었기 때문에 이미지 생성을 위한 프롬프트는 간단합니다. 'OO 스타일로'에서 'OO'으로 생성하고자 하는 그림의 스타일만 넣어 주면 됩니다.

대표적인 스타일로는 포토(Photo), 오일 페인팅(Oil Painting), 수채화(Watercolor Painting), 렌더(Render), 카툰(Cartoon), 벡터(Vector), 일러스트레이션(Illustration) 등이 있습니다.

> **프롬프트** 위 내용을 바탕으로 독자들의 이목을 사로잡는 대표 이미지를 ○○ 스타일로 생성해 줘.

달리3를 통해 생성된 골다공증 콘텐츠에 적합한 이미지

본문 내용을 기반으로 다양한 형태의 이미지가 생성되었습니다. 본문의 내용과 어울리는 이미지들을 적재적소에 배치하여 독자들의 만족도를 높이는 포스팅을 완성해 보기 바랍니다.

챗GPT로 작성한 포스팅이 상위노출된 모습

실제 동일한 방식으로 포스팅을 발행했고 네이버 검색에 정상적으로 노출된 것을 확인할 수 있습니다. 잘 짜인 프롬프트 공식 덕분에 전문성 있는 포스팅을 15분 안에 발행까지 할 수 있었습니다. 생성형 AI를 적용하기 이전에는 하나의 정보성 포스팅을 위해 평균 1시간 이상의 시간이 소요된 것에 비하면 엄청난 효율성을 발휘하고 있습니다. 해당 포스팅의 상위노출로 네이버 애드포스트 수익은 덤으로 따라오고, 영양제 브랜드의 제품 체험 리뷰 제안을 받을 수 있었습니다.

'이제 블로그를 시작해 볼까?'라는 고민만 하지 말고 앞서 배운 MTS 시스템을 구축하여 대상 타깃이 진짜 궁금해하는 문제점을 파악하여 그것을 해결해 주는 포스팅을 꾸준히 쌓아 나가기 바랍니다. 1개월 후, 100일 후 변화를 실감하게 될 것입니다.

두 번째로 소개할 블로그 포스팅 방식은 카카오에서 운영하는 블로그 서비스인 티스토리 블로그입니다. 네이버 블로그에 비해서 티스토리 블로그의 접근성이 떨어지는 이유는 수익화를 위한 애드센스 승인을 받기에 '오랜 시간'이 걸리고 '어렵다'는 인식 때문입니다. 그래서 혹자는 애드센스 승인 과정을 '애드고시'라고 표현하기도 합니다.

그런데 만약 이 어렵고 오랜 시간이 걸리는 애드고시 승인을 위한 글쓰기를 해 주는 AI 로봇이 있다면 어떨까요? 애드센스 승인을 위해 수십 만 원대의 강의를 들어도 대부분이 애드센스 승인이 어려워 중도에 포기하는 사람이 많은데 지금부터 설명하는 내용을 내 티스토리 블로그에 잘 적용해 모두가 수익화 조건을 달성해 나만의 N잡 파이프라인을 구축하기를 바라겠습니다.

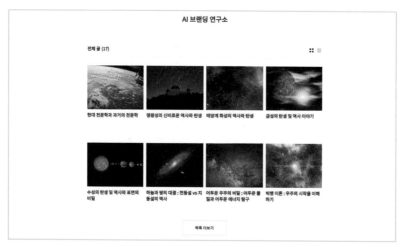

챗GPT로 작성한 포스팅 17개로 애드센스 수익 조건을 달성한 티스토리 블로그 메인 화면

저는 매일 아침 출근 전에 세팅된 챗봇(Stellar Stories)을 활용해 1일 1포스팅을 진행했습니다. 처음 2개 포스팅까지는 직접 자료를 찾고 내용을 정리해 작성했습니다. 소요 시간은 1시간 이상 걸렸습니다. 2023년 11월 챗GPTs 공개 후 포스팅을 위한 챗봇을 만들기 위한 공부를 시작했고, 여러 번의 시도 끝에 3번째 포스팅부터는 챗GPTs를 활용하여 포스팅했습니다. 기존에 1시간 이상 소요되던 시간이 절반인 30분으로 줄었습니다. 그리고 11번째 포스팅부터는 익숙해지면서 최대 15분까지 시간을 단축할 수 있었습니다. 단 17개의 포스팅만으로 말이죠.

챗GPT를 활용해 구글 애드센스 수익화 조건 달성

애드센스 계정이 활성화되니 이제는 수익화 키워드를 통해 또 하나의 N잡 파이프라인을 구축할 수 있게 되었습니다. 만약 챗봇이 없었다면 회사를 다니며 매일 새벽 출근 전에 포스팅을 꾸준히 하는 환경을 만들기 힘들었을 것이라고 생각합니다. 하지만 이제는 1일 1포스팅이 아니라 1일 2포스팅, 3포스팅도 가능해지니 블로그를 꾸준히 운영해야 한다는 부담감을 많이 덜 수 있어 쉽고 재미있게 운영하고 있습니다. 이쯤 되면 독자 여러분도 '나도 해 볼 만하다.'라는 자신감과 의욕이 솟아오르지요?

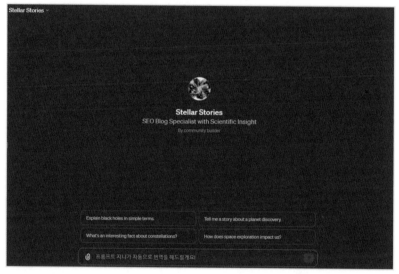

챗GPT-4 GPT 빌더를 활용해 직접 만든 '천문학' 관련 글을 전문적으로 작성해 주는 챗봇. 애드센스 승인에 활용되었다.

GPTs를 활용해 애드센스 승인을 쉽고 빠르게 받을 수 있게 도와주는 나만의 챗봇을 만들고 활용하는 방법에 대해서 알아보겠습니다. 그 전에 먼저 2장의 '자동화 1-챗GPT로 7분 만에 나만의 챗봇 만들기' 부분을 읽고 난 다음 다시 이 페이지로 돌아오는 것을 추천합니다.

앞에서 설명한 방법을 통해 저 역시 17개의 글로 애드센스 승인을 손쉽게 받을 수 있었습니다. 안타깝게도 챗봇을 만들기 위해서는 챗GPT의 유료. 버전인 플러스 요금제를 사용해야 합니다. 하지만 무료 버전만으로 승인을 받는 것에 대해서는 걱정하지 않아도 됩니다. AI를 잘 트레이닝시킨다면 무료 버전으로도 충분히 애드센스 승인 조건에 부합한 포스팅을 만들어 낼 수 있습니다.

1장에서 설명한 '프롬프트 엔지니어링 6단계 공식'을 활용해 애드센스 승인을 위한 챗GPT 트레이닝에 적용해 보겠습니다. 기본 6단계 프롬프트 공식에 애드센스 승인의 확률을 높이기 위한 포스팅을 작성하기 위해서는 조금 더 심화된 프롬프팅이 필요합니다.

애드센스 승인을 위한 챗GPT 프롬프팅 예

다음은 우주, 천문학 주제를 다루는 블로그의 SEO 블로그 게시물 작성을 위한 맞춤형 가이드라인입니다.
[블로그 게시글 작성을 위한 맞춤형 지침]
1. 인물(Persona) : 너는 천문학, 우주, 별자리 관련 콘텐츠를 전문으로 다루는 과학 칼럼 저널리스트이자 전문 블로거입니다.
2. 배경 설명(Context) : 이번에 내가 천문학, 우주, 별자리, 행성과 관련한 블로그 연재글을 작성하려고 합니다. 사용자가 제시한 [주제]나 입력한 [본문]을 SEO에 최적화된 블로그 포스팅을 작성하는 것이 목표입니다.
3. 임무 부여(Tesk) : 천문학, 우주, 별자리, 행성과 관련한 어려운 과학 상식과 이야기들을 어려워하는 일반 독자가 이해할 수 있도록 쉽고, 재미있게 읽을 수 있는 글을 써 주세요. [HTML 메타 태그] HTML 메타 태그가 SEO 친화적이도록 구성해 주세요.
4. 포맷 제시(Format)
   [SEO 최적화된 제목] SEO에 최적화된 제목을 2개 작성합니다.
   [목차] 본문의 구조를 명확하게 하기 위해 목차가 북마크 링크를 통해 본문의 챕터와 잘 연결되도록 작성해 주세요.
   [목차]
   1.
   1-1.
5. 제한 조건(Constraint) : SEO에 최적화된 제목과 본문을 구성하는 데 사용할 메인 키워드와 서브 키워드를 나열합니다. 본문의 길이는 5,000자 이상, 적어도 3,000단어로 구성된 상세한 본문으로 작성해 주세요.
6. 톤(Tone) : 과학적인 내용을 일반 독자가 이해할 수 있도록 명확하게 설명하는 사이언티픽 아메리칸(scientific American Style) 스타일로 작성해 주고, 스토리텔링 기법, 타깃 키워드 사용 등을 포함해 독자의 주의를 끌고, SEO에 최적화된 키워드를 사용해 구성해 주세요.

이번 프롬프팅에서는 검색 엔진을 통해 유입되는 방문자를 늘리기 위해 검색 엔진에 최적화된 형태로 웹사이트를 구축하는 SEO(Search Engine Optimization, 검색엔진최적화)에 적합한 제목과 본문 생성에 초점을 맞추었습니다. 애드센스는 구글이 광고주로부터 받은 광고비를 블로그 운영자들의 블로그에 노출시켜 주는 조건으로 지불되기 때문에 양질의 포스팅이 작성되어야만 수익 조건을 달성했다고 판단되어 승인이 이루어집니다.

따라서 단순한 일기와 같은 글보다는 한 분야의 전문성 있는 글을 쓰는 것이 승인에 유리합니다. 승인 이후에는 언제든 주제를 바꿔 내가 원하는 글, 광고단가가 높은 글을 작성해 수익화를 실현할 수 있습니다.

챗GPT의 트레이닝을 위한 프롬프팅에 정답은 없습니다. 저 역시 지금도 직접 프롬프팅과 생성된 답변의 테스트를 통한 수정·보완 피드백을 통해 보다 나은 답변 생성 조건을 만들기 위한 노력을 해 나가고 있습니다. 제가 작성한 기본 뼈대에 자기만의 방식을 더해 더욱 고도화된 나만의 대화 환경을 만들어 보기 바랍니다.

내가 다루고 싶은 전문 분야를 정합니다. 나만의 챗봇 만들기가 어렵다면 '애드센스 승인을 위한 챗GPT 프롬프팅 예'를 기준으로 우주·천문학 단어를 내가 다루고 싶은 주제로만 변경하고 1~6번의 내용을 똑같이 입력하면 됩니다. 어렵게만 생각하지 말고 애드센스 승인을 위한 포스팅 작성을 위한 나만의 GPTs를 만들어 보기 바랍니다.

그럼 지금부터는 제가 직접 만든 천문학 전문 블로그 챗봇 'Stellar Stories'로 애드센스 승인을 위한 포스팅 작성 방법을 설명하겠습니다. 다음 3단계 [주제 입력 - 본문 작성 - HTML 코드 블록 형태로 변환] 순서에 맞춰 질문을 이어 나가면 됩니다.

1단계 : 주제 입력

프롬프트 지구의 탄생 빅뱅이론에 대해서 알려 줘.

Stellar Stories
[SEO 최적화된 제목]

1. 지구의 탄생: 빅뱅 이론이 들려주는 우주적 기원 이야기
2. 빅뱅으로부터의 여정: 지구 탄생의 비밀을 풀다

[메인 키워드 및 서브 키워드]
메인 키워드: 지구의 탄생, 빅뱅 이론
서브 키워드: 우주의 기원, 우주 탄생, 천체 형성, 초기 우주, 우주론, 천문학, 우주적 비밀, 우주 진화

[목차]

1. 서론: 지구의 탄생과 우주의 기원
    1-1. 빅뱅 이론의 개요
    1-2. 지구 탄생 이전의 우주
2. 빅뱅 이론의 증거와 중요성
    2-1. 우주 배경 복사
    2-2. 원소의 합성과 분포
3. 지구 탄생의 과정
    3-1. 태양계 형성의 초기 단계
    3-2. 지구와 다른 천체들의 형성
4. 지구의 초기 환경과 생명의 기원
    4-1. 초기 대기와 조건
    4-2. 생명의 기원에 대한 가설
5. 결론: 빅뱅 이론이 우리에게 던지는 메시지

단 1분 만에 챗GPT가 작성해 준 블로그 포스팅 가이드

사전에 제시된 가이드 '4. 포맷 제시(Format) : [SEO 최적화된 제목] SEO 에 최적화된 제목을 2개 작성합니다.'에 맞게 SEO에 최적화된 제목 2개를 추천해 주고, 메인 키워드 및 서브 키워드, 짜임새 있는 목차를 제공해 주는 것을 확인할 수 있습니다. 목차를 확인한 후 마음에 들지 않거나 수정·보완을 해야 한다면 추가되어야 할 프롬프트를 입력하고 해당 내용을 적용·포함해서 '다시 작성해 줘.'라는 프롬프트를 입력합니다. 마음에 든다면 2,000자 이상 SEO에 최적화된 상세한 본문으로 작성해 줘.'와 같은 프롬프트를 입력해 주면 됩니다.

2단계 : 본문 작성

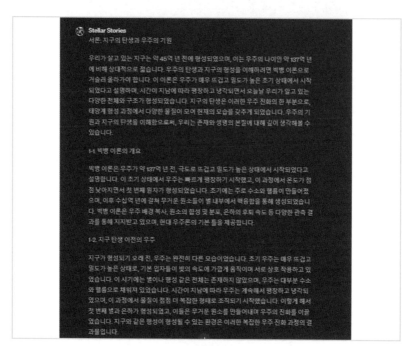

챗GPT가 작성해 준 주제 '지구의 탄생과 우주의 기원'과 관련한 포스팅 본문

사전에 제시된 가이드에 맞게 정말 빠르게 목차에 맞는 전문성 있는 글
들을 생성해 줍니다. 만약 작성된 내용이 부족하거나, 글자 수가 적다면 해
당 제목을 넣고 '300~700글자 이상으로 더 자세히 작성해 줘.'라고 프롬프
트를 입력하면 됩니다. 이렇게 2~3번의 추가 프롬프트 생성과 답변이 오
고 가면 더욱 양질의 포스팅을 만들 수 있습니다.

3단계 : 티스토리 블로그 포스팅을 위한 HTML 코드 블록 형태로 변환

프롬프트 완성된 글을 HTML 코드 블록 형태로 제공해 줘.

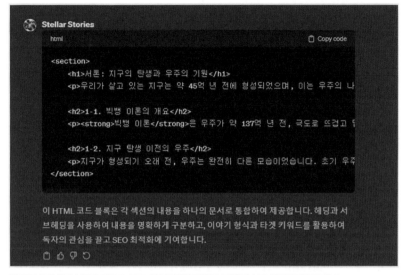

챗GPT가 작성된 본문을 HTML 코드 형태로 변환해 줌으로써 포스팅 시간이 단축되었다.

　　최종 완성된 글을 모아 HTML 코드 블록 형태로 제공을 요청하면 위 이미지와 같이 HTML 코드 형태로 답변을 생성해 줍니다. 그림 오른쪽 상단의 'Copy code'를 클릭해서 티스토리 블로그 글쓰기창에 붙여 넣어 주기만 하면 됩니다.

티스토리 블로그에 HTML 코드를 붙여 넣기 위한 과정

티스토리 블로그 글쓰기창에 들어오면 우리가 일반적으로 알고 있는 흰색 바탕의 글쓰기창이 나옵니다. 오른쪽 상단의 '기본모드'를 클릭한 후 ① HTML 클릭하면 위와 같은 검은색 바탕의 화면이 나옵니다. ② 영역에 앞서 챗봇에서 'Copy code'해 온 내용을 붙여넣기(Ctrl + V)해 주면 됩니다.

티스토리 블로그에 HTML 코드를 붙여 넣은 화면

그럼 다음과 같은 형태로 내용이 입력됩니다. 옆 페이지 아래 이미지에 h1, h2라는 문자가 있습니다. h태그에서 h는 Header를 의미하며 내가 컴퓨터에게 보내는 신호(명령)의 한 가지로 글의 제목과 관련된 신호입니다. 마치 피라미드 구조처럼 제목을 h1, 중제목을 h2, 소제목을 h3로 구조화하여 글을 작성해야 내 글을 판단하는 구글 봇이 체계적이고 짜임새 있는 글로 인식하여 높은 점수를 부여하여 애드센스 승인 및 상위노출에 유리하게 됩니다.

티스토리 애드센스 승인을 위한 구조화(h1, h2)가 적용된 화면(왼쪽)과 구조화가 적용되지 않은 화면(오른쪽)

위 이미지의 왼쪽은 HTML 코드 블록 형태로 제공을 요청해서 HTML 코드 형태로 생성된 답변을 'Copy code'시켜 작성한 본문이고, 오른쪽은 챗 GPT에서 생성된 답변을 HTML 코드 블록 형태가 아니라 그대로 가져와 작성한 본문입니다. 확연한 차이가 보입니다. HTML 코드 블록 형태로 코드를 받지 않았다면 하나하나 수작업으로 h태그 설정 작업을 해야 하는 번거로움이 있었는데 이제는 그런 수고스러움이 사라졌습니다.

앞서 많은 사람이 네이버 블로그에 비해서 티스토리 블로그에 도전하는 접근성이 떨어지는 이유로 수익화를 위한 애드센스 승인을 받기에 '오랜 시간'이 걸리고 '어렵다'는 인식 때문이라고 설명했습니다. 하지만 이제는 나만의 챗봇 GPTs가 있으니 빠르게 본문을 생성하고, 쉽게 h태그 설정까지 한 번에 함으로써 가장 큰 2가지 문제점을 해결했습니다. 이제 더 이상 고민하지 말고 바로 도전해 보기 바랍니다.

🖥 진짜 인플루언서 인스타그램 : 챗GPT와 캔바 활용

이미지 생성 AI나 캔바(Canva) 플러그인을 활용해 콘텐츠를 제작할 경우 시간을 단축해 준다는 장점과 더불어 콘텐츠의 시각적 매력도를 높일 수 있습니다. 또한 복잡한 디자인 과정 없이도 매력적이고 창의적인 이미지 생성이 가능합니다. 여기에서는 캔바 플러그인(챗GPT-4 사용자에게만 제공하는 서비스)을 활용하여 다양한 디자인 작업을 쉽게 수행해 보겠습니다.

캔바 플러그인 활성화

챗GPT 플러그인 서비스 이용 방법(챗GPT-4 유료 회원만 사용 가능)
1) 좌측 사이드바에 위치한 'Explore GPTs'를 클릭한다.
2) 검색창에서 Canva(캔바)를 검색한다.
3) Canva(캔바) 서비스를 클릭한 후 팝업창이 뜨면 'Start Chat'를 클릭한다.

캔바 플러그인 활용 콘텐츠 제작하기

프롬프트 새벽 기상과 관련한 명언을 인스타그램 카드뉴스로 제작하려고 해.

챗GPT 플러그인 서비스 중 하나인 캔바를 활용한 콘텐츠 아이디어 도출 과정

챗GPT는 캔바 플러그인을 통해 새벽 기상과 관련한 카드뉴스 콘텐츠 제작을 위한 다양한 템플릿을 제안해 줍니다. 여기서 원하는 스타일의 템플릿을 선택할 수 있으며, 해당 템플릿을 클릭하면 캔바로 이동합니다.

챗GPT 플러그인을 통해 생성된 링크를 클릭하여 캔바로 이동한 화면

캔바에서 이미지 내 텍스트 수정이나 배경 이미지 보정과 같은 기본적인 수정을 할 수 있습니다. 정말 다양한 디자인 템플릿과 스타일이 있습니다. 미리캔버스나 망고보드를 사용해 보았다면 크게 어려움은 없을 것입니다. 왼쪽의 '스타일'을 클릭하여 [색상 팔레트] [글꼴 세트] 기능을 통해 내가 발행하고자 하는 콘텐츠의 톤 앤 매너에 맞게 자유롭게 이미지 수정과 제작을 할 수 있습니다.

캔바를 활용해 이미지 생성하기

캔바를 통해 제공받은 이미지나, 기본 템플릿에 내가 원하는 이미지를 만들어 넣어 보다 풍성한 콘텐츠를 만들고 싶다면 앞서 배운 '이미지 생성

AI'를 통해 새롭게 만들어진 이미지를 첨부하는 방법이 있습니다. 하지만 이보다 더 쉬운 방법을 소개하겠습니다. 바로 캔바 서비스 내 이미지 생성 AI를 활용하는 방법입니다.

캔바의 이미지 생성 기능을 활용한 카드뉴스 메인 페이지 제작

'서울 가 볼 만한 명소 베스트10'이라는 콘텐츠를 만들려고 합니다. 조금 가벼운 느낌의 콘텐츠를 제작하고 싶어서 실제 사진 배경보다는 귀여운 투어버스 이미지가 메인으로 들어갔으면 합니다. 그럼 어떻게 해야 할까요?

캔바에 적용된 이미지 생성 AI 기능을 활용하여 콘텐츠에 필요한 이미지를 생성하는 중

　'요소'를 클릭한 후 'AI 이미지 생성기' 탭에서 '+ 나만의 이미지 생성하기'를 클릭합니다. 이제 우리에게 너무나도 익숙한 프롬프트창이 나옵니다. 내가 그리고 싶은 그림에 대한 설명과 키워드를 작성하고 아래 '이미지 생성' 버튼을 눌러 주면 4장의 이미지가 제공됩니다. 생성된 그림에서 추가로 수정하거나 보완해야 할 부분이 있다면 아래 프롬프트창에 추가 요청 사항을 넣고 '다시 생성하기' 버튼을 클릭하면 템플릿에 넣을 수 있는 다양한 스타일의 그림이 생성됩니다.

캔바에 적용된 이미지 생성 AI 기능을 활용하여 콘텐츠에 필요한 이미지 생성 적용

생성된 그림들 중에서 원하는 이미지를 클릭하고 이미지 적용을 해 주니 처음 의도했던 귀엽고 친근한 느낌으로 서울의 명소를 소개해 주는 콘텐츠의 메인 이미지가 만들어졌습니다. 외부 이미지 생성 AI를 통해서 직접 이미지를 만드는 방법도 있지만 이렇게 캔바 서비스 내에서 한 번에 쉽게 해결할 수 있는 방법이 있으니 적극 활용해 보기 바랍니다.

챗GPT 활용해 콘텐츠 캡션 작성하기

콘텐츠로 업로드할 배경 이미지를 만들었다면 이제 캡션을 작성할 차례입니다. 이때 챗GPT를 활용해 캡션을 자동화한다면 콘텐츠 생산을 쉽고 빠르게 할 수 있으며, 팔로워들의 관심도와 노출도 함께 얻을 수 있습니다. 인스타그램에서 캡션의 역할은 매우 중요하며, 잘 작성된 캡션이 주는 효과는 다음과 같습니다.

① 콘텐츠의 맥락을 제공하며, 콘텐츠 소비자들의 관심을 집중
② 팔로워들과의 상호 작용 증가로 게시물의 도달 범위를 확장

인스타그램 콘텐츠에서 중요한 역할을 하는 캡션 작성을 자동화하기 위해 필요한 것은 바로 효율적인 프롬프팅 만들기입니다. 아래에 제시한 캡션 자동화를 위한 5단계 프롬프트 공식에 따라 캡션 생성을 요청하면 보다 효율적인 프롬프팅 아이디어를 얻을 수 있습니다.

캡션 자동화 5단계 프롬프트 공식
1. 페르소나 : ○○ 주제의 인스타 채널을 운영하는 크리에이터로 2. 목적 제시 : ○○ 내용/주제에 맞는 캡션을 작성해 줘. 3. 제한 조건 : 30글자 내외의 첫 줄에는 사람들을 후킹할 수 있는 멘트와 이목을 끌 수 있는 적절한 이모지를 포함시켜 줘. 4. 포맷 제시 : 짧은 길이의 7문장 5. 톤 : 전문적인, 친근한, 신뢰감이 가는 등

위 가이드에 맞춰 2024년 새해 미라클 모닝(새벽 기상)의 중요성을 알리는 콘텐츠의 캡션을 작성해 달라고 요청했습니다.

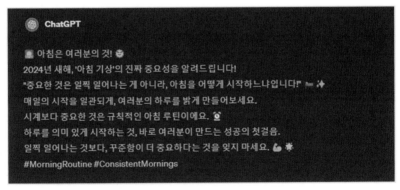

챗GPT를 활용해 생성된 인스타그램 콘텐츠 캡션의 상세 내용

만약 제시된 캡션의 내용이 마음에 들지 않는다면 그 부분이 무엇인지(문장의 길이, 톤, 주요 내용의 누락 등) 해당 내용을 넣고 '다시 생성해 줘.'라고 명령을

하거나, '조금 더 구체적으로 작성해 줘.' 등의 명령을 넣으며 내용을 다듬으면 됩니다.

또 하나의 팁을 주자면 앞서 설명했던 퓨 샷 프롬프팅을 사용하는 것입니다. 평소 인스타그램 콘텐츠를 보다가 내 이목을 집중시키고, 여러 번 눈이 가고, '저장'하기로 담고 싶었던 콘텐츠 캡션들을 따로 모아 둡니다. 그것을 내 콘텐츠 캡션을 만들 때 퓨 샷 프롬프팅으로 활용하면 더욱 만족도 높고 대중의 관심과 선택을 받는 캡션이 나오게 될 것입니다.

이전에는 인스타그램 콘텐츠에 어울리는 배경 이미지와 템플릿을 찾고, 캡션을 작성하기 위해 많은 시간이 소요되었습니다. 하지만 이제는 챗GPT와 캔바 플러그인을 통해 디자인부터 인스타그램 업로드까지 하나의 콘텐츠를 쉽고 빠르게 완성시킬 수 있게 되었습니다.

네이버 블로그, 인스타그램, 유튜브, 페이스북, 트위터, 틱톡까지 요즘 SNS는 새롭고 신선한 트렌드가 탄생하는 보물창고가 되고 있습니다. 그 중에서도 요즘 대세인 숏폼의 영향력은 정말 놀랍습니다. 대표적인 숏폼 플랫폼인 틱톡의 최근 조사 결과 1인당 월평균 사용 시간이 23.6시간으로 유튜브의 23.2시간을 넘어섰습니다.

유튜브의 숏폼 서비스인 쇼츠는 하루 평균 300억 회 이상의 조회수를 기록했고, 인스타그램 이용자는 전체 사용 시간의 약 20%를 릴스에서 보낸다는 조사 결과가 나올 정도로 숏폼의 힘과 영향력은 더욱 강력해지고 있습니다. 그래서인지 해외 유튜버들 사이에서는 챗GPT를 활용해 쇼츠 영상을 만드는 방법들이 높은 조회수를 기록하며 많은 사람의 클릭을 부르고 있습니다. 그만큼 사람들이 궁금해하는 주제이기도 합니다.

그래서 이번에는 직접 내가 영상을 촬영하고 편집해서 만드는 숏폼 영상이 아닌 카메라나 마이크와 같은 장비 없이 다양한 생성형 AI 툴을 활용해 숏폼 영상을 만드는 방법을 설명하겠습니다. 이 과정은 가장 쉽고 빠르게 숏폼 콘텐츠를 제작할 수 있는 방법입니다. 차근차근 따라 하며 하나의 숏폼 콘텐츠 만드는 방법을 익히면 또 하나의 수익 구조를 탄탄하게 만들게 될 것입니다. 무엇보다 하나의 숏폼 콘텐츠를 제작해 유튜브 쇼츠, 인스타그램 릴스, 틱톡, 네이버 클립까지 4개의 채널에 올림으로써 파이프라인의 개수 또한 함께 늘릴 수 있습니다.

지금부터 어린이들이 역사 공부를 쉽고 재미있게 할 수 있는 숏폼 영상을 만들어 보겠습니다. 먼저 간단하게 어린이를 위한 역사 숏폼 영상 제작을 위한 4단계 과정을 살펴보겠습니다.

1단계(텍스트 생성 AI) : 챗GPT를 활용한 기획 및 대본 만들기

2단계(이미지 생성 AI) : 달리3를 활용한 이미지 만들기

3단계(영상 생성 AI) : 런웨이 젠2를 활용한 움직이는 이미지 만들기

4단계(영상 편집 AI) : 영상 편집 툴 캡컷을 활용한(자막, AI 보이스) 영상 만들기

4단계 과정에서 활용할 다양한 생성형 AI 도구의 사용 방법에 대해서는 3장에서 자세히 다루고 있기 때문에 여기에서는 간단히 다루겠습니다. 자세한 사용 방법이 궁금하다면 3장에서 설명하는 각 AI 서비스별 상세 활용법을 참고하기 바랍니다.

1단계 : 텍스트 생성 AI – 챗GPT를 활용한 기획 및 대본 만들기

'조선의 역사'에 대한 숏폼 영상을 연재하기로 했습니다. 프롬프트 입력창에 조선의 전기 왕과 주요 사건을 15개 선정하고 간단한 설명을 더해 달라고 요청했습니다.

챗GPT를 활용해 '조선의 역사'와 관련한 숏폼 콘텐츠 기획

108

프롬프트를 입력한 후 왼쪽 화면처럼 조선 전기의 주요 왕과 역사적 사건들에 대한 리스트를 받았습니다. 그중 영상 제작에 들어갈 3가지 사건을 선정하고, 초등학교 학생들을 위한 매력적이고 교육적인 쇼츠 영상을 제작하기 위해 3가지 사건에 대하여 재미있고 유익한 쇼츠 대본의 초안을 작성해 달라는 추가 프롬프트를 작성했습니다. 이때 1분 안에 3가지 사건을 소개해야 하기 때문에 각 역사적 사건에 대해서는 15초 이내로 스크립트를 작성해 달라는 제한 조건도 함께 입력했습니다. 그래서 오른쪽 화면처럼 '조선의 건국', '태조', '조선왕조실록'에 대한 숏폼 영상의 대본이 완성되었습니다.

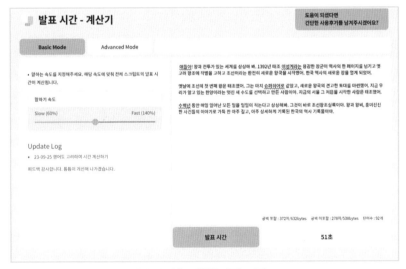

발표 시간 계산기를 통해 숏폼에 맞게 1분 이내로 대본을 다듬는 과정

이때 영상의 길이가 1분이 넘으면 숏폼이 아닌 미드텀 영상으로 넘어가기 때문에 '발표 시간 계산기' 프로그램을 활용해 해당 대본이 내레이션되었을 때 예상 소요 시간을 사전에 꼭 확인하기 바랍니다. 만약 1분이 넘어 갈 경우에는 스크립트 내용을 수정하여 1분 이내로 맞춰 주면 됩니다. 구글에서 발표 시간 계산기를 검색하면 누구나 무료로 사용할 수 있습니다.

2단계 : 이미지 생성 AI - 달리3를 활용한 이미지 만들기

이제 숏폼 영상에 들어갈 이미지를 제작할 단계입니다. 이미지 생성은 각자에게 맞는 AI 툴을 선택해 활용하면 됩니다. 다양한 이미지 생성 AI 도구의 자세한 사용 방법은 3장을 참고하기 바랍니다.

저는 챗GPT를 활용한 달리3를 이용해 이미지를 생성했습니다. 달리3는 챗GPT 유료 사용자들에게 제공되지만 빙 이미지 크리에이터를 활용하거나 뤼튼을 활용하면 무료로 달리3를 활용해 이미지를 생성할 수 있으니 참고하기 바랍니다.

대본에 맞는 이미지 생성을 위한 프롬프트
[대본 스크립트 입력] 위 대본을 6개의 장면 단위로 나눈 후, 장면마다 사용할 사진 2개를 정해 줘. 사진에 대한 설명을 달리3에게 전달해 줄 프롬프트 형식으로 매우 구체적으로 작성해 주고, 프롬프트 작성 시 아이들이 재미있게 볼 수 있도록 컬러풀한 애니메이션 스타일로 만들어 달라는 내용을 포함해 줘. 예) 장면1 - 사진1 : 달리3에게 전달할 프롬프트 - 사진2 : 달리3에게 전달할 프롬프트

프롬프트창에 영상의 캡션을 그대로 넣어 준 다음 추가적으로 '위 대본을 6개의 장면 단위로 나눈 후, 장면마다 사용할 사진 2개를 정해 줘. 사진에 대한 설명을 달리3에게 전달해 줄 프롬프트 형식으로 매우 구체적으로

작성해 주고, 프롬프트 작성 시 아이들이 재미있게 볼 수 있도록 컬러풀한 애니메이션 스타일로 만들어 달라는 내용을 포함해 줘.'라고 입력을 합니다. 여기에 앞서 프롬프트 엔지니어링에서 배운 퓨 샷을 활용해 답변의 생성 방식에 대한 예시도 함께 입력해 주는 게 좋습니다.

챗GPT가 생성한 이미지 생성 AI에 입력할 프롬프트

3가지 장면(역사적 사건)마다 사용할 2개의 이미지 생성을 위한 프롬프트가 작성되었습니다. 이제 이 내용을 하나씩 복사해서 이미지 생성 AI의 프롬프트창에 넣어 이미지 생성을 요청하면 됩니다.

'조선의 역사' 숏폼 콘텐츠에 사용될 이미지 생성

만약 챗GPT-4 유료 모델을 사용한다면 추가적으로 이미지 생성 프롬 프트를 입력하지 않아도 3개의 장면에 어울리는 이미지를 자동으로 생성 해 줍니다. 한 번에 많은 이미지를 생성할 경우 5~10분을 대기한 다음 추 가 이미지들이 생성되는 점을 참고하기 바랍니다.

'조선의 역사' 숏폼 콘텐츠에 사용될 이미지 생성

하나씩 개별 이미지를 생성하고 싶다면 위에서 제공된 6개의 프롬프트를 하나씩 이미지 생성 AI 프롬프트 입력창에 넣어 주면 됩니다. 이때 한 가지 팁을 주자면 숏폼에 적합한 이미지 사이즈인 '1024×1792px 크기의 이미지를 생성해 줘.'라는 추가 프롬프트를 입력해 주면 보다 완성도 높은 숏폼에 알맞은 이미지를 제공받을 수 있습니다. 이미지 생성 중 에러가 발생하면 'Regenerate' 버튼을 클릭하거나, 프롬프트 입력창에 '다시 생성해 줘.'라고 입력하고 생성 버튼을 눌러 주면 됩니다. 생성된 이미지 중 마음에 드는 이미지를 다운로드받으면 됩니다.

3단계 : 영상 생성 AI – 런웨이 젠2를 활용한 움직이는 이미지 만들기

다운로드받은 이미지 그대로를 영상 편집 툴에 넣어서 숏폼 영상을 제작할 수 있지만, 좀 더 생동감 있는 영상으로 한 단계 업그레이드하기 위해서 영상 생성 AI인 런웨이 젠2(Runway Gen2)를 활용해 이미지에 생기를 불어넣어 보겠습니다. (자세한 사용 방법은 '3장 생성형 AI 툴 마스터'를 참고할 것)

생성된 이미지에 움직임을 넣어 생동감을 넣기 위한 모션 브러시 작업 화면

모션 브러시(Motion Brush)는 내가 움직임을 주고 싶은 부분만 브러시로 색을 칠해서 마킹해 주면 그 부분만 움직이게 할 수 있는 기능입니다. 변화를 주고 싶은 부분을 표시하고 오른쪽 사이드바에서 움직임을 가져갈 방향과 강도를 조정해 줍니다. 그리고 생성을 해 주면 4초짜리 영상이지만 쇼츠에 잠깐 들어갈 용도로는 퀄리티가 괜찮습니다. 생성이 완료되면 다운로드받으면 됩니다.

4단계 : 영상 편집 AI – 영상 편집 툴 캡컷을 활용한(자막, AI 보이스) 영상 만들기

이제 마지막 단계인 영상 편집 단계입니다. 무료 동영상 편집 앱인 캡컷(Cap Cut)을 활용해 보겠습니다.

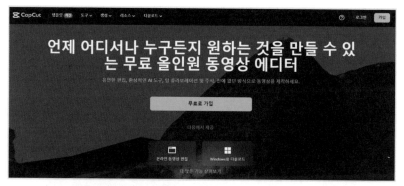

PC/모바일 모두에서 쉽고 간편하게 영상 제작, 편집을 할 수 있는 캡컷 메인 화면

캡컷의 장점은 모바일로 쉽고 빠르게 영상을 편집할 수 있다는 것입니다. PC로도 사용할 수 있어 디테일한 동영상 편집 시 활용도가 매우 높습니다. 구글에서 '캡컷'을 검색한 후 구글, 틱톡, 페이스북 계정으로 가입이 가능합니다. 가입 후 PC에 설치를 해서 사용하면 됩니다.

캡컷을 활용해 영상을 생성하는 과정

1) 왼쪽 사이드바 메뉴에서 '+새로 만들기' 버튼을 클릭하면 캡컷으로 제작할 수 있는 다양한 포맷이 제시됩니다.
2) 숏폼 영상을 제작해야 하기 때문에 '9:16'으로 선택해 줍니다.
3) '+' 추가 버튼을 클릭한 후 앞서 젠2에서 제작된 영상들을 업로드해 줍니다.
4) 업로드되면 왼쪽 사이드바 상단에 영상 제작에 필요한 요소들이 잘 들어왔는지 확인해 줍니다.

캡컷을 활용해 영상을 생성하는 과정

　　대본의 길이에 맞춰 영상을 배치해 줍니다. 영상을 넣고 싶은 위치에 바를 이동시킨 다음 왼쪽 사이드바에 담긴 영상을 클릭해 주면 해당 위치로 영상이 들어갑니다. 젠2를 활용해 제작한 영상의 길이는 4초이기 때문에 대본의 길이에 맞춰 영상을 적절히 배치시켜 주면 됩니다.

이제 영상에 어울리는 자막을 달아 볼 차례입니다.

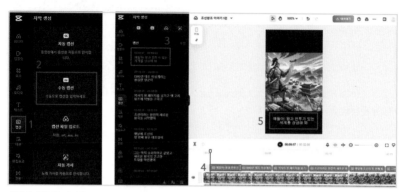

캡컷을 활용해 영상을 생성하는 과정

1) 왼쪽 사이드바에 위치한 '캡션'을 클릭합니다.

2) 자막을 직접 입력해 줘야 하기 때문에 '수동 캡션'을 클릭합니다.

3) 앞서 챗GPT로 생성한 10~15초 대본을 적절히 넣어 줍니다.

4) 영상이 위치했던 위쪽 주황색 바 안쪽에 자막이 생성된 것을 확인할 수 있습니다.

5) 영상 아래 자막도 잘 들어와 있습니다.

이제 자막에 AI 보이스를 입힐 차례입니다.

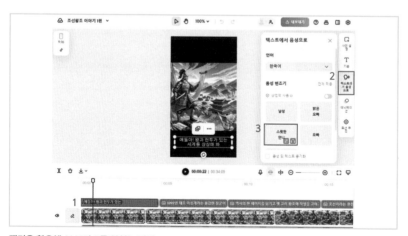

캡컷을 활용해 AI 보이스를 입히는 과정

1) AI 보이스를 입히고 싶은 자막 영역을 클릭합니다.

2) 오른쪽에 위치한 사이드바에서 '텍스트에서 음성으로' 버튼을 클릭합니다. 현재 언어는 한국어, 영어를 선택할 수 있습니다. 영어는 44개의 AI 보이스를, 한국어는 5개의 AI 보이스를 제공합니다.
3) 각각의 음성에 커서를 가져가면 헤드폰 모양의 아이콘이 나오며, 클릭하면 샘플 보이스를 들을 수 있습니다. 내 콘텐츠와 어울리는 AI 보이스를 선택해 줍니다. 음성 변환이 적용되면 플레이 버튼을 통해 내가 작성한 캡션을 AI 보이스가 매력적으로 읽어 줍니다.

무료 배경음을 얻을 수 있는 대표적인 사이트

단순히 영상만 업로드할 경우 허전하다면 BGM을 깔아 줄 수도 있습니다. 검색창에서 '공유마당' 또는 'Pixabay'를 검색해서 로열티 없는 무료 음악을 다운로드해서 사용하면 됩니다. 두 사이트의 자세한 사용 방법은 인터넷에서 쉽게 찾을 수 있으니 참고하기 바랍니다. 요즘에는 숏폼 SNS 채널인 유튜브 쇼츠, 인스타그램 릴스, 틱톡에서 제공하는 무료로 사용할 수 있는 BGM들도 있으니 사전에 BGM을 넣지 않아도 각 서비스에서 제공하는 음원을 사용해도 무방합니다.

완성된 영상을 다운로드하는 과정

영상 편집/제작이 완료되면 오른쪽 상단의 '내보내기' 버튼을 클릭합니다. 바로 소셜미디어로 공유도 가능하지만 우리는 쇼츠, 릴스, 틱톡, 네이버 클립 네 곳에 동시에 업로드할 것이기 때문에 가장 아래에 있는 '다운로드' 버튼을 클릭합니다. 그러면 오른쪽의 '내보내기 설정' 창이 나오는데 가장 첫 번째 목록인 해상도에서 기존 720p를 1080p로 바꿔 주고 나머지 설정은 그대로 둔 상태에서 '내보내기' 버튼을 클릭해 주면 다운로드가 진행됩니다.

이제 다양한 숏폼 플랫폼에 생성형 AI로 만든 영상을 업로드하면 됩니다. 빠르게 변화하는 기술만큼이나 빠르게 콘텐츠의 소비 패턴도 변화하고 있습니다. 틱톡, 유튜브를 비롯해 대부분의 플랫폼이 숏폼 시장으로 뛰어들고 있습니다.

유튜브는 2021년 1억 달러 규모의 펀드를 조성하여 쇼츠를 제작하는 크리에이터들에게 현금을 보상하는 제도를 시작했습니다. 또한 유튜브 오리지널의 기존 사업을 중단하고 유튜브 쇼츠를 중점 사업으로 지정해 투자를 확대한다는 발표를 할 만큼 그 인기와 영향력을 실감할 수 있습니다.

다양해진 영상 콘텐츠 소비 니즈를 반영하여 짧은 세로형 숏폼을 선호하는 시청자들이 폭발적으로 증가하고 있어 오랜 시간 숏폼 영상의 대세적 흐름은 지속될 것으로 예상됩니다. 이러한 시청자 니즈에 부응하기 위한 하나의 활동으로 독자 여러분만의 숏폼 채널을 운영해 보기 바랍니다.

생성형 AI 활용 디자인 제작자로 활동하기
: 챗GPT & 플레이그라운드 AI

이미지 생성 AI 도구들을 활용해 패턴 디자인에 도전해 수익을 창출하는 방법에 대해 살펴보겠습니다. 심리스 패턴(seamless pattern) 디자인을 활용한 수익화 방법입니다. 심리스 패턴은 패턴의 가장자리가 끊김이나 틈 없이 완벽하게 타일링되는 방식으로 요소가 배열된 디자인입니다. 이러한 패턴은 일반적으로 연속적이고 반복적인 디자인이 필요한 직물, 벽지, 포장지, 다양한 디지털 및 그래픽 디자인 프로젝트에 사용됩니다.

패턴 디자인은 챗GPT와 이미지 생성 AI 플레이그라운드 AI를 활용하며, 판매는 한국의 크몽과 같은 세계적 재능 플랫폼 파이버(Fiverr)에서 진행합니다. 디자인 편집 툴을 다루지 못하더라도 누구나 가능하니 한 단계씩 잘 따라와 새로운 N잡 파이프라인을 구축하기 바랍니다.

패턴 이미지 만들기

가장 먼저 심리스 패턴을 디자인해야 합니다. 과정은 총 5단계로 진행됩니다.

1단계 : 챗GPT에서 패턴 이미지에 필요한 아이디어 및 프롬프트 작성하기

2단계 : 플레이그라운드 AI에서 이미지 생성하기

3단계 : 생성된 이미지 점검 및 업스케일

4단계 : 반복 이미지 만들기

5단계 : 파이버 업로드용 권장 이미지 사이즈 맞추기

한국을 알리는 패턴 디자이너로 페르소나를 설정하고 20세기 초 한국 전통 회화에서 영감을 얻은 이음매 없는 추상 꽃 심리스 패턴 디자인을 위한 이미지 생성 프롬프트를 작성해 달라고 챗GPT에 요청했습니다.

플레이그라운드 AI에서 영어로 프롬프트 생성을 요청한 화면

이미지 생성 AI 플레이그라운드 AI에 위 프롬프트를 넣고 이미지를 생성합니다. (플레이그라운드 AI의 자세한 사용 방법은 3장의 '플레이그라운드 AI'를 참고할 것)

이미지 생성 AI 플레이그라운드 AI를 통해 만들어진 동양의 고전적인 패턴 디자인

이제 생성된 이미지를 패턴 디자인화시켰을 때 끊어지지 않고 매끄럽게 이어지는지에 대한 점검을 해야 합니다. 구글에서 'Seamless Pattern Checker'를 검색해서 적용해 보면 됩니다.

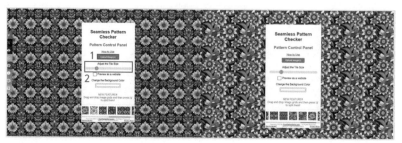

경계 없는 이미지를 만들기 위해 생성된 이미지의 패턴을 체크하는 과정
1) Upload Image(s) : 업로드할 이미지 선택
2) Adjust the Tile Size : 타일의 크기를 조정

경계가 없는 이미지를 만들기 위해서 생성된 이미지의 패턴 체크가 필요합니다. 왼쪽 이미지의 경우 그림들 간의 연결이 매끄럽지만 오른쪽 이미지는 연결성 없이 끊긴 모습을 볼 수 있습니다. 따라서 오른쪽 이미지는 심리스 패턴 디자인으로 적합하지 않습니다. 해당 사이트에서 생성된 이미지가 심리스 패턴 디자인에 적합한지의 여부를 간단하게 체크할 수 있습니다.

소비자에게 만족도 높은 양질의 결과물을 제공하기 위해서는 이미지의 손실 없이 고화질의 이미지로 업스케일해 주어야 합니다. 생성된 이미지는 판매하기에 저용량, 저화질이기 때문에 구글에서 'ai image enlarger'로 검색하거나 인라저(imglarger.com/ko) 사이트로 접속합니다.

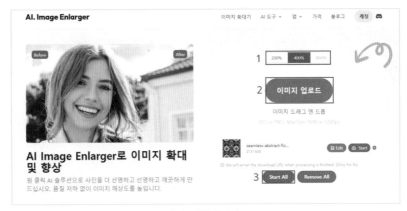

소비자에게 높은 만족도를 주기 위한 이미지 업스케일링 과정

1) 원본 이미지 대비 2배, 4배(무료)까지 이미지를 확대 및 향상시킬 수 있습니다.

2) 수정하고자 하는 이미지를 업로드합니다.

3) Start All : 작업을 진행합니다. 1회 했는데도 사이즈가 작다고 생각된다면 해당 작업을 2~3회 반복하여
해상도를 늘리는 작업을 반복해 주면 됩니다.

이제 심리스 패턴 디자인을 위한 반복 이미지를 만들어 보겠습니다. 구글 검색창에서 'Step & Repeat Pattern Image Generator'를 검색하거나 Step & Repeat Pattern Image Generator(www.ginifab.com/feeds/image_editor/repeat_logo_pattern_image_maker.html) 사이트로 접속합니다.

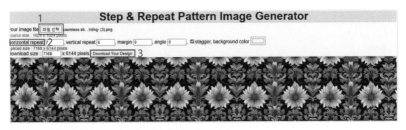

심리스 패턴 디자인을 위해 반복 이미지를 만들어 주는 과정

1) 파일 선택 : 반복 이미지를 만들 원본 이미지를 선택합니다.

2) horizontal repeat, vertical repeat : 가로, 세로 반복 횟수를 설정합니다.(나머지 숫자는 0으로 세팅)

3) Download Your Design : 패턴 생성된 결과물을 다운로드합니다.
파이버 업로드용 권장 이미지 사이즈에 맞게 이미지를 수정해야 합니다. 파이버에서 권장하는 이미지 사이즈는 1280×769px, 72DPI이며, 미니멈 사이즈는 712×430px입니다.

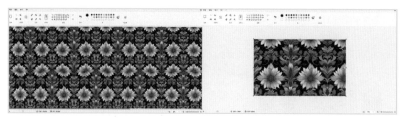
그림판을 활용해 업로드용 권장 사이즈로 축소

그림판 왼쪽 상단의 [파일] – [이미지 속성]을 클릭하고 이미지 사이즈를 권장 사이즈인 1280×769px로 수정한 뒤 저장합니다. 왼쪽의 기존 심리스 패턴 디자인의 반복된 이미지에서 파이버 업로드용 이미지 사이즈로 변경되었습니다.

셀러 계정 만들기

파이버는 특별한 자격 조건 없이 '누구나' 가입할 수 있으며 외국인을 고객으로 재택 부업을 할 수 있다는 장점이 있습니다. 구글 검색창에 'Fiverr'를 검색한 후 사이트로 이동합니다. 구글 아이디로 쉽고 빠르게 가입할 수 있습니다.

세계 최대 재능 공유 플랫폼 파이버에서 셀러 계정 만들기

가입 후 오른쪽 상단의 동그란 아이콘을 클릭한 뒤 [Become Seller]에서 판매자 정보를 입력해 줍니다.

파이버에서 셀러 등록 과정 1단계
1) Full Name : 셀러의 이름
2) Display Name : 고객에게 보이는 셀러의 이름
3) Profile Picture : 셀러의 사진이나 브랜드 로고
4) Description : 셀러에 관한 소개글
5) Languages : 의사소통이 가능한 언어 및 해당 언어의 능숙도

판매자 정보 입력은 총 3단계 과정으로 진행됩니다.

1단계 : Personal Info(개인정보) 입력 단계
해당 정보는 셀러의 공개 프로필에 표시되므로 잠재고객이 나에 대해 더 잘 알 수 있도록 도움을 주는 역할을 합니다.

파이버는 한국인 사용자도 있지만 글로벌 사용자들의 비율이 더 높기 때문에 모든 기록은 영문으로 작성하는 것이 좋습니다. 특히 'Description' 부분을 가장 어려워하는데, 챗GPT를 활용하면 임팩트 있는 소개글을 손쉽게 작성할 수 있습니다. 패턴 디자인 판매를 목적으로 하기 때문에 '재능공유 플랫폼에서 패턴 디자인 판매를 하려고 해. 셀러를 알리기 위한 프로필 소개글을 영문으로 작성해 줘.'라는 프롬프트를 넣으면 됩니다. 'Languages'의 경우 파파고, 딥엘과 같은 번역 AI가 있기 때문에 영어(English)를 기본으로 하고 능숙도에서 두 번째 Conversational(대화가 통하는), 세 번째 Fluent(유창한) 중 하나를 선택한 후 'Continue' 버튼을 클릭합니다.

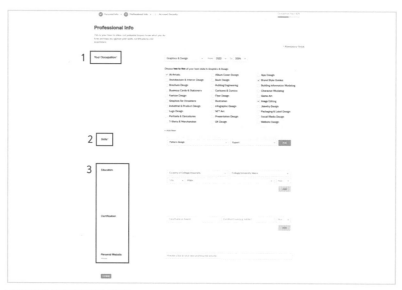

파이버에서 셀러 등록 과정 2단계
1) Your Occupation : 셀러의 직업
2) Skills : 제공하는 서비스와 관련된 기술을 나열하고 경험 수준 추가
3) Education : 학력 및 전공
   Certification : 제공하는 서비스와 관련된 기술을 나열하고 경험 수준 추가
   Personal Website : 제공하는 서비스와 관련된 기술을 나열하고 경험 수준 추가

2단계 : Professional Info(전문성 정보) 입력 단계

심리스 패턴 디자인을 판매할 것이기 때문에 'Your Occupation'에서는 [Graphics & Design]을 선택하면 그래픽 디자인 세부 분야가 나옵니다. 내가 자신 있는 영역을 최소 2개에서 최대 5개까지 선택합니다. From 202○ ~202○으로 적정 연도를 설정하기 바랍니다.

'Skills'에서는 [Add Skill] 탭에 Pattern design을 입력합니다. [Experience Level]은 Beginner(초급자), Intermediate(중급), Expert(전문가) 등급이 있습니다. Expert를 선택한 후 'Continue' 버튼을 클릭합니다.

파이버에서 셀러 등록 과정 3단계

3단계 : Account Security(개정 보안) 점검 단계

개인 이메일과 전화번호를 점검합니다. 전화번호는 인증수단 외 공유가 되지 않습니다. 확인이 완료되면 Finish 버튼을 클릭합니다.

판매자 프로필이 모두 설정되었습니다. 프로필 정보는 언제든 수정할 수 있습니다. 이제 셀러 등록을 마쳤으니 판매를 위한 서비스를 등록하는 방법에 대해서 알아보겠습니다.

패턴 이미지 판매하기

파이버에서 심리스 패턴 디자인을 판매하기 위해서는 6단계의 등록 과정을 거쳐야 합니다.

1단계 : Overview(개요)

패턴 이미지 판매를 위한 상세정보 작성 1단계

1) Gig title : 내가 판매할 서비스의 제목을 작성하는 영역입니다. 'I Wil' 이후의 문장을 작성해 주면 되고, 제목은 다른 경쟁자들과 비슷한 형태로 하면 됩니다.

2) Category : 내가 판매할 서비스가 해당되는 항목을 선택하는 영역입니다. 저는 'GRAPHICS & DESIGN(그래픽 및 디자인)'> 'PATTERN DESIGN(패턴 디자인)'으로 선택했습니다.

3) Gig metadata : 2)번 항목의 카테고리를 설정하게 되면 다음 메타데이터를 입력하는 탭이 보입니다. 저는 패턴 디자인을 선택했기 때문에 다음 4가지 항목 DESIGN STYLE(디자인 스타일), DESIGN TECHNIQUE(디자인 기법), PURPOSE(목적), PATTERN THEME(패턴 테마)에 대해 내 작품의 스타일에 맞게 체크해 주면 됩니다.

4) Search tags : 내가 제공하는 서비스와 관련성이 높은 태그를 넣어 줍니다. 문자와 숫자만 사용할 수 있으며, 최대 5개까지 입력할 수 있습니다.

진행 사항에서 어려움이 있다면 챗GPT와 파파고 번역을 활용해 작성하고, 설정이 완료되면 저장하고 계속하기 버튼을 클릭합니다.

2단계 : Pricing(가격)

패턴 이미지 판매를 위한 상세정보 작성 2단계

1) Creat Packages : 패키지는 제공되는 서비스의 난이도, 제공하는 양에 따라 3단계로 설정
2) 가장 기본이 되는 BASIC 단계로 진행
2-1) 패키지 이름 : Basic 또는 Intro Choice 등의 이름으로 자유롭게 작성
2-2) 패키지의 제공 내용에 대한 자세한 설명 작성
　　예) This "Intro Pack" includes high resolution file with easy editable file.
2-3) 소비자가 결재 후 서비스 배송 소요 시간
2-4) 구매자에게 제공되는 패턴 개수
2-5) 패턴에 포함된 요소(예, 동물 또는 개체)의 수로 특별 설정 없이 'SLECT'로도 무방
2-6) 파일 형태로 제공 예정이기 때문에 체크박스 체크
2-7) 제공된 파일을 서비스 이용자가 원하는 형태로 수정 제공하는 횟수 선택
2-8) 해당 서비스의 가격 설정
*Add extra services의 경우 빠른 배송, 샘플의 추가 제공 등 기본으로 제공되는 서비스 외 추가적인 서비스를 제공하는 기능으로 자유롭게 선택할 수 있습니다.

제공할 서비스의 양이 많아지고, 서비스의 난이도가 높아진다면 BASIC
이 아닌 STANDARD, PREMIUM 단계로 점차 확대해 나가면 됩니다.

진행 시 막히는 부분은 챗GPT를 활용해 질문을 통해 나온 답변으로 작
성하며 채워 나가거나 해당 플랫폼에서 동일 유형의 서비스를 제공하는
사람들의 상세페이지를 참고하기 바랍니다.

3단계 : Discription & FAQ(상세설명 & 자주 묻는 질문)

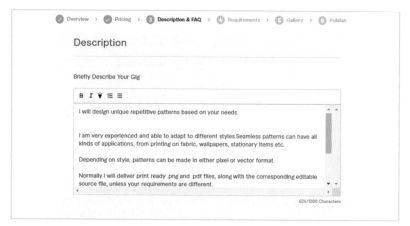

패턴 이미지 판매를 위한 상세정보 작성 3단계

Discription(상세설명) 페이지는 최대 1,200자까지 쓸 수 있습니다. 해당 내
용 역시 동일 서비스 판매자 중 높은 판매를 달성 중인 서비스의 상세설명
을 참고하여 챗GPT를 활용해 내가 제공하는 패턴의 스타일을 적용하여
작성하면 됩니다. FAQ는 자주 묻는 질문 항목으로 처음에는 경쟁 서비스
의 FAQ를 참고하여 작성하는 것을 추천하지만 기입하지 않고 넘어가도
서비스 승인에 불이익은 없습니다.

4단계 : Requirements(결제 시 고객이 받는 메시지 세팅)

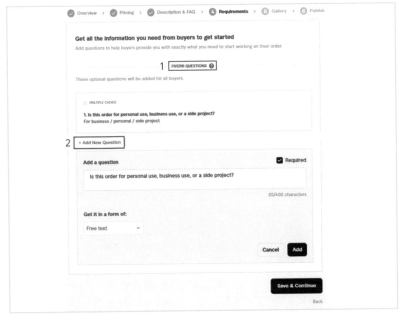

패턴 이미지 판매를 위한 상세정보 작성 4단계
1) FIVERR QUESTIONS에서 제공하는 샘플 질문 중에서 선택
2) Add a question 영역에 써 넣어 주고 'Add' 버튼을 클릭한 후 다음 단계로 이동

이 부분은 고객이 결제를 하면 받게 되는 메시지를 작성하는 영역입니다. 어떤 용도로 사용하는지, 어떤 업종에 종사하는지, 이 주문이 어떤 프로젝트의 일부인지 등의 질문을 넣었습니다. 자신의 카테고리에 맞게 작성하면 됩니다.

5단계 : Gallery(참고 샘플 업로드)

패턴 이미지 판매를 위한 상세정보 작성 5단계

이미지, 홍보영상, 사진, 문서, 오디오 등 미디어를 넣는 영역입니다. 참고로 각각의 포맷은 길이와 용량 제한이 있습니다. 권장 이미지는 1280×769px, 72DPI, 미니멈 사이즈는 712×430px, 최대 사이즈는 4000×2416px입니다. 앞서 사이즈에 맞게 세팅해 둔 패턴 이미지의 샘플 이미지 파일을 첨부해 주면 됩니다. 업로드한 후 저장하고 다음 단계로 넘어갑니다.

6단계 : Publish(최종 업로드)

패턴 이미지 판매를 위한 상세정보 작성 6단계

이제 마지막 단계입니다. "당신은 미국인입니까?"라는 질문에 'No'를 체크하고 'Save' 버튼을 눌러 주고 'Publish Gig' 버튼을 누르면 최종적으로 판매페이지 등재가 완료됩니다.

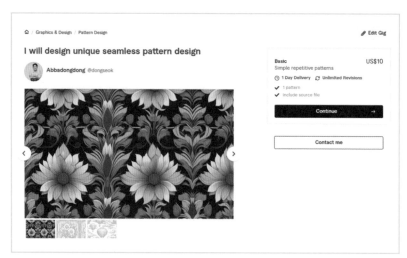

패턴 이미지 판매를 위한 상세정보 입력 후 최종 판매 화면

이렇게 세계적 재능 플랫폼 파이버에 내가 만든 패턴 디자인 작품이 업로드되었습니다. 심리스 패턴 디자인으로 처음부터 큰 수익을 얻을 수는 없습니다. 우선 실행해 봤다는 것이 가장 중요한 포인트입니다. 이 경험을 바탕으로 나의 실력을 업그레이드하여 새로운 수익 파이프라인을 더욱 탄탄하고 견고하게 확장해 나가길 바랍니다.

확장형 수익 창출
: 크리에이터 본인 자체를 수익화

다양한 생성형 AI를 활용해 내 콘텐츠에 적용하고, 여러 SNS 채널 운영 노하우에 대해서 알아봤습니다. 다시 한번 강조하지만 내가 좋아하는 콘텐츠보다 대중, 독자, 팔로워들이 궁금해하고, 그들의 문제점을 해결해 줄 수 있는 솔루션을 제공하고, 위로와 함께 공감해 줄 수 있는 콘텐츠를 만들어야 합니다.

이러한 사실은 Web 2.0 세상에서 Web 3.0 세상으로 바뀌어도 변하지 않고, 채널이 바뀌어도 변하지 않는다는 것을 기억하기 바랍니다. 직접 수익 창출을 통해 나의 브랜딩을 차곡차곡 쌓아 가다 보면 크리에이터인 나 자신이 하나의 IP가 될 것입니다. 이때 일으킬 수 있는 수익이 바로 확장형 수익입니다.

하지만 안타깝게도 대부분의 사람이 직접 수익 창출의 큰 그림을 그리지도 않고 직접적으로 전자책 수익화, 온·오프라인 강의 시장, 크라우드 펀딩, 종이책 출간에 도전을 합니다. 99%의 사람이 실패하는 이유가 여기에 있습니다. 만약 빠르게 확장형 수익 창출을 하고 싶다면 최소한 '직접 수

135

익 창출'과 '확장형 수익 창출'을 함께 해야 합니다. 단순히 N잡, 수익화를 빠르게 하고 싶다고 확장형 수익 창출부터 도전하는 것은 치열한 전쟁터에서 외롭게 홀로 싸우는 것이나 다름없습니다. 나를 지지해 주고 초반 바이럴을 일으켜 줄 커뮤니티가 없으면 성공 확률이 아주 낮기 때문입니다.

그렇다고 걱정부터 할 필요는 없습니다. 앞서 소개한 직접 수익 창출 방법들을 하나하나 내 콘텐츠와 채널에 적용하고 쌓아 나가면서 동시에 지금부터 소개할 확장형 수익 창출 방법들을 준비해 나가면 됩니다. 우리에게는 생성형 AI 툴이 있으니 그것을 활용한 브랜딩 & 수익화 방법에 대해 하나씩 배워 보겠습니다. 가장 중요한 것은 '실행'을 통한 '직접 경험'이라는 사실을 잊지 않았으면 합니다.

수익화의 본질 : 파이프라인 공식

저는 생성형 AI를 활용한 퍼스널 브랜딩을 통한 수익화를 단순히 부업이라 부르지 않고 'N잡, 부의 파이프라인 만들기'라고 부릅니다. N잡은 부업이 아니라 제2, 3의 직장이라는 의미이고, 부의 파이프라인은 기본 소득외에 추가로 여러 곳에서 발생하는 부의 흐름을 의미합니다. 나만의 콘텐츠를 바탕으로 본격적으로 SNS 채널을 운영하면 광고 수익, 협찬은 물론 PDF 전자책 판매, 온·오프라인 강의, 코칭 및 컨설팅, 커뮤니티 운영, 책 출간까지 다양한 수익을 이룰 수 있습니다.

다양한 SNS 채널 구축 전략에서도 이야기했지만 앞서 생성형 AI를 활용해 블로그, 인스타그램, 유튜브 등 SNS 플랫폼을 운영하는 본질은 내가 세상에 전하고자 하는 명확한 메시지를 토대로 타깃의 어려움을 해결해 주는 콘텐츠를 만드는 것입니다. 그러면 자연스럽게 내 콘텐츠를 소비하는 사람들을 사로잡고 퍼스널 브랜딩과 수익화 두 마리 토끼를 동시에 잡을 수 있습니다.

든든한 파이프라인을 만드는 2가지 방법

수익화 방법은 매우 다양하지만 크게 2가지로 나눌 수 있습니다. 첫째는 파이프라인의 개수를 늘리는 방법이고, 둘째는 파이프라인의 크기를 키우는 방법입니다. 여러분이 PDF 전자책을 만들어 크몽, 탈잉 등 전자책 판매 플랫폼에 등록하는 것은 기존에 없던 파이프라인을 추가해 개수를 늘리는 것에 해당합니다. 이후 전자책의 페이지 수를 늘려 가격을 올리거나, 이론·실전 편으로 나누어 판매하는 것은 파이프라인의 크기를 키우는 것에 해당합니다. 파이프라인의 개수를 늘리고 크기를 키우는 것은 개별적으로 이루어지는 것이 아니라 유기적인 관계를 가지고 있습니다.

강의도 동일합니다. 온·오프라인 강의를 진행하는 것은 파이프라인의 개수를 늘리는 것입니다. 여기에 클래스 참여 인원을 더 늘려 파이프라인의 크기를 키운 후 다양해진 니즈에 맞춰 강의의 형태를 다양화(초·중급반 혹은 심화반 개설)시켜 다시 파이프라인 개수를 늘릴 수 있습니다. 강의가 입소문을 타고 전문성이 확보되면 강의 내용을 보강해 단가를 올려 다시 파이프라인의 크기를 키울 수 있습니다.

수익화 단계 초반에는 단기적인 수익 목표를 너무 높게 잡을 필요가 없습니다. 초기 강의료 설정이 평생의 몸값이 된다고 착각하거나 당장 큰돈을 바라고 20만 원, 30만 원, 심지어 그 이상의 강의료를 책정해 돈을 잠깐 벌고 금세 시장에서 사라지는 안타까운 사례를 수없이 봐 왔습니다.

부의 파이프라인을 구축하는 것은 계속해서 업그레이드하고 노하우를 축적하는 과정입니다. 저는 6년 전에 '네이버 블로그 A to Z'라는 2시간짜리 오프라인 강의를 시작할 때 강의료로 5만 원을 책정했습니다. 당시 총 19명이 강의를 들었고, 95만 원을 벌었습니다. 당시 기분이 묘했던 기억이 납니다.

강의 종료 후 설문지를 통해 시간, 장소, 내용, 가격, 개선점을 피드백받아 강의의 가치, 즉 파이프라인의 크기를 키웠습니다. 처음에 2시간으로 시작된 강의는 4시간 강의, 원데이 클래스, 초·중급반, 온·오프라인 믹스 강의, 2주 과정, 4주 과정 등 다양하게 확장되었습니다.

물론 탄탄한 MTS 시스템 구조도 덕분에 가능한 일이었습니다. 파이프라인의 개수와 크기를 확장하기 위해서는 MTS 시스템 구조도를 통한 명확한 하나의 메시지와 그 아래를 받쳐 주는 주제를 탄탄하게 구성해야 합니다.

완성형 파이프라인은 없다

원하는 정보를 검색만 하면 알 수 있던 때를 지나 이제는 광범위한 분야의 업무를 수행할 수 있는 생성형 AI의 등장으로 인공지능에 대화하듯 궁금한 점을 물어보고 업무를 처리할 수 있는 시대가 되었습니다. 급변하는 시대에 나만의 브랜드를 구축하고 확장해 나갈 때 명심해야 할 것은, 지금 알고 있는 지식은 시간이 지나면 낡은 정보가 되며, 그 주기가 점점 빨라진다는 것입니다.

지식, 경험, 노하우는 현재 상태에 오래 놔둘수록 도태되니 계속해서 업그레이드해야 경쟁에서 살아남을 수 있습니다. 이때 나만의 명확한 MTS 시스템 구조도를 구축한 사람이라면 기존의 주제와 다른 주제를 연결해 계속 다양하게 확장할 수 있을 것입니다.

나만의 무형 자산을 찾고 세상에 꺼내기

무형 자산은 형태가 없는 자산을 의미합니다. 눈에 보이지는 않지만 나를 먹여 살릴 수 있는 자산가치를 가지며 '스스로가 스스로를 고용'하는 밑거름이자 기본기가 됩니다. 오늘날 경제에서 부와 성장은 주로 무형 자산에 의하여 주도됩니다. 그렇다면 스스로에게 질문해 봐야 합니다. '나에게 그런 무언가가 있나?' 있다면 무엇인지, 없다면 어떤 것으로 만들어 낼지에 대해서 말입니다.

재능 공유 플랫폼인 크몽, 숨고, 온라인 VOD 강의 플랫폼인 클래스101, 클래스유, 탈잉에 가 보면 정말 다양하게 각자의 무형 자산을 세상에 꺼내 놓고 크고 작은 사업을 펼치고 있습니다. 기업 전문 리플릿이나 카탈로그 홍보물을 제작해 주는 사람, 와인 즐기는 방법을 알려 주는 사람, 화장하는 방법을 알려 주는 사람, 심지어 고기를 맛있게 잘 굽는 방법을 알려 주는 사람도 있습니다.

이처럼 사소한 나의 지식, 경험, 노하우를 무형의 자산으로 잘 가공해 세상에 꺼내는 작업을 해야 합니다. 누군가에게 필요한 지식을 콘텐츠로 만들어 세상에 꺼내어 놓은 사람은 과거 시간을 이용해 자신의 지식 자산을 돈과 교환하고 있는 것입니다.

하지만 이렇게 말하면 대부분의 사람은 "어디서부터 뭘 어떻게 시작해야 할지 막막하다."는 말을 가장 먼저 합니다. 그럼 먼저 무형 자산의 종류에 대해서 알아보겠습니다.

무형 자산의 종류

지식 자산 : 나의 배움, 경험, 노하우를 통해 얻어진 전문 지식

정보 자산 : 유익한 정보와 데이터, 발 빠른 트렌드·정보 전달

기타 자산 : 커뮤니티, 관계 형성을 통한 인맥 자산, 신뢰 자산

이 모든 가치는 시장의 수요와 공급에 의해서 결정되지만 무엇보다 내가 가진 무형 자산이 얼마나 희소한지, 고객에게 얼마나 큰 이득을 가져다줄 수 있는지에 따라 결정됩니다. 그 가치의 확장은 앞서 설명한 파이프라인 공식과도 연결됩니다.

아직 감이 안 잡히는 사람들을 위해 이 책을 읽고 생성형 AI 툴들을 내 업무나 직무, 직업과 연결하여 무형 자산을 세상에 꺼낼 수 있는 몇 가지 예시를 설명하겠습니다.

① 사진 찍기가 취미이거나 관련된 업을 하는 사람은 왕초보들의 눈높이에 맞춘 스마트폰 사진 잘 찍는 방법(일상, 인물, 풍경, 음식, 제품 사진 촬영법, 구도 잡기, 보정하기 및 앱 활용법 등)에 관한 전자책, 강의, 컨설팅, VOD 클래스 등의 교육 관련 비즈니스로 연결할 수 있습니다.

② 영어에 관심이 많거나 통역·번역 일을 하는 사람은 챗GPT 음성 채팅 기능을 활용한 원어민 강사 선생님 활용법이나, 엄마표 영어에 관심을 가지는 수강생들을 대상으로 전자책·줌을 통해 챗GPT 음성 대화로 흥미를 일으키는 영어 듣기·말하기 노하우를 알려 주는 교육 관련 비즈니스로 연결할 수 있습니다.

그 밖에 웹·패키지 디자인 일을 하는 사람은 다양한 생성형 AI 도구를 활용해 제품의 콘티 제작부터 패키지 이미지 만들기, 목업 생성, 상세페이지

꾸미는 과정을 담은 디자인 아카데미로 연결할 수 있습니다. 또 육아 경험이 많은 주부라면 양육 상담이나 자녀 교육과 관련한 주제로, 회사원이라면 현재 내가 담당하고 있는 업무·직무와 관련한 경력, 이직 관리 컨설턴트로서의 비즈니스 모델을 만들어 낼 수 있습니다.

앞서 생산자로 가는 마법의 주문 5 : 20 : 75 법칙에서 지식 전달 계층 피라미드에 대해서 배웠습니다. 모든 분야는 5%의 초고수, 20%의 중수, 75%의 왕초보가 존재합니다. 어렵게만 생각하지 말고 75%의 왕초보들에게 내 지식, 경험, 노하우를 전달한다는 생각에만 집중하기 바랍니다. 생성형 AI 도구를 활용한 수익화 구조 만들기의 핵심 전략은 내가 하려는 분야에서 20%의 중수로 빠르게 포지셔닝해 75%의 왕초보에게 어필하는 것에 달려 있다는 사실을 잊지 말기 바랍니다.

실제로 제 지인은 하루가 멀다 하고 빠르게 변화하는 IT·테크 트렌드와 관련 산업·기업의 정보와 더불어 관련 주식 정보를 제공하는 유튜버 채널을 운영하고 있습니다. 해당 내용을 [PDF 전자책으로 제공하고 → 해당 텍스트를 기반으로 스크립트로 변환하여 VOD 강의로 제공하고 → 유튜브 유료 멤버십 가입 구독자들을 위한 별도의 고급 정보를 제공]하고 있습니다. 이는 자신의 무형 자산 중 지식 자산과 정보 자산을 돈과 교환하는 것입니다.

앞에서 MTS 시스템을 통해 나의 무형 자산을 찾는 방법을 익혔으니 여기에서는 다양한 생성형 AI 도구를 활용해 보다 쉽고 빠르게, 효율적으로 나만의 무형 자산을 하나의 서비스로 구축하는 실전 방법에 대해서 살펴보겠습니다.

📃 텍스트 – 전자책은 씨앗 : 챗GPT 활용 글쓰기

생성형 AI의 등장 후 50쪽, 100쪽 분량의 문서 작성이 수 분 이내로 가능해진 세상을 살고 있습니다. 그래서인지 생성형 AI를 활용해 전자책, 종이책 출간으로 작가 데뷔하기와 같은 강의들이 시중에 넘쳐나고 있습니다. 하지만 그렇게 출간된 책과 콘텐츠는 딱 거기까지입니다. 내가 만들고자 하는 전자책이 독자의 어떠한 문제점, 궁금증, 호기심을 해결해 줄지에 대한 명확한 사전 타깃팅, 기획 없이 단순히 챗GPT에 질문을 해서 만들어진 책은 한계성에 직면한다는 사실을 기억해야 합니다.

아무리 생성형 AI가 고도화되고 있다 하더라도 결국 AI에게 질문을 하는 '첫 시작'과 생성해 낸 답변을 읽고 정보를 취사선택하고 거기에 내 생각을 더하는 '마무리'는 사람이 해야 합니다. 그렇기 때문에 챗GPT를 활용한 글쓰기에서 경쟁자들보다 앞서기 위해서는 첫 시작, 다시 말해 MTS 시스템을 기반으로 한 명확하면서도 탄탄한 기획이 필요합니다. 챗GPT는 그것들을 보조자로서 도와줄 수는 있지만 첫 시작을 하는 것은 '나'라는 사실에는 변함이 없다는 것을 기억하기 바랍니다.

첫 전자책이 내 눈높이를 결정한다

저는 몇 년 전만 해도 블로그 노하우를 전자책으로 만들어 판매해 보라는 이야기를 들을 때마다 그럴 능력이 없다고 한사코 거절했습니다. 하지만 지금은 전자책 판매가 가진 힘을 믿습니다.

몇 년 사이에 블로그나 유튜브에 쌓은 노하우와 경험을 재가공해 PDF 형태의 소책자로 만들어 무료로 배포하고 잠재적 고객을 확보하는 것이 하나의 홍보 수단으로 자리 잡았습니다. 각종 플랫폼에서 PDF 전자책 판매 서비스를 도입하며 유료 판매에 도전하는 사람들도 늘어났습니다. 예전에는 전문가만 PDF 전자책을 판매한다는 인식이었지만 최근에는 문턱이 많이 낮아졌습니다.

하지만 아쉬운 부분도 있습니다. 읽을 만한 전자책을 발견하기 어렵다는 점입니다. 최근 출간되는 PDF 전자책 대부분이 인터넷에서 검색한 내용, 책이나 강의에서 배운 내용을 짜깁기해 만들어졌습니다. 그런데 이렇게 만든 PDF 전자책은 내 브랜드를 만드는 데 도움이 되지 않습니다. 나만의 브랜드를 제대로 구축하기 위해서는 내 SNS 채널과 PDF 전자책이 같은 메시지를 가져야 합니다.

짜깁기한 내용에서는 메시지의 힘이 빈약할 수밖에 없습니다. 대충 만들더라도 돈만 벌 수 있으면 된다고 쉽게 생각하면 안 됩니다. 어렵더라도 수익화의 첫 단추인 PDF 전자책을 처음부터 잘 만들어야 하는 이유가 분명 있습니다.

잘 만든 전자책의 확장성은 폭발적이다

PDF 전자책이 퍼스널 브랜딩을 통한 수익화의 씨앗이 되는 이유는 놀라운 확장 범위에 있습니다. 하지만 여기에는 중요한 전제 조건이 있습니다. '잘 만든' 전자책이어야 합니다. 잘 만든 전자책이란 많은 사람의 선택을 받는 대중성이 있으면서 종이책 출간, 강의 슬라이드·스크립트로 연결될 가능성이 있어야 합니다. 그러기 위해서는 주제 선정부터 기획 의도와 콘셉트, 독자층 설정, 차별점 등이 분명해야 합니다.

저는 전자책을 처음 만들 때 57쪽 분량의 『네이버 블로그 수익화 공략

집』으로 시작해 살을 붙여 75쪽, 90쪽으로 분량을 늘렸습니다. 그러다가 우연히 이 전자책을 읽은 VOD 강의 에디터의 추천으로 영상 강의를 만들게 되었습니다. 전자책에 수록된 그림과 도표는 그대로 PPT 강의 교안이 되었고, 텍스트는 강의 스크립트가 되었습니다.

VOD 강의는 10분 내외 분량의 15강 구성으로 새벽 기상 후 출근 전까지 PPT 제작에 3일, 아내와 아이들이 자리를 비운 3일간 하루에 5강씩 촬영해 거의 일주일 만에 완성했습니다. 이 강의를 토대로 출판사에 출간을 제안해 첫 번째 종이책 『네이버 블로그로 돈 벌기』를 출간하게 되었고, 종이책을 본 MKYU에서 강의 섭외가 들어와 나만의 브랜드와 수익 파이프라인을 확장할 수 있었습니다. 잘 기획해 만든 57쪽 분량의 PDF 전자책이 만든 결과물은 정말 굉장했습니다. 이것이 PDF 전자책 시장은 끝났고 영상 콘텐츠가 대세라고 해도 PDF 전자책이 중요한 성공 포인트이자 기본기라고 말하는 이유입니다.

PDF 전자책이 기본인 또 다른 이유는 내가 알고 있는 지식을 다른 사람에게 판매할 준비가 되었는지 테스트하는 역할을 하기 때문입니다. 제대로 알지 못하면 아무것도 쓸 수가 없습니다. 단순히 책 몇 권을 읽고, 강의 몇 개를 듣는 정도로는 전자책을 쓸 수 없고, 짜깁기해 전자책을 완성하더라도 다른 콘텐츠로 확장할 수 없습니다. 따라서 일단 PDF 전자책을 써 보고 내가 해당 분야에 대해 얼마나 알고 있는지, 대중에게 선택받고 도움이 되는 콘텐츠를 만들 수 있는지를 확인한 후 부족한 내용을 보강하는 방식으로 활용할 수 있습니다.

독자의 마음을 사로잡는 전자책 만들기

사람들이 PDF 전자책을 구매하는 이유는 다양합니다. 하지만 가장 원초적인 이유는 고민을 해결하기 위해서입니다. PDF 전자책을 구매하는 사람들은 거창한 해결 방법을 원하는 것이 아니기 때문에 초보가 왕초보에게 알려 주는 수준으로도 가능합니다. 여기에 나의 경험, 지식, 노하우가 들어가면 차별점을 확보할 수 있습니다.

폭발적인 확장성을 가져다줄 PDF 전자책을 만드는 데 필요한 요소는, 거듭 강조하지만 나만의 MTS 시스템입니다. MTS 시스템을 바탕으로 여러분의 머릿속에 다음 3가지 질문에 명확한 답이 정립되어 있어야 합니다.

첫째, 이 전자책을 읽는 독자는 누구인가?

둘째, 그들은 어떠한 문제점을 해결하고 싶어 하는가?

셋째, 내 경험이 포함된 솔루션 제공이 가능한가?

먼저 독자층을 선정할 때 40~60대 여성, 직장인, 주부, 취준생과 같이 광범위하게 설정하면 그들이 가진 문제점을 파악하기 어렵습니다. 문제점을 파악하지 못하면 뻔한 내용, 검색만 해도 충분히 알 수 있는 정보, 뜬구름 잡는 이야기만 이어져 설득력이 떨어집니다. PDF 전자책은 돈을 지불하고 소비하는 콘텐츠이기 때문에 보다 명확한 솔루션을 제공해야 합니다. 따라서 전자책 타깃은 SNS 채널 타깃보다 더 구체적으로 설정해야 합니다.

타깃을 정했다면 그들이 겪고 있는 문제점을 나열해 봅니다. 보통은 다루는 주제 내에서 내가 잘하는 것을 반대로 뒤집어 보면 타깃이 겪는 문제점이 도출됩니다. 13년 차 금융업계 종사자라면 1년 차 금융업계 신입에게 어떤 도움을 줄 수 있을지, 금융업에 취직하고 싶어 하는 예비 금융인 취준생이라면 어떤 것을 궁금해할지처럼 잘하는 것을 역으로 뒤집어 생각해 봅니다.

이렇게 힌트를 얻었다면 그에 대한 구체적인 답을 제시해야 합니다. 누구나 검색하면 빠르게 찾을 수 있는 정보로는 사람들의 마음을 움직이는 전자책을 만들 수 없습니다. 내 경험이 포함된 솔루션을 제공해야 다른 콘텐츠로 쉽게 확장할 수 있습니다.

내 지식, 경험, 노하우를 바탕으로 문제에 대한 솔루션을 제공하는 동시에 이 전자책을 읽으면 무엇을 할 수 있는지 구체적이고 선명한 청사진을 제시해야 합니다. 내 전자책을 위한 MTS 시스템을 꼭 그려 보고 챗GPT에게 질문할 준비를 해야 합니다.

이것들이 명확해진 다음에 주인공 챗GPT가 등판을 합니다. 챗GPT 활용 전자책 만들기는 크게 3단계로 이루어집니다.

1단계 : 챗GPT 활용 개요 및 목차 짜기
2단계 : 챗GPT 활용 본문 작성 및 심화
3단계 : 챗GPT 활용 편집하기

각각의 단계에서 어떻게 챗GPT를 활용할지에 대한 노하우와 진행 시 고려해야 할 사항과 글쓰기의 퀄리티를 높여 줄 프롬프트 작성 노하우에 대해서 자세히 설명하겠습니다. 챗GPT는 사용자가 입력한 내용에 따라 학습하고 반응하기 때문에 본격적인 글쓰기를 하기 전에 전자책 출간을 위한 MTS 시스템을 명확히 구성한 다음, 챗GPT에 프롬프트로 내 스타일을 명확하게 표현하는 입력을 제공해 주어야 합니다. 그래야 챗GPT도 이를 참조하여 내가 원하는 스타일에 맞는 제목, 목차, 본문을 생성할 수 있습니다. 그럼 챗GPT를 활용하여 전자책 출간 3단계 방법에 대해 자세히 알아보겠습니다.

챗GPT 활용 1 - 개요 및 목차 짜기

독자들이 가진 문제점을 해결해 주는 전자책을 만들기 위해 노트에 메모를 하며 생각을 정리하는 것도 좋습니다. 하지만 여기에서는 지금까지 그랬던 것처럼 챗GPT의 도움을 받아 개요 및 목차를 짜 보겠습니다. 이제 잘 알겠지만 프롬프트를 어떻게 작성하느냐가 관건입니다.

중요한 포인트는 챗GPT가 생성해 준 글을 100% 맹신해서는 안 된다는 점입니다. 다시 말해 챗GPT는 내 글쓰기의 보조 역할로 활용하고, 생성된 결과에 나만의 생각·경험·노하우를 더해 진짜 내 글을 작성할 수 있어야 한다는 점을 잊어서는 안 됩니다. 그럼 제가 전자책과 책 집필 시 챗GPT에 어떠한 프롬프트를 입력하는지 살펴보겠습니다.

전자책 아이디어를 얻기 위한 프롬프트
30대~50대 직장인을 대상으로 내 안의 무한한 잠재력을 깨우는 새벽 시간의 중요성에 대한 내용으로 책을 쓰려고 해. 책에서 전하고자 하는 핵심 메시지는 '새벽을 지배하는 자가 성공한다.'야. 이 책에 대한 설명을 5개 작성하고 각각의 아이디어를 단락으로 일목요연하게 작성해 줘. 제시되는 아이디어는 기존에 출간되어 있는 경쟁 도서들과는 다른 차별화 포인트가 필요해. 이 부분을 잘 반영해서 작성해 줘.

챗GPT가 작성해 준 전자책 아이디어

이렇게 한 번에 만족스러운 결과물이 나오기도 하지만, 그렇지 않은 경우에는 2~3번 해당 질문을 반복해서 물어보거나 기존 질문에 조금 더 디테일한 설명을 포함시켜 질문을 고도화해 주어야 합니다. 새벽 기상이나 자기계발서에서 다루는 주요 내용들이 포함되어 있는데, 그중에서 새벽 시간 매니지먼트와 정서적 웰빙을 결합한 '새벽의 역학'이라는 개념이 참신하게 다가옵니다.

만약 제가 위 내용을 직접 찾아서 공부하고 조사해서 이렇게 일목요연하게 정리하려면 최소 일주일 이상 걸렸을 텐데 상세하게 작성한 프롬프트 덕분에 단 3분 만에 만족스러운 원고 기획 과정의 아이디어를 발전시킬 수 있었습니다. 그럼 제시된 답변에서 연결된 질문을 통해 전자책 집필을 좀 더 발전시켜 보겠습니다.

새벽 시간을 잘 활용하여 성공에 이르는 과정과 방법에 대한 책을 쓰려고 하는데 해당 분야에서 성과를 낸 사람 또는 잘 알려진 강사, 작가 중 대표적 인물 2명을 추천해 주고 그들의 이름과 주요 저서를 알려 줘.

ChatGPT

물론, 성공 달성에 관한 책을 쓰기 위해 이른 아침의 생산성에 초점을 맞추는 것은 좋은 생각입니다. 자신의 분야에서 중요한 성과를 거두었을 뿐만 아니라 글을 통해 자신의 통찰력과 방법을 공유한 몇몇 주목할만한 인물들이 있습니다. 대표적인 두 인물은 다음과 같습니다.

1. **로빈 샤르마**
   - **주요 작업:** "오전 5시 클럽: 아침을 책임지고 삶을 향상시키세요" 로빈 샤마(Robin Sharma)는 유명한 리더십 전문가이자 작가로, 개인 개발과 인간 잠재력 극대화에 관한 연구로 가장 잘 알려져 있습니다. 그의 저서 "The 5 AM Club"은 일찍 일어나는 것의 변화의 힘에 대한 강력한 메시지로 전 세계적으로 인정을 받았습니다. 이 책에서 Sharma는 생산성을 극대화하고 건강의 균형을 유지하며 내면의 잠재력을 활용하는 데 도움이 되는 아침 루틴을 설명합니다. 그의 접근 방식은 실용적인 조언과 동기 부여 통찰력을 결합하여 성공을 위해 초기 시간을 활용하려는 모든 사람에게 훌륭한 참고 자료가 됩니다.

2. **할 엘로드**
   - **주요작:** "미라클 모닝: 당신의 삶을 변화시킬 뻔한 비밀(오전 8시 이전)" Hal Elrod는 또 다른 영향력 있는 작가이자 연설가로, 특히 개인 및 직업적 성공의 촉매제로서 아침 루틴을 옹호하는 것으로 유명합니다. 그의 저서 "기적의 아침"은 매일 아침 개인 발전에 시간을 할애하여 삶을 변화시키는 단계별 지침을 제공합니다. 엘로드, 'Life S.A.V.E.R.S' 컨셉 선보여 (침묵, 긍정, 시각화, 운동, 읽기, 필기)은 삶의 모든 측면을 개선하기 위해 고안된 일련의 실천입니다. 그의 작업은 체계적이고 효과적인 아침 루틴을 만들고자 하는 사람들에게 특히 적합합니다.

이 두 저자는 아침 루틴이 어떻게 더 큰 성공과 성취로 이어질 수 있는지를 이해하는 데 크게 기여했습니다. 그들의 책은 책을 쓰고 성과를 달성하는 여정에 직접 적용할 수 있는 영감과 실용적인 지침을 모두 제공합니다.

챗GPT가 작성해 준 전자책 벤치마킹 작가의 주요 도서 새벽 시간을 잘 활용해 성공을 경험한 대표적인 강사, 작가로 챗GPT가 추천해 준 2명의 인물은 책『변화의 시작 5AM 클럽』의 저자 로빈 샤르마와『미라클 모닝』의 저자 할 엘로드입니다.

새벽 시간을 잘 활용해 성공을 경험한 대표 작가와 작품으로 추천받은 두 권의 책

두 책 모두 세계적인 베스트셀러로 저도 자기계발 분야에 입문할 때 읽었던 책이라 더 반가웠고, 신뢰감이 상승했습니다. 챗GPT가 추천한 작가와 도서가 실제로 있는지 여부를 꼭 검증하는 단계를 거치기 바랍니다. 저는 2명의 작가 중 로빈 샤르마 특유의 간결하면서도 직설적인 문장 스타일이 마음에 들어 생성될 글의 출력 형식을 이 작가 스타일로 설정했습니다.

글쓰기 스타일과 난이도 설정을 위한 프롬프트
앞으로 생성될 글은 로빈 샤르마 작가의 글쓰기 스타일로 작성해 줘. 자기계발서의 특성상 독자들의 지루함을 덜어 주기 위해 책장이 쉽게 술술 넘어가도록 중학교 학생들이 읽어도 쉽게 이해할 수 있을 정도로 짧고 간결하게 작성해 줘. 그리고 저자는 '필자'로 표현해 주고, 책을 읽는 독자는 '독자 여러분'이라는 단어를 사용해서 몰입감을 높여 줘.

ChatGPT

제목: "아침의 경이를 끌어안다: 젊은 탐험가를 위한 성공 가이드"

친애하는 독자 여러분,

이 가이드의 저자는 여러분의 아침을 평범에서 비범으로 변화시킬 수 있는 네 가지 핵심 영역을 여러분과 공유하게 되어 매우 기쁩니다. 이것들은 단순한 활동이 아니라, 여러분의 잠재력을 발휘하는 데 있어 중요한 단계입니다. 각각에 대해 좀 더 깊이 탐구해 보겠습니다.

1. **학습의 기쁨을 발견하다**: 매일 아침은 새롭고 흥미로운 것을 배울 수 있는 기회를 가져다 줍니다. 역사 책의 장, 과학 실험, 혹은 새로운 외국어 단어 등, 이 조용한 시간을 이용해 지평을 넓혀보세요. 배운 각 지식을 여러분의 이해의 우주에 밝은 별처럼 상상해 보세요. 더 많이 배울수록 여러분의 우주는 더욱 밝게 빛납니다. 이것은 학교 과목에 관한 것만이 아니라, 여러분의 호기심을 채우고 더 똑똑하고 지혜로워지는 것에 대한 것입니다.
2. **생각을 표현하다**: 여러분의 생각은 위대한 아이디어로 성장할 수 있는 씨앗과 같습니다. 매일 아침 몇 분간 일기를 써보세요. 꿈에 대해, 감사하는 것에 대해, 혹은 직면하고 있는 도전에 대해 쓸 수 있습니다. 이 연습은 여러분이 자신의 감정과 생각을 더 잘 이해하는 데 도움이 됩니다. 이것은 마치 자기 자신과 대화를 나누는 것 같아, 여러분의 가장 깊은 욕구와 두려움을 발견할 수 있습니다. 글쓰기는 창의성과 커뮤니케이션 능력을 향상시키는데, 이는 인생에서 성공하기 위한 필수 도구입니다.
3. **자연과의 연결**: 밖으로 나가 자연세계를 끌어안아 보세요. 하늘 아래서 몇 분을 보내는 것만으로도, 해가 뜨는 것을 보거나 새들을 관찰하는 것만으로도 마음이 진정될 수 있습니다. 자연은 우리에게 인생의 리듬, 계절의 변화, 다양성의 아름다움에 대해 가르쳐줍니다. 우리가 더 크고 멋진 무언가의 일부라는 것을 상기시켜줍니다. 이러한 연결은 창의력을 자극하고 기분을 향상시키며 평화감을 줄 수 있습니다. 방 안의 작은 식물을 돌보거나 근처 공원을 걷는 것이든, 자연을 여러분의 조용하고 지혜로운 친구로 삼으세요.
4. **모험을 계획하다**: 매일은 모험이며, 여러분은 이 여정의 주인공입니다. 하루를 계획해보세요. 어떤 임무에 착수할 것인가요? 어떤 도전을 극복할 것인가요? 목표를 세우는 것, 심지어 작은 것들도 여러분의 하루에 지도를 제공합니다. 프로젝트를 완성하거나 새로운 기술을 배우거나 친구를 돕는 것일 수 있습니다. 하루를 계획함으로써 여러분은 자신의 이야기를 주도합니다. 여러분이 어디로 가고 무엇을 달성할지 결정합니다. 이러한 목적의식은 강력합니다 - 꿈을 목표로, 목표를 성취로 바꾸는 것입니다.

친애하는 독자 여러분, 이 아침 연습들은 단순한 루틴이 아니라, 여러분을 강화하고 영감을 주며 하루를 준비하는 의식입니다. 이것들은 성공과 행복의 삶을 만들기 위한 여러분의 도구입니다. 이 순간들을 껴안고, 소중히 여기고, 그것들이 아침뿐만 아니라 여러분의 전체 삶을 변화시키는 것을 지켜보세요.

오늘 여러분의 여정을 시작하세요. 여러분의 놀라운 미래가 새벽에 기다리고 있습니다.

챗GPT가 작성해 준 글쓰기 스타일과 난이도 설정

영문으로 작성된 글을 한국어로 번역하다 보니 다소 매끄럽지 않은 부분이 있습니다. 하지만 생성된 영문을 읽어 보면 로빈 샤르마 특유의 간결하면서도 직설적인 문장 스타일을 잘 적용하여 작성해 주었습니다. 그럼 이제 이 책의 제목과 목차를 구성해 보겠습니다.

매력적인 전자책을 만들기 위한 프롬프트
이 책의 제목 10개를 제안해 줘. 이때 새벽 기상의 중요성을 반영하여 가장 흥미롭고 독자에게 높은 가치를 제시 할 수 있는 제목으로 만들어 줘.

ChatGPT

전적으로! 다음은 이른 아침의 중요성을 반영하고 독자의 관심을 끌고 높은 가치를 제공하는 것을 목표로 하는 책 제목 제안 10가지입니다.

1. "새벽의 약속: 이른 시간에 성공을 거두다"
2. "세상이 깨어나기 전에: 성공을 위한 아침 마스터하기"
3. "첫 번째 빛의 공식: 아침을 승리로 변화시키다"
4. "태양과 함께 떠오르다: 아침의 힘을 활용하는 방법"
5. "아침의 숙달: 새벽에 잠재력을 깨우다"
6. "새벽 시간: 아침 성공을 위한 전략"
7. "새벽 깨우기: 이른 아침의 조용한 힘 활용"
8. "일출 성공: 승리의 아침 루틴 구축"
9. "새벽 효과: 성공을 위한 아침의 추진력 잠금 해제"
10. "새 날, 새로운 운명: 이른 아침의 마법 활용"

각 타이틀은 매력적이고 영감을 주도록 디자인되었으며, 이른 아침 시간의 변혁적인 힘과 개인적 및 직업적 성공에 영향을 미칠 수 있는 잠재력을 강조합니다.

챗GPT가 작성해 준 제목안들

위 내용을 바탕으로 책 제목 10개를 추천받았습니다. 아무래도 영어로 제시된 답을 한국어로 번역, 제공하기 때문에 다소 매끄럽지 않은 번역이 있을 수 있습니다. 그래서 저는 제시된 10개의 제목을 적절히 조합해 책의 내용과 어울리는 최상의 아이디어를 얻었습니다.

선정된 제목을 바탕으로 독자들을 이끌 핵심 요소 도출을 위한 프롬프트

위 제시된 제목들을 조합했을 때 [세상이 깨어나기 전에 : 새벽 잠재력을 깨우기]라는 제목을 선택했어. 이 책 제목으로 독자들에게 가치를 제공해 주는 7개의 핵심 요소를 작성해 줘.

ChatGPT

책 제목으로 딱 좋은 선택이네요! "세상이 깨어나기 전에: 새벽의 잠재력에 눈을 뜨다"는 개인의 성장과 성공을 위해 이른 아침을 활용하는 것의 본질을 포착합니다. 다음은 주제와 일치하고 독자에게 가치를 제공하는 7개의 장 제목입니다.

1. **새벽의 고요함: 이른 아침의 평화를 품다** 새벽의 고요하고 방해받지 않는 자연과 그것이 하루의 긍정적인 분위기를 조성하는 데 미치는 영향을 이해합니다.
2. **성공을 위한 아침 구성** 생산성, 창의성, 개인적 성장을 극대화하기 위해 아침 일과를 구성하고 구성하는 방법에 대한 자세한 가이드입니다.
3. **아침 의식의 심리적 영향** 일관적인 아침 일상이 스트레스 감소, 명확성 향상, 전반적인 기분 향상 등 정신 건강에 얼마나 긍정적인 영향을 미치는지 탐구합니다.
4. **해뜰 때 마음챙김과 성찰을 함양하기** 마음챙김과 자기 인식을 키우기 위해 이른 시간 동안 명상, 일기 쓰기, 조용한 묵상과 같은 실천을 강조합니다.
5. **첫 번째 빛을 통한 신체 건강** 신체 운동과 웰빙 실천을 요가, 스트레칭, 빠른 걷기 등의 아침 루틴에 통합하여 몸과 마음에 활력을 불어넣습니다.
6. **아침을 인생을 바꾸는 습관으로 바꾸기** 독자들의 아침 일상을 지속 가능하고 삶을 변화시키는 습관으로 전환하여 장기적인 개인 및 직업적 성취에 기여하도록 안내합니다.
7. **영감을 주는 새벽: 성공 사례 및 실제 생활 변화** 아침의 힘을 활용하여 삶의 중요한 변화를 가져온 개인들의 동기 부여 이야기와 사례를 공유하고 실용적인 통찰력과 영감을 제공합니다.

이러한 요소는 효과적인 아침 일과를 확립하는 실용적인 측면을 다룰 뿐만 아니라 이른 아침 의식의 심리적, 정서적 이점을 탐구하여 독자들에게 아침을 성공과 웰빙을 위한 강력한 도구로 바꾸는 전체적인 접근 방식을 제공합니다.

챗GPT가 생성해 준 독자들에게 전달할 7개의 핵심 요소

제목을 정하고 나서 책의 제목과 어울리면서 독자들에게 가치를 제공해 주는 7개의 핵심 요소를 작성해 달라고 요청했습니다. 제목이 제시된 다음에 바로 '책 제목과 어울리는 목차를 생성해 줘.'라는 명령을 넣어도 되지만, 조금 더 완성도 높고 짜임새 있는 목차를 구성하려면 해당 제목에 적

합한 '핵심 요소'를 작성하는 단계를 거쳐 주는 것이 좋습니다. 만약 이 단계에서 만족스러운 내용이 나오지 않으면 내가 원하는 내용을 추가해서 재생성을 통해 책의 완성도를 높이기 바랍니다.

저는 핵심 요소로 제시된 주요 내용의 구성이 마음에 들지 않아 3번의 추가 프롬프트 생성 과정을 통해 이 책의 핵심 요소 7개를 작성했습니다. 그럼 이제 주요 내용을 바탕으로 목차를 구성해 보겠습니다.

전자책의 짜임새 있는 목차 구성을 위한 프롬프트

위 주요 내용을 바탕으로 책의 목차를 구성해 줘. 목차 구성의 예시는 다음과 같아 책의 목표 페이지는 200페이지야. 적절히 분량을 배분해 줘.

[목차]
CH.
1.
1-1.

5개의 챕터 구성, 각 챕터는 3~5장으로 구성되고 각 장은 3~5개의 세부 내용으로 구성된 목차를 작성해 줘.

ChatGPT

제1장: 새벽을 맞이하여
1. 아침 시간의 마법 - 1-8 페이지
  1-1. 아침이 중요한 이유
  1-2. 세상이 깨어나기 전의 조용함
  1-3. 역사 속 인물들의 아침 루틴

제2장: 아침 도구 상자 구축하기
1. 학습의 기쁨 발견하기 - 25-40 페이
  2-1. 호기심 기르기
  2-2. 아침 시간의 학습 루틴
  2-3. 아침 학습을 위한 자료
2. 생각 표현하기 - 41-56 페이지
  2-1. 일기쓰기의 힘
  2-2. 명상의 형태로서의 글쓰기
  2-3. 아침 시간의 창의적 표현
3. 자연과의 연결 - 57-72 페이지
  3-1. 자연의 치유력
  3-2. 야외에서의 아침 활동
  3-3. 실내로 자연 끌어들이기

제3장: 아침 구조화하기
1. 아침 루틴 설계하기 - 73-88 페이지
  3-1. 성공적인 아침의 구성요소
  3-2. 개인화된 루틴 만들기
  3-3. 유연성 유지하기
2. 목표 설정 및 계획하기 - 89-104 페이지
  3-1. 달성 가능한 목표 설정
  3-2. 장기 대비 단기 계획
  3-3. 계획 검토 및 조정하기
3. 기술의 역할 - 105-120 페이지
  3-1. 유용한 앱과 도구들
  3-2. 디지털 방해요소 피하기
  3-3. 기술과 전통적 방법의 균형 맞추기

제4장: 아침 루틴의 심리적 영향
1. 마음챙김과 인식 - 121-136 페이지
  4-1. 아침에 마음챙김 실천하기
  4-2. 자기 인식 및 자기 성찰
  4-3. 긍정적인 마음가짐으로 하루 시작하기
2. 스트레스 및 불안 관리하기 - 137-152 페이지
  4-1. 정신 건강을 위한 아침 운동
  4-2. 호흡 기술 및 이완 기술
  4-3. 하루 도전에 준비하기
3. 회복력 구축하기 - 153-168 페이지
  4-1. 아침 장애 극복하기
  4-2. 정신적 강인함 개발하기
  4-3. 실패 및 역경에서 배우기

제5장: 아침을 인생을 변화시키는 습관으로 전환하기
1. 아침 습관의 파급 효과 - 169-184 페이지
  5-1. 아침의 하루 나머지에 미치는 영향
  5-2. 개인 및 직업 생활에 미치는 영향
  5-3. 사례 연구 및 성공 사례
2. 장기적 성공을 위한 지속 가능한 실천 - 185-192 페이지
  5-1. 일관성 유지하기
  5-2. 생활 변화에 적응하기
  5-3. 열정을 유지하고 동기 부여하기
3. 아침을 넘어: 평생의 여정 - 193-200 페이지
  5-1. 일상 생활에서 아침 교훈 통합하기
  5-2. 지속적인 교육 및 성장
  5-3. 마지막 생각 및 미래를 향해 나아가기

챗GPT가 작성한 책의 목차 구성

책의 페이지를 설정하고 챕터와 하위 제목의 구성비를 함께 넣어 주면 더욱 짜임새 있는 목차가 완성됩니다. 저는 동일한 목차를 2~3회 생성시켜 나만의 목차로 재구성하여 전자책 집필에 활용합니다. 만약 특정 내용을 목차에 포함하고 싶다면, 해당 내용을 프롬프트에 넣고 '위 내용을 목차에 반영시켜 재작성해 줘.'라고 명령을 내리면 됩니다.

구성된 목차를 표로 작성해 달라고 요청하는 동시에 '엑셀파일로 다운로드받을 수 있게 작성해 줘.'라고 명령을 하면 다음과 같이 엑셀표로 작성하여 다운로드 링크를 함께 제공해 줍니다.

생성된 책의 목차를 엑셀 파일로 다운로드할 수 있는 링크를 제공해 주는 챗GPT

해당 링크를 누르면 목차 구성을 엑셀로 다운로드받아 손쉽게 목차를 수정, 편집할 수 있습니다. 목차가 구성되었으니 이제 책의 본문을 작성해 보겠습니다.

챗GPT 활용 2 – 본문 작성 및 심화

책의 목차를 완성했으니 이제 각 목차별 본문을 작성할 차례입니다. 대부분은 책의 목차를 하나씩 긁어서 해당 목차에 대한 본문(내용)을 작성해 달라고 요청합니다. 그런데 그렇게 해서는 만족할 만한 좋은 답을 얻을 수 없습니다. 따라서 챗GPT에 명확하고 구체적으로 지시를 내려야 합니다. 이때 필수적으로 들어가야 할 내용은 본문의 길이(최대 토큰 포함)와 글쓰기 스타일입니다. 프롬프트 예시를 통해 살펴보겠습니다.

술술 읽히는 매력적인 본문 작성을 위한 프롬프트

이제 책의 본문을 작성할 거야. 집필할 부분은

제1장: 새벽을 맞이하며
1. 아침 시간의 마법사

이 타이틀에 해당하는 내용을 유용하고 흥미로운 글로 작성해 줘. 초반부이다 보니 독자들의 이목을 끌 수 있는 유명한 인물의 일화나 에피소드를 포함시켜 줘. 작문 스타일은 저자를 언급하지 말고 저자가 작성하는 글쓰기 스타일처럼 작성해 줘.

본문 길이 : 최대 토큰 3,500
글쓰기 스타일 : 로빈 샤르마 – 특유의 간결하고 직설적인 문장

ChatGPT

1장: 새벽을 맞이하며

1. 아침 시간의 마법사

세상이 아직 잠에서 깨어나지 않은 고요한 새벽의 고요 속에는 비교할 수 없는 힘과 기회의 시간이 놓여 있습니다. 지금은 아침의 깨끗한 에너지를 활용하여 자신의 운명을 결정하는 비법을 발견한 희귀한 개인, 시간의 마법사의 시간입니다.

예술과 과학의 영역을 넘나들며 우아하게 춤을 췄던 박식가 레오나르도 다 빈치를 생각해 보십시오. 무한한 호기심과 지치지 않는 직업 윤리로 유명한 다빈치는 시간의 달인이었습니다. 그는 종종 새벽을 맞이했고, 이른 시간을 받아들여 우주의 신비를 그리고, 발명하고, 숙고했습니다. 그의 <모나리자>와 <최후의 만찬>은 천재의 창조물일 뿐만 아니라 그의 아침 의식의 결실이기도 했습니다. 다빈치의 아침은 그의 창의성의 성역이자 그의 생각이 자유롭게 방황하고 그의 상상력이 솟아오르는 조용한 시간이었습니다.

그렇다면 아침 시간이 창의성과 생산성에 그토록 강력한 이유는 무엇입니까? 이른 아침의 고요함 속에서 마음은 잔잔한 바다와 같아서 그날의 요구와 산만함에 흔들리지 않습니다. 우리의 생각이 명확해지고, 초점이 더욱 선명해지며, 창의적인 주스가 자유롭게 흐르는 것은 바로 이 평온함 속에서입니다.

새벽을 품는다는 것은 단지 일찍 일어나는 것만이 아닙니다. 그것은 새로운 존재 방식으로 깨어나는 것입니다. 자신과 연결되고, 그날의 의도를 설정하고, 내면의 평화의 원천을 활용하는 시간입니다. 지금은 하루의 대본을 작성하고, 열망의 토대를 마련하고, 열정의 불꽃을 정화할 시간입니다.

아침 시간의 마법사가 되려면 신성한 의식을 만드는 것부터 시작하세요. 이것은 조용한 명상일 수도 있고, 신선한 아침 공기 속에서의 활발한 산책, 생각을 일기로 쓰는 것, 심지어 창의적인 취미에 빠지는 것일 수도 있습니다. 핵심은 일관성과 의도입니다. 이 시간을 당신만의 시간으로 만드십시오. 당신이 깨어 있을 뿐만 아니라 새로운 날의 가능성에 대해 깊이 살아 있는 시간입니다.

해가 뜨면 새로운 날을 알리는 것뿐만 아니라 인생의 새로운 장을 여십시오. 매일의 새벽은 자신을 재창조하고, 어제의 잔재를 버리고, 더 밝고 활기찬 자신의 모습으로 들어서라는 초대입니다. 지금은 미래 성공의 씨앗을 심고 열망과 행동으로 물을 줄 때입니다.

이 장에서 우리는 평범한 아침을 특별한 시작으로 바꾸는 기술을 탐구할 것입니다. 우리는 팀의 주인에게서 배울 것입니다

The dawn awaits you, not just as a witness to your journey but as a companion in your quest for greatness. Embrace it with open arms and an open heart, and watch as the ordinary transforms into the extraordinary.

챗GPT가 순식간에 작성해 준 짜임새 있는 책의 본문 내용

정말 깜짝 놀랐습니다. 제가 평소 즐겨 읽던 로빈 샤르마 작가 스타일로 새벽 시간의 중요성에 관한 자기계발서 본문이 완성되었습니다. 이때 챗 GPT가 한 번에 처리할 수 있는 텍스트의 길이를 고려해서 요청해야 합니다. 챗GPT는 한 번에 최대 4,096개의 토큰만 처리할 수 있습니다. 이를 한 글에 적용해 보면 대략 2,000단어 내외가 됩니다. 그래서 본문 작성을 요청할 때 최대 토큰 3,000~3,500개 정도면 깔끔하고 완성도 높은 본문을 생성해 줍니다.

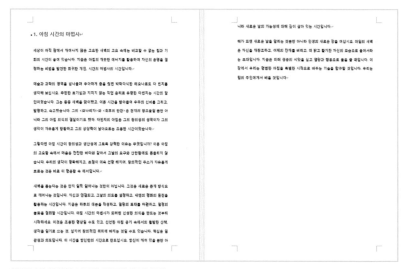

챗GPT가 생성한 본문을 워드에 옮긴 화면

방금 챗GPT가 생성해 준 본문 내용을 워드 파일에 옮겼습니다. 책 분량으로 1페이지가 훌쩍 넘는 본문이 생성된 것을 확인할 수 있습니다. 이런 방식으로 빠르게 1차 초고를 작성합니다. 이렇게 완성된 50~100쪽 초고를 바탕으로 부족한 영역에 대해서는 챗GPT에게 추가 작성을 요청하면 1

차 초고가 완성됩니다. 이후 작성된 내용을 읽어 내려가며 나의 생각과 경험을 추가적으로 넣으며 원고를 풍성하게 편집합니다.

저는 책을 만들 때 2~3일에 걸쳐 50~70쪽 초고를 빠르게 만들고, 작성된 1차 초고를 읽으며 저의 경험·생각·노하우·팁·인용 자료들을 포함시켜 초고 대비 1.5~2배 분량으로 부풀리기를 합니다. 여러 번 읽는 과정에서 제가 가지고 있는 자료들을 넣으며 업데이트하다 보면 2~3주 만에 100~150쪽의 원고를 완성해 낼 수 있습니다.

독자 여러분이 쓰고자 하는 책의 주제와 스타일에 맞게 위에서 제시한 단계에 따라 1차 초고를 빠르게 작성해 보기 바랍니다. 나의 전자책 만들기 속도와 본문의 퀄리티 두 마리 토끼를 모두 다 쉽고 빠르게 잡게 될 것입니다.

챗GPT 활용 3 - 편집하기

무작정 글을 다 썼다고 해서 끝이 나는 게 아닙니다. 이제 챗GPT로 완성한 1차 초고에 내 생각·경험·노하우가 더해진 2차 원고가 만들어졌다면, 보다 가치 있는 서비스를 제공하고, 판매를 하기 위한 전자책으로 만들기 위해 편집 과정을 필수로 거쳐야 합니다. 글 전체의 흐름이 자연스럽고 문맥에 맞는지, 반복되거나 불필요한 내용 또는 과한 설명이 있지 않는지 점검하고, 오탈자나 문법에 맞지 않는 문장이 있는지 확인하는 편집 과정을 거쳐야 합니다. 날것의 느낌인 거친 초고가 반짝반짝 빛나는 하나의 작품으로 세상에 나오려면 갈고 닦아 윤을 내는 과정이 필요합니다.

다음 내용을 편집 및 검수해서 작성해 줘.

편집 포인트
- 문법 및 구문 오류 수정
- 오탈자 및 띄어쓰기 검수. 따로 내용 추가 없이 해당 내용만 수정해 줘.

(편집할 본문 내용 삽입)

편집 과정에서는 문단별로 쪼개어 진행합니다. 이때 포인트는 '따로 내용 추가 없이 해당 내용만 수정해 줘.'라는 문구를 프롬프트에 입력하는 것입니다. 그래야 내가 작성한 원고의 내용을 전혀 다른 내용으로 새롭게 생성하는 것이 아니라 원문을 유지한 상태에서 문법 및 구문 오류 수정, 오탈자 및 띄어쓰기 검수를 진행해 줍니다.

제 경험상으로는 한 권의 책(전자책, 종이책 포함)이 출간되기까지의 수많은 과정 중에서 편집 과정이 가장 힘들었습니다. 원고를 여러 번 반복해 읽으면서 꼼꼼히 확인해야 하기 때문에 지루하고 어려웠습니다. 하지만 이제 챗GPT 덕분에 편집을 쉽고 빠르게 할 수 있어 그런 수고로움의 상당 부분을 덜 수 있게 되었습니다. 참고로 챗GPT를 활용한 편집 과정은 복잡하거나 긴 문장을 한 번에 요청하기보다는 작은 부분으로 나누어 요청하는 것이 좋습니다.

편집까지 완성되었다면 PDF로 변환하여 크몽, 클래스101, 탈잉 등 전자책 판매 플랫폼에 등록합니다. 전자책을 플랫폼에 올렸다는 것은 기존에 없던 새로운 N잡 파이프라인을 새롭게 구축했다는 뜻입니다. 똑같은 전자책을 여러 플랫폼에 동시 다발적으로 올린다면 이는 파이프라인을 여러 개 추가해 개수를 늘리는 것에 해당합니다.

이후 전자책의 페이지 수를 늘려 가격을 올리거나, 이론·실전 편으로 나누어 판매하는 것은 파이프라인의 크기를 키우는 것에 해당합니다. 파이프라인의 개수를 늘리고 크기를 키우는 것은 개별적으로 이루어지는 것이 아니라 유기적인 관계를 가지고 있다는 사실을 잊어서는 안 됩니다.

챗GPT의 도움 없이 오롯이 내 생각을 정리해 원고를 기획하고, 목차를 구성하고, 본문을 작성하고, 원고를 편집하여 한 권의 책이 나오기까지 1년의 시간이 걸렸습니다. 하지만 글쓰기의 강력한 도구이자 비서인 챗GPT의 등장으로 그 시간은 6개월, 3개월로 단축되고 글쓰기의 속도도 빨라지고 있습니다.

독자 여러분도 책을 읽고, 콘텐츠를 소비하는 '인풋'의 과정에만 머물지 말고, 여기서 배운 챗GPT를 활용한 글쓰기를 통해 '아웃풋'을 세상에 꺼내어 보기 바랍니다. 아웃풋을 하는 순간부터 변화는 시작됩니다.

영상 – VOD & 온라인 강의 : 챗GPT와 웜지컬, 감마 활용

우리는 과거의 시간을 적극 활용해야 한다는 사실을 잊어서는 안 됩니다. 이 책을 통해 다양한 생성 AI 툴을 활용해 텍스트, 이미지, 영상, 음악 생성 스킬부터 나를 브랜딩하고 알릴 수 있는 PDF 전자책을 만드는 방법을 익히고 있습니다.

다양한 채널을 운영하고, 누군가에게 나의 지식·경험·노하우를 한 권의 전자책으로 전달하는 경험은 누구나 꿈꿀 수는 있지만 100명 중 실행까지 옮기는 사람은 30% 정도 내외입니다. 그런데 여기서 한 단계 더 나아가 나의 지식, 경험, 노하우를 강의로 전달하는 사람은 100명 중 5% 내외에 불과합니다.

이제 독자 여러분이 5%의 사람이 되어 보세요. 어려워하지 않아도 됩니다. 우리에게는 이것을 쉽고 빠르게 구축해 줄 수 있는 생성형 AI 도구들이 있으니까요.

좀 더 현실적인 조언과 이해를 위해 실제 서울의 A라는 도서관에서 제가 진행하고 있는 '생성형 AI로 만드는 세상에 하나뿐인 디지털 동화책' 강의 기획부터 수업 설계와 수업 자료를 제작하는 방법을 실제 강의계획서를 바탕으로 설명하겠습니다. 단계는 3단계로 진행되며, 3개의 생성형 AI 툴을 활용합니다. 단순히 읽는 것에서만 끝내는 것이 아니라 독자 여러분이 평소에 관심을 갖고 있던 분야나 취미, 새롭게 배우고 있는 주제 뭐든 좋으니 하나를 정해 다음 3단계를 적용해 나만의 무형 자산을 세상에 꺼내기 위한 설계를 함께 시작해 보기 바랍니다.

1단계 : 윔지컬 AI를 활용해 수업의 핵심 아이디어 도출·분석하기

2단계 : 챗GPT를 활용해 강의 설계 및 강의계획서 작성하기

3단계 : 감마 AI를 활용해 수업지도안 작성하기

생성형 AI 도구가 없었다면 인터넷에서 검색을 통해 하나씩 찾으며 메모하고, 기록하고, 부족한 부분은 책을 읽으며 설계하고 아이디어를 도출해야 했지만, 이제는 그런 번거로움을 확 덜 수 있게 되었습니다. 그럼 1단계부터 자세히 알아보겠습니다.

1단계 : 윔지컬 AI를 활용해 수업의 핵심 아이디어 도출·분석하기

가장 먼저 '생성형 AI 도구를 활용한 초등학생 실습 교육 아이디어 도출'을 통해 브레인 스토밍을 진행합니다.(아이디어 확장 정리 비서 '윔지컬'의 자세한 사용 방법은 3장을 참고하기 바랍니다.)

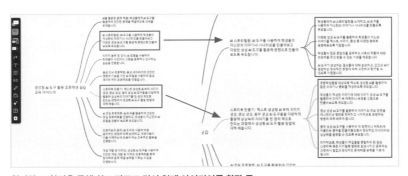

윔지컬 AI 화면을 통해 쉽고 빠르고 깊이 있게 아이디어를 확장 중

정말 순식간에 여러 개의 아이디어를 제시해 줍니다. 1차적으로 제시된 아이디어들 중에서 마음에 드는 아이디어는 남기고, 마음에 들지 않는 아이디어는 제외시키며 2~3회 반복해서 생성을 합니다. 이 과정을 통해 내가 생각하지 못한 번뜩이는 아이디어를 많이 얻게 됩니다.

이렇게 선별된 아이디어를 한 번 더 발전시킵니다. 1차로 제시된 아이디어들 중 마음에 드는 2개의 아이디어를 좀 더 확장시켜 보겠습니다. 정말 깜짝 놀랄 만큼 디테일한 설명 덕분에 실제로 몇 번의 과정을 통해 제가 기획하려는 강의의 뼈대를 잡을 수 있었습니다.

추가적인 팁을 주자면 1차로 제시된 답은 수정할 수 있습니다. 프롬프트를 입력하는 것처럼 1차로 제시된 답에 내 생각을 더한 뒤 2차 생성을 하면 더욱 퀄리티 높은 답을 얻을 수 있습니다.

2단계 : 챗GPT를 활용해 강의 설계 및 강의계획서 작성하기

윔지컬 AI에서 얻은 정보들을 바탕으로 초등학생 아이들을 위한 수업 커리큘럼 및 강의계획서를 작성할 차례입니다. 챗GPT 프롬프트에 과정명, 대상, 주제, 과정 목표, 커리큘럼을 표로 정리해 달라고 요청했습니다.

챗GPT가 생성해 준 강의계획서 초안

좀 더 다듬어야 하지만 그래도 윔지컬 AI를 거쳐 챗GPT를 통한 아이디어 도출까지 단 10분 만에 진행이 되었습니다. 저 역시 다양한 주제의 강의를 기획하거나 수강생들의 강의 기획을 코칭할 때 이 단계까지 오는 데 최소 3~5일의 시간이 소요되는데 10분 만에 가능하다니 정말 깜짝 놀랐습니다. 생성된 내용을 바탕으로 실제 워드 파일에서 강의계획서를 작성했습니다.

강 의 계 획 서

강의명	생성형 AI로 만드는 세상에 하나뿐인 디지털 동화책		
강의대상	관내 초등학생(고학년)	강사	김 동책
강의시간	4회(8H)	주제	생성형 AI 활용 디지털 동화책 만들기
강의목표	다양한 생성형 AI(인공지능)를 이해하고 활용해 완성한 이미지와 이야기를 편집하여 세상에 하나뿐인 나만의 디지털 동화책 만들기		
수업내용			
회차	주제	내용	방법
1	미래의 새로운 상상 변화하는 메가트렌드	▶변화하는 메가트렌드 알아보기 (미래에서 온 손님 자녀 세대로 알기) *부모님들이 아이들을 사용할 생성AI 가입 하고 맛 보기 ▶다양한 생성 AI 맛보기 - 텍스트, 이미지, 동영상, 영상 생성	대면교육 (부모/자녀)
2	생성형 AI 활용 작품 만들기 실습_1	1단계. 아이디어 도출 및 개요만들기 - 텍스트 생성 : 뤼튼 - 텍스트 생성 : 마이크로 소프트 빙 큰터취기 기초 : 글감의 주제, 글의 전개 내용과 분량을 생각해 보기, 생성형 AI의 도움을 받아 글의 전개 내용을 창작하기	대면 실습교육
3	생성형 AI 활용 작품 만들기 실습_2	2단계. 글의 등장인물과 배경 만들기 - 텍스트 생성 : 뤼튼, 빙 - 이미지 생성 : 레스코 AI - 영상 생성 : 키사 이야기 구성 : 제시된 글에 대한 이미지 생성하기 / 만들어진 이미지 수정하기(이미지 생성 결과물의 퀄리티 높이는 방법 배우기), 텍스트 생성 AI를 활용해 본문 창작하기	대면 실습교육
4	생성형 AI 활용 작품 만들기 실습_3	3단계. 디지털 동화책 만들기 - 음악생성 : 수노(Suno) AI - 번역 : 딥엘 - 영상편집 : 브루 동화책 완성 : 내용 편집, 번역 AI 활용 만글/영문 버전의 동화책 만들기, 글과 그림을 영상으로 편집하여 완성	대면 실습교육

챗GPT와 협업해 만들어 낸 4주간의 수업 커리큘럼

제가 생성형 AI 도구들과 협업해 만들어 낸 4주간의 커리큘럼입니다. 어떤가요? 생각보다 퀄리티가 괜찮습니다. 해당 커리큘럼으로 공공도서관에서 강의 섭외를 받았고, 한 재능 공유 플랫폼에서 '아이와 함께 하는 AI의 첫걸음 : 세상에 단 하나뿐인 디지털 동화책 만들기'라는 강의명으로 입점 계약까지 하게 되었습니다.

3단계 : 감마 AI를 활용해 수업지도안 작성하기

PPT 슬라이드를 생성해 주는 감마 AI를 활용해 수업지도안까지 빠르게 작성할 수 있습니다.(슬라이드를 만들어 주는 '감마 AI'의 자세한 사용 방법은 3장을 참고하기 바랍니다.)

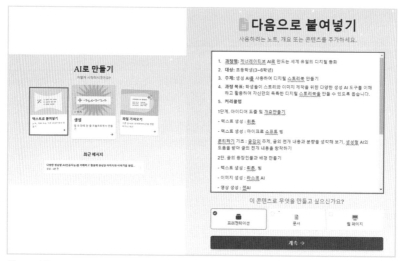

챗GPT와 협업해 만들어 낸 4주간의 수업 커리큘럼

강의계획서가 작성되어 있기 때문에 AI로 만들기 영역에서 '텍스트로 붙여넣기'를 선택합니다. 그리고 과정명부터 커리큘럼까지 강의계획서에 작성된 상세 내용을 넣고 '계속'을 클릭합니다.

완성도 높은 슬라이드를 구성하기 위한 프롬프트 상세 편집 화면

왼쪽에 위치한 텍스트 콘텐츠 옵션을 설정해 줍니다. 정답은 없습니다. 내 콘텐츠 주제에 맞게 적절히 설정하고 입력해 주면 됩니다. 설정 이후 '계속' 을 클릭한 후 슬라이드 배경 테마를 선택하고 '생성' 버튼을 클릭하면 멋 진 강의용 슬라이드가 완성됩니다.

생성된 슬라이드를 바탕으로 미루지 않고 빠르게 시작하기 약간의 수정은 필요하지만 수업에 필요한 주요 내용들을 단 2~3분 만에 짜임새 있게 구성해 주기 때문에 무에서 유를 창조해 내야 하는 답답함과 막막함에서 벗어날 수 있습니다. 이제 초보자라도 매력적인 강의 기획을 할 수 있는 시대가 된 것입니다.

저는 초등학생 2학년, 5세 두 아들의 아빠로서 평소 아이들에게 책 읽어 주기를 좋아합니다. 매일 저녁 퇴근 후 첫째와 함께 도서관에 가서 다양한 도서관 교육 프로그램에 참여하면서, '생성형 AI 도구를 활용해 나만의 동화책 만들기'라는 수업이 있으면 좋겠다.'는 생각을 하게 되었습니다.

인터넷 검색을 해 보니 아직 이 주제와 관련한 강의를 하는 강사는 적고, 일부 도서관이나 문화센터에서만 해당 주제의 프로그램을 운영하고 있었습니다. 그래서 주변 학부모님들께 '이런 교육이 있다면 어떨까요?'라며 현장의 목소리를 들어 봤는데 무척 반응이 좋았고, '그런 프로그램이 있다면 아이를 꼭 참석시키고 싶다.'라는 니즈도 파악했습니다.

이제 우리는 생성형 AI 도구들을 활용해 상상에서 끝나는 것이 아니라 진짜 실전에 옮길 수 있게 되었습니다. 독자 여러분도 충분히 할 수 있습니다. '하늘 아래 새로운 것은 없다.'는 말처럼 상당수의 강의는 대부분 이미 있던 주제를 요즘 시대에 맞춰서 새로 정리한 것입니다.

늘 무에서 유를 창출하려다 보니 어디서부터 뭘 어떻게 해야 할지 헤매게 됩니다. 기존의 '동화책 만들기'라는 강의에 '생성형 AI 도구를 활용한'을 붙이니 전혀 새로운 강의가 되었습니다. 전자책 만들기, 책 쓰기 강의에 '챗GPT를 활용한'을 붙이고, 인스타그램을 활용한 콘텐츠 마케팅 강의에 '챗GPT, 콘텐츠 생성형 AI를 활용한'을 붙이면 완전 새로운 강의가 탄생합니다. 기존의 것에서 생성형 AI 도구 활용법을 더해 본다면 이런 막막

함의 상당 부분은 해소될 것입니다.

　제가 이 책을 쓴 이유 역시 여기에 있습니다. 단순히 챗GPT의 사용 방법, 이미지 생성 AI 달리3, 플레이그라운드 AI의 사용 방법과 같이 하나의 AI 도구 사용 방법을 알려 주는 것만으로는 무형 자산을 통한 브랜딩, 수익화는 어렵습니다. 이 도구와 도구를 연결하고, 기존의 콘텐츠에, 기존의 주제에 생성형 AI 활용 방법을 연결해야 합니다. 분명 이 조합은 여러분에게 엄청난 무기가 되어 줄 것입니다. 지금 생각하고 있는 그 아이디어를 윔지컬, 챗GPT, 감마 AI를 활용해 세상 밖으로 끄집어내기 바랍니다.

💻 자동화 1 – 챗GPT로 7분 만에 나만의 챗봇 만들기

영화 「아이언맨」에 나오는 AI 비서 '자비스'는 중요한 매순간 합리적 의사 결정에 도움을 줍니다. 자비스를 보면서 '나한테도 저런 로봇이 있으면 좋겠다.'라는 생각을 해 보았을 것입니다. 주인공 토니 스타크가 위기 상황에서 코드를 직접 작성하는 장면은 영화 어디에도 나오지 않습니다. 자비스라는 AI 비서에게 명령을 내리면 수 초, 수 분 이내에 토니 스타크가 필요로 하는 작업을 수행합니다.

여기서 하나의 궁금증이 생깁니다. 지금 독자 여러분에게 자비스가 있다면 모두가 토니 스타크처럼 혁신적인 기술과 장비를 만들어 낼 수 있을까요? 아마도 대답은 '아니오'일 것입니다. 이유는 자비스에 대한 이해와 역량을 갖추지 못했기 때문입니다.

생성형 AI의 시대에는 누구에게나 챗GPT, 달리, 미드저니와 같은 툴이 주어집니다. 하지만 누구는 그것을 활용해 브랜딩을 만들고 수익화를 하는데, 누군가는 그저 질문을 하고 주어진 답을 읽고 이해하는 것에서 끝냅니다. 물론 아직은 '이건 나와 상관없는 일이야.', '그런 게 있었어?'와 같이 무관심 영역에 있는 사람이 더 많습니다.

생성형 AI 시대에는 주어진 생성형 툴을 직접 경험하고 그것을 몸으로 이해하고 다루는 역량이 중요합니다. 최근까지 엑셀이나 파워포인트와 같은 도구를 잘 쓰는 사람이 업무를 빠르게 효율적으로 할 수 있었던 것처럼 AI도 그런 도구가 되어 가고 있는 것입니다.

이제 챗GPT를 활용해서 누구나 세상에 단 하나뿐인 나만의 챗봇을 만들 수 있게 되었습니다. 오픈AI가 개발자회의에서 공개한 GPTs라는 기능 덕분입니다. 챗GPTs는 코딩이 없어도 대화만으로 손쉽게 만들 수 있는 맞춤형 챗봇입니다. 하지만 사용 방법이 아무리 쉽고 간단하다 하더라도 GPT 빌더를 처음 접하는 사람에게는 어렵게 느껴질 수 있습니다. 지금부터 GPT 빌더로 하나하나 따라 하며 5번만 만들어 보면 누구나 7분이면 나만의 챗봇을 만들 수 있게 될 것입니다.

나만의 챗봇을 만들기 위한 GPT 빌더 접속 화면(유료 버전 사용자에 한함)

챗GPTs는 챗GPT 플러스 개인 가입자와 엔터프라이즈 고객만 이용할 수 있습니다. 멀티모달 모델인 GPT-4로 작동합니다. 문자뿐 아니라 이미지까지 다룰 수 있다는 것이 아주 매력적입니다. 챗GPT에 로그인한 후 왼쪽 상단에 위치한 [Explore GPTs] 메뉴를 클릭합니다.

나만의 챗봇 만들기 메인 화면
1) +Creat(GPT 생성하기)를 클릭해 GPT 빌더를 실행시킵니다.
2) My GPTs : 내가 만든 챗봇들이 저장되어 있으며, 언제든 수정·공유할 수 있습니다.

나만의 챗봇 만들기 상세 설정 화면

1) Creat : GPT 빌더와의 대화를 통해 커스텀 GPT를 생성하고 설정값을 변경할 수 있습니다.
2) Configure : Creat 영역에서 사용자가 입력한 설명을 기반으로 AI가 생성한 데이터가 기본값으로 입력
   되어 있으며 대표 이미지, Name, Description, Instructions의 주요 정보를 손쉽게 수정할 수 있습니다.
3) Preview : 만들면서 실시간으로 테스트할 수 있는 창입니다.
4) 커스텀 GPT에 대한 설명을 입력하는 프롬프트창 : 대화 과정에서 입력한 설명을 기반으로 챗봇의 설정
   값들이 자동으로 생성되기 때문에 설명은 최대한 상세하게 작성하는 것이 좋습니다.

나만의 챗봇 만들기 1단계 세팅 입력 내용
나는 해외여행을 하면서 메뉴판 사진을 올리면 한글로 해석해 주고, 메뉴에 대한 정보(사용된 재료, 가격, 메뉴에 대한 설명)를 알려 주는 커스텀 GPT를 만들고 싶어. 다양한 나라를 여행하며 메뉴판과 메뉴, 음식에 대해 상황에 맞게 아래의 상황에 맞게 작동해야 해. 메뉴 탐색기는 첨부된 메뉴판에 대한 다양한 나라의 언어(텍스트)를 인식하고 이해할 줄 알아야 해. 그리고 복잡한 요리 용어는 피하고, 요리에 대한 개인적 의견은 피해 줘. 특히 나는 갑각류에 대한 알레르기가 있으니 해당 식재료가 포함된 메뉴에 대해서는 ★료 표시를 해서 경고해 줘. 해당 메뉴에 대한 설명, 들어간 재료, 해당 음식의 문화적 배경, 유례 등을 알려 주면 좋겠어. 아무래도 여행을 하는 동반자이니 친근한 톤으로 대답해 줘. 어떤 특정 문구나 인사말 이런 건 필요하지 않아.

챗GPT와 대화를 이어 나가며 나만의 챗봇을 고도화하는 중

해당 내용을 기반으로 주요 정보들을 업데이트하고, 챗봇 이름을 'Menu Explorer'로 제안했습니다. 네이밍이 마음에 들면 수락을 하고, 마음에 들지 않으면 다시 제안받을 수도 있습니다. 마음에 들지 않을 경우 [Configure] 창에서 언제든 수정할 수 있습니다.

저는 초기에 제시된 'Menu Explorer'라는 네이밍이 마음에 들지 않아 다른 제안을 했습니다.

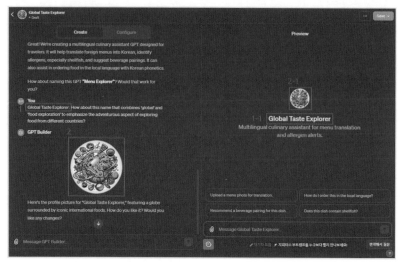

GPT 빌더가 추천해 준 챗봇의 네이밍과 로고

1) '글로벌'과 '맛집 탐험'을 조합하여 다양한 국가의 음식을 탐색하는 모험적인 측면을 강조한 'Global Taste Explorer'라는 네이밍을 제안했습니다.

1-1) 화면 오른쪽의 실시간으로 테스트할 수 있는 Preview 창에 'Global Taste Explorer' 네이밍이 잘 적용되었음을 확인할 수 있습니다.

2) 이름을 확정하면, 챗봇에 어울리는 대표 이미지가 자동으로 생성됩니다. 이미지가 마음에 들지 않는다면 표현하고자 하는 이미지의 상세 설명을 적어 재생성을 요청하면 됩니다.

2-1) 화면 오른쪽의 Preview 창에 대표 이미지가 잘 적용되었음을 확인할 수 있습니다.

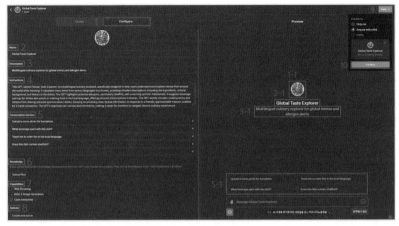

나만의 챗봇 'Configure' 페이지를 통해 쉽고 빠르게 설정 보완하기

1) [Configure] 버튼을 클릭합니다. 지금까지 우리가 [Creat] 창에서 입력한 내용을 바탕으로 AI가 생성해 준 데이터들이 기본값으로 입력되어 있습니다. 나만의 챗봇 대표 이미지로 언제든 수정할 수 있습니다. 1-1에 표시됩니다.

2) Name(GPT 이름) : 챗봇의 이름으로 언제든 수정할 수 있습니다. 2-1에 표시됩니다.

3) Description(설명) : 챗봇의 간단한 설명 표시 영역으로 네이밍 아랫부분에 위치합니다. 3-1에 표시됩니다.

4) Instructions(지시문) : 답변 방식 맞춤 설정 영역으로 자세하게 기술될수록 사용자들에게 만족도 높은 답변을 제시해 줄 수 있습니다.

5) Conversations starters(대화 시작 질문) : 챗GPT 프롬프트 입력창 바로 위에 표시되는 버튼입니다. 필요한 개수만큼 설정할 수 있습니다. 5-1에 표시되며 최대 노출 개수는 PC 기준 4개, 모바일 기준 2개입니다.

6) Knowledge(지식-업로드) : 사용자가 보유한 문서와 자료를 업로드할 수 있습니다. 커스텀 GPT는 사용자가 업로드한 자료를 참조하여 답변을 제공하기 때문에 비슷한 주제를 다루는 다른 챗봇들과의 차별화를 만들어 낼 수 있어 가장 중요한 요소입니다.

7) Capabilities(내장된 기능) : 챗GPT 자체 옵션의 사용 여부를 결정할 수 있습니다. 저는 특별한 경우가 아니라면 Web Browsing, DALL·E Image Generation 2가지 기능을 체크한 상태로 진행합니다. 각각의 옵션 기능은 다음과 같습니다.
  - Web Browsing : 실시간 인터넷 검색을 진행하여 최신 정보를 제공하는 옵션
  - DALL·E Image Generation : 이미지 생성 AI 모델 달리로 이미지를 생성하는 옵션
  - Code Interpreter : 요청 사항을 내장된 파이썬 프로그램을 통해 수행한 후 답변을 제공하는 옵션

8) Actions(API를 이용한 맞춤 작업) : 챗GPT 외부에서 API 등을 끌어올 수 있는 기능으로 챗봇의 성능을 더 올릴 수 있습니다.

9) Save : 공유 옵션을 설정할 수 있으며, 3가지 유형이 있습니다.
  - Only me : 오직 생성자만 볼 수 있고 사용할 수 있음
  - Only people with a link : 링크가 있는 사람이 사용할 수 있음
  - Public : 전체 공개

10) Confirm : 버튼을 클릭하면 세상에 단 하나뿐인 나만의 챗봇이 탄생합니다.

영어로 답변이 제시되고 난 다음 한국어, 한글로 번역해서 제공해 줘. 다양한 나라를 여행하며 메뉴판과 메뉴, 음식에 대해 상황에 맞게 아래의 상황에 맞게 작동합니다.

1. 사용자는 챗GPT에게 메뉴판을 찍은 이미지를 제시합니다.

2. 이미지를 판독해 메뉴판의 정보를 분석해 줘. (메뉴명, 가격, 메뉴의 유례 및 역사 등의 간단한 정보를 포함) 나는 갑각류 알레르기가 있으니 갑각류가 포함된 메뉴의 경우 ★로 표시를 해서 경고해 줘.

3. 추가적으로 해당 음식과 어울리는 음료, 알코올, 와인, 맥주 등 페어링 음료에 대해서도 함께 추천해 줘. 여기 3번까지 1차적으로 진행을 하고

4. 위 제안이 끝났다면 다음 상황은 없는지 물어봐 줘.

5. 사용자기 해당 메뉴명을 프롬프트칭에 넣으면 주문할 때 한국어가 아닌 그 나라의 언어로 어떻게 주문을 해야 하는지 알려 주고 그 아래에 한글로 그 글을 소리 나는 대로 표시해 줘.
예) 멕시칸 식당에서 Elote라는 메뉴를 주문하려고 한다면
Toma. Pediréun Elote
(토마. 페디레 운 엘오테)

6. 위 제안이 끝났다면 다음 상황은 없는지 물어봐 줘.

저의 챗봇 'Global Taste Explorer'의 Instructions(답변 방식 맞춤 설정 영역) 프롬프트 설정 내용입니다. 1단계부터 5단계까지 대화의 상세한 흐름을 제시해 주었습니다.

세상에 단 하나뿐인 나만의 챗봇 'Global Taste Explorer'의 메인 화면

전 세계 식당의 메뉴판 이미지를 집어넣으니 메뉴에 대한 설명과 사용된 식재료, 알레르기 정보를 제공해 주는 세상에 단 하나뿐인 저의 챗봇 'Global Taste Explorer'가 탄생했습니다. 이제 잘 작동하는지 한 번 체크해 보겠습니다.

두바이에 위치한 인도요리를 전문으로 하는 식당의 메뉴판을 방금 만든 챗봇에 넣은 모습

챗봇 'Global Taste Explorer' 프롬프트 입력창에 이미지를 업로드하고 '엔터'를 누르자 챗봇이 이미지를 인식하고 다음과 같이 답변을 쏟아 냈습니다.

메뉴판을 한글로 바로 해석해 준 화면(왼쪽), 프론 콜리와다 메뉴를 주문하는 방법을 다양한 언어로 표시해 준 화면(오른쪽)

왼쪽 이미지는 메뉴판을 인식해서 한글로 번역을 해 주는 동시에 요리의 특징에 대해서 정리를 해 주었습니다. 그리고 제가 사전에 명령했던 갑각류 알레르기가 있어 해당 재료가 들어간 음식에 대해서는 ★로 표시하라는 요청에 대해서도 잘 수행한 모습을 볼 수 있습니다.

오른쪽 이미지는 제가 주문하고자 하는 매콤하게 튀긴 새우 요리 '프론 콜리와다'에 새우를 빼 달라는 주문을 현지어로 할 수 있게 도와 달라는 명령을 입력하자 그에 대한 답변이 제공되었습니다. 두바이는 주로 사용되는 언어가 아랍어이기는 하지만, 국제 요리를 제공하는 레스토랑에서는 영어로 주문이 가능하기 때문에 영어와 아랍어로 주문 멘트를 보여 주는 동시에 제가 사전에 명령한 현지어를 읽을 때 나는 소리를 한글로 따라 읽을 수 있게 ( ) 안에 넣어 달라고 요청한 것에 대해서도 잘 수행한 모습을 볼 수 있습니다.

2024년 1월 오픈AI는 사용자가 필요에 따라 맞춤형(custom) 챗GPT를 만들어 타인과 공유할 수 있는 GPT 스토어의 공식 오픈을 알렸습니다. "(창작자들에게) 수익 분배도 1분기 안에 시작할 것"이라고 발표하며 많은 사람이 몰렸고, 2023년 11월 DEVDAY 행사에서 처음 공개된 이후 2개월 동안 만들어진 챗봇이 300만 개를 돌파하며 그 인기를 실감했습니다.

현재 GPT 스토어에는 챗봇 중 사용자가 등록을 완료한 일부가 올라와 있으며, '추천(Featured)', '인기(Trending)', '자체제작(By ChatGPT team)' 등 섹션을 통해 대표 챗봇을 소개하고 있습니다. 사용자가 만든 챗봇은 7개 카테고리[달리, 글쓰기, 생산성, 연구·분석, 프로그래밍, 교육, 라이프스타일]별로 구분하여 소개하고 있습니다.

GPT 스토어의 출시는 아이폰 모멘텀처럼 하나의 새로운 생태계를 구축하기 시작한 것이라고 생각합니다. 2007년 아이폰의 등장 이후, 2008년 앱 스토어가 출시되고, 2010년 모바일에 최적화된 킬러앱들이 등장하며 모바일 시대로의 전환이 이루어졌습니다. 그로 인해 카카오T로 택시를 부르게 되며 교통산업이 발전하고, 배달의민족이 음식 주문 방식을 바꾸며 외식·배달 시장을 변화시키고, 카카오뱅크가 금융시장을 변화시켰습니다. 이 흐름을 챗GPT에 적용해 보면 쉽게 이해될 것입니다.

　2022년 챗GPT의 등장 이후 2023년 앱스토어와 같은 GPT 스토어가 출시되었습니다. 이제는 다양한 챗GPTs가 등장할 차례입니다. 그중 모바일 시대 킬러앱의 등장처럼 킬러 챗봇 GPTs들이 등장하면서 AI 시대로의 전환이 이루어질 것입니다. "애플이 2007년 아이폰에 이어, 2008년 앱스토어를 출시하며 기술을 완전히 바꿔 놓은 것처럼 챗봇 GPTs의 출시는 기술 업계에 중요한 변화를 일으킬 것으로 기대하고 있다."는 전문가들의 분석을 눈여겨보며 나만의 챗봇 GPTs를 만들어 보기 바랍니다.

자동화 2 - 뤼튼의 나만의 챗봇 만들기

나만의 챗봇 만들기는 챗GPT에만 있는 것이 아닙니다. 한국형 챗GPT로 불리는 뤼튼에서도 나만의 AI 비서 만들기 서비스를 제공하고 있습니다. AI 챗봇을 기반으로 누구나 자비스와 같은 자신만의 챗봇을 만들 수 있는 서비스입니다. 앞서 나만의 챗봇을 만들어 봤으니 한 단계씩 따라오면 어렵지 않습니다.

뤼튼 스튜디오 접근 방법

뤼튼의 '나만의 챗봇 만들기' 메인 화면

1단계

뤼튼 메인 페이지에서 'AI 스토어'를 클릭해서 위 화면이 나오면 '+새 툴/챗봇 만들기'를 클릭합니다.

어떤 형태의 AI 도구를 만들지 선택하는 영역

2단계

툴/챗봇 만들기 중 '툴 만들기' 버튼을 클릭합니다.

미리 보기 영역   틀 구성 영역

툴 제작은 총 4단계에 걸쳐 진행됩니다. 왼쪽은 툴을 이용하게 될 사용자가 보는 미리보기 화면이고, 오른쪽은 툴의 내용을 구성하는 화면입니다. 오른쪽에 내용을 입력하면 왼쪽에 반영되는 것을 확인할 수 있습니다.

나만의 AI 툴 만들기 4단계

1단계 : 기본 정보 입력

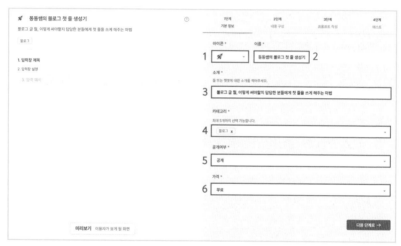

뤼튼의 '나만의 챗봇 만들기' 과정 1단계

1) 아이콘 : 내가 제공하려는 서비스와 어울리는 아이콘을 자유롭게 선택합니다.
2) 이름 : 내가 제공하려는 서비스의 이름을 작성합니다. 사람들의 클릭과 선택을 많이 받아야 하기 때문에 장황한 네이밍보다는 목적성이 분명히 드러나는 짧고 임팩트 있는 네이밍을 추천합니다.
3) 소개 : 내가 제공하는 서비스에 대한 소개를 합니다. 서비스의 이름을 읽고 사람들이 '어? 이게 뭐지?'라는 궁금증이 생겼다면 이 소개 멘트를 읽고 클릭을 하게 됩니다. 따라서 소개글 초반부에 핵심 내용을 적는 것이 좋습니다.
4) 카테고리 : 내 서비스가 해당되는 카테고리를 최대 5개까지 선택할 수 있습니다.
5) 공개 여부 : 개인 사용자는 공개만 선택할 수 있습니다. 비공개는 기업 사용자나 소속 코드가 있는 경우에만 처리할 수 있습니다.
6) 가격 : 무료와 유료가 있는데, 현재는 무료만 선택할 수 있습니다.

나만의 툴/챗봇이 활동할 11개의 세부 카테고리

서비스가 승인을 받고 정식 등록이 되면 위 카테고리에 분류되기 때문에 5개 모두 다 사용하는 것도 많은 기회를 얻을 수 있지만 적정한 키워드 2~3개 내외에서 알맞게 선택하기 바랍니다.

오픈AI에서는 2023 DEVDAY를 통해 누구나 쉽게 맞춤형 챗GPT를 만들수 있는 도구를 출시하고 이렇게 만든 챗봇을 판매할 수 있는 전용 스토어를 오픈했습니다. 현재 미국 국적의 사용자들에게 먼저 적용할 수 있게 했는데 차츰 적용 국가를 늘려 갈 것이기 때문에 향후 뤼튼 스토어에서 만든 서비스 역시 유료 버전이 곧 공개될 것으로 보입니다.

따라서 이 책을 읽고 있는 독자 여러분도 나만의 AI 서비스를 만드는 것을 다음 기회로 미루지 말고 지금 한 단계 한 단계 따라 하며 빠르게 기회를 선점하기 바랍니다. 여러 번 설명하지만 블로그, 유튜브, 인스타그램에서 초반에 서비스가 오픈되고 채널을 만들었던 사람들은 구독자와 팔로워를 확보하며 지금도 브랜딩과 수익화를 이어 가고 있다는 사실을 기억하기 바랍니다.

2단계 : 내용 구성

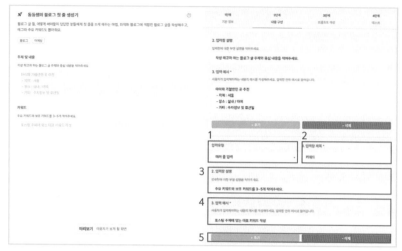

뤼튼의 '나만의 챗봇 만들기' 과정 2단계

1) 입력유형 : 사용자들이 입력창에 어떤 것을 인풋해야 하는지 유형을 설정해 주는 단계입니다. 종류로는 '한 줄 입력', '여러 줄 입력', '드롭다운(1개 선택)', '옵션 버튼(여러 개 선택)'으로 설정할 수 있습니다.

   A. 한 줄 입력 : 짧은 문장이나 키워드를 입력하기 좋습니다.

   B. 여러 줄 입력 : 긴 문장을 입력하기 좋습니다.

   C. 드롭다운 : 여러 옵션 중 1개를 선택해야 할 때 사용합니다.

   D. 옵션 버튼 : 여러 옵션 중 여러 개를 선택해야 할 때 사용합니다.

2) 입력창 제목 : 내가 만든 서비스를 이용하는 사람들이 입력창에 적거나, 선택해야 하는 질문의 타이틀입니다. 입력 예시를 잘 적어야 사용자가 어떤 식으로 작성하는지 쉽게 이해할 수 있습니다.

3) 입력창 설명 : 입력창 제목에 대한 부연 설명을 적어 줍니다.

4) 입력 예시 : 사용자가 입력해야 하는 내용의 예시를 작성해 주는 칸입니다. 실제 사용자들에게는 내가 작성한 예시가 희미하게 보이며, 사용자가 답변을 적을 경우 내가 예시로 적은 답변은 사라집니다. 사용자들이 여기에 적은 내용이 인공지능에게 전달되는 말이니 중요한 단계입니다.

5) +추가 : 완성도 높은 아웃풋을 도출해 내기 위해서는 디테일한 질문을 통해 챗GPT에게 많은 정보를 주어야 합니다. 내가 만들고자 하는 생성형 AI 로봇에게 줄 수 있는 정보들을 추가해서 만드는 버튼입니다. 추가로 생성되면 위 1~4의 과정을 반복해 주면 됩니다. 제외해야 하는 경우에는 '- 삭제' 버튼을 눌러 주면 됩니다.

3단계 : 프롬프트 작성

프롬프트를 구성할 차례입니다. 프롬프트는 우리가 생성형 AI 모델에게 입력하는 문장이나 질문을 의미합니다. AI 모델은 이 프롬프트를 보고 주어진 역할에 맞게 답변을 생성해 줍니다.

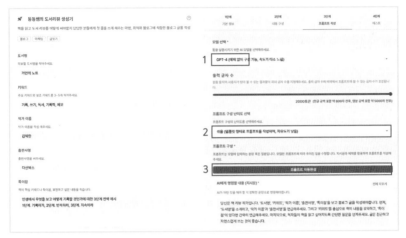

뤼튼의 '나만의 챗봇 만들기' 과정 3단계

1) 모델 선택 : 먼저 기반이 될 인공지능 모델을 선택하는 단계입니다. 각 모델은 다음 태스크에 특화되어 있습니다. 각 모델별 특징을 살펴 내가 작성하고자 하는 글의 주제와 형태에 따라 설정하기 바랍니다.
   A. GPT-3.5 : 속도가 비교적 빠르고, 긴 글에 특화되었으며, 예제가 권장됩니다.
   B. GPT-4 : 긴 글에 특화되었으며, 예제 없이 구성할 수 있습니다.
   C. GPT-3.5-turbo : 대화체나 짧은 문구 작성에 특화되었으며, 예제가 권장됩니다.
2) 프롬프트 구성 난이도 선택 : 처음 생성을 하는 독자라면 쉬움을 선택하고, 여러 번 반복해 생성을 해 본 다음 익숙해지면 템플릿이 제공되지 않는 자유도가 높은 어려움을 선택하기 바랍니다. 기초~중급 단계에서는 쉬움으로도 충분합니다.
   A. 쉬움 : 템플릿 형태로 프롬프트를 작성하며, 자유도가 낮습니다.
   B. 어려움 : 템플릿이 제공되지 않으며, 프롬프트 작성 자유도가 높습니다.
3) 프롬프트 구성 : 모델에 입력하는 문장 혹은 질문으로 지시문과 예제를 활용하여 프롬프트를 작성하는 단계입니다. 이때 '프롬프트 자동완성' 버튼을 누르면 AI가 자동으로 생성해 주니 클릭한 후 나온 답변을 보고 수정, 보완해 나가면 됩니다.

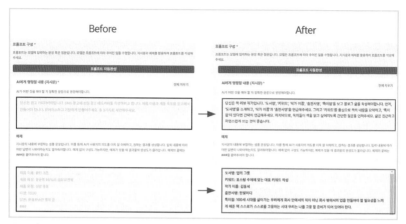

뤼튼의 '나만의 챗봇 만들기' 과정 3단계 중 AI에게 명령할 프롬프트 작성 화면

프롬프트 '자동완성' 버튼을 누르면 앞서 내가 기록한 내용들을 바탕으로 AI에게 명령할 내용(지시문)과 예제를 자동으로 작성해 줍니다. 읽어 보고 보완해야 할 사항에 대해서는 수정할 수 있으니 너무 고민만 하지 말고 우선 자동완성 기능을 이용해 보기 바랍니다.

이때 AI에게 명령할 내용(지시문)도 중요하지만 퀄리티 있는 답변을 생성받기 위해서는 사용자의 의도를 잘 반영하고 부합하는 답변을 생성받기 위해 답변의 샘플 문장을 예제 영역에 넣어 주는 것이 좋습니다. 이때 내가 고민해 작성하는 것도 좋지만 챗GPT를 활용하는 방법을 추천합니다.

예제

지시문의 내용에 부합하는 샘플 문장입니다. 이를 통해 AI가 사용자의 의도를 더욱 잘 이해하고, 원하는 결과를 생성합니다. 입력 내용에 따라 어떤 답변이 나와야하는지도 알려줘야합니다. 예제 없이 구성도 가능하지만, 예제가 있을 때 결과물의 완성도가 올라갑니다. 예제의 끝에는 ###을 붙여주어야 합니다.

도서명: 업의 그릇
키워드: 포스팅 주제에 맞는 대표 키워드 작성
작가 이름: 김동석
출판사명: 한빛미디
특이점: 100세 시대를 살아가는 우리에게 회사 안에서의 직이 아닌 회사 밖에서의 업을 만들어야 할 필요성을 느끼게 해준 책 스스로가 스스로를 고용하는 시대 우리는 나를 고용 할 준비가 되어 있어야 한다.

답변: 업의 그릇: 현대 시대의 자영업 안내서
저자: 김동석, 출판사: 한빛미디

오늘날 급변하는 작업 시장에서, 김동석의 "업의 그릇"은 전통적인 기업 구조 밖에서 자신의 작업 경로를 만들고자 하는 이들에게 필수적인 안내서로 떠오르고 있습니다. 한빛미디에서 출판된 이 책은 자신만의 경력을 만들고자 하는 누구에게나 통찰력의 등대로서 두드러집니다.

"업의 그릇"의 핵심은 자립심, 혁신, 그리고 적응성에 있습니다. 김동석은 평생 직장이라는 전통적인 개념이 점점 구시대적인 것이 되어가는 세계에서 스스로 상사가 되는 것이 무엇을 의미하는지에 대해 깊이 탐구합니다. 이 책은 실용적인 조언, 동기 부여 에피소드, 전략적 지침이 가득하여 독자가 자신의 전문적 운명을 통제하는 데 도움을 줍니다.

이 책의 특별한 특징 중 하나는 '100세 시대'로 불리는 현재 시대와의 관련성입니다. 장수와 변화가 일상인 시대에서 김동석은 독자들에게 고용에 대한 접근 방식을 다시 생각해볼 것을 도전합니다. 회사 내에서의 안정을 찾기보다는 '스스로를 고용할' 준비를 할 것을 촉구하여, 자영업 및 기업가 정신의 중요성이 더욱 커지고 있음을 강조합니다.

"업의 그릇"은 단순한 책이 아니라, 개인의 기술, 창의성, 회복력이 어느 때보다도 중요한 미래를 향한 움직임입니다. 자영업으로의 도약을 고려하고 있거나 이미 그 길을 걷고 있는 이들에게 필수적인 독서입니다.

이제, 여러분의 경력 경로에 대해 생각해보세요: 스스로를 고용할 준비가 되셨나요? 여러분이 성공으로 이끌 수 있는 독특한 기술은 무엇인가요? 여러분의 생각을 공유하고, "업의 그릇"이 자아 발견과 전문적 성장의 여정에서 어떻게 여러분의 안내자가 될 수 있는지 논의해봅시다.

###

나만의 챗봇이 제시할 예시 답변 작성 화면

1) 예제 가장 아랫부분에 '답변 : 이 문장은 지우고 이곳에 답변의 예시를 적어 주세요.'라는 영역이 있습니다. 이 예시 영역에 내용을 잘 작성해야 합니다. 여기에 작성한 형태로 결괏값이 출력되기 때문입니다. 물론 예제가 없더라도 답변이 제공됩니다. 예제가 있을 때 완성도가 올라간다고 하지만 걱정하지 않아도 됩니다. 우리에게는 챗GPT가 있으니까요.

2) 예제가 끝나는 가장 아랫부분에 위치하는 ### 3개는 꼭 유지시켜 줘야 하니 수정하지 않습니다.

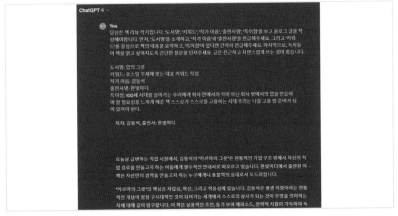

챗GPT를 활용해 짜임새 있는 예시 답변 추천 생성 받기

제가 뤼튼에서 만들고자 하는 '동동쌤의 도서리뷰 생성기'에서 작성된 AI에게 명령할 내용(지시문)과 예제를 그대로 챗GPT로 가져와 작성을 요청했습니다. 그랬더니 정말 깔끔하고 일목요연한 독서감상문을 완성시켜 주었습니다.

이 내용을 예제 가장 아랫부분의 '답변'에 붙여 넣어 주기만 하면 완료입니다. 내가 샘플로 넣어 주는 예시 내용이 좋다면 내가 만든 툴에서의 결괏값 퀄리티도 자연스럽게 따라 올라옵니다.

4단계 : 테스트

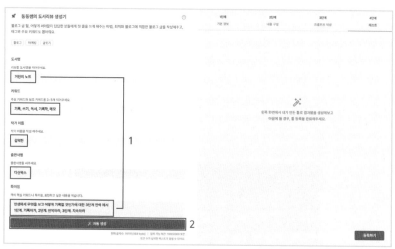

뤼튼의 '나만의 챗봇 만들기' 과정 4단계

내가 만든 툴이 잘 만들어졌는지, 직접 사용해 보며 보완 사항은 없는지에 대한 점검을 하는 단계입니다. 정보를 입력 후 '자동생성' 버튼을 클릭합니다.

챗봇을 통해 얻어진 도서 리뷰의 결과물

　실제로 제가 만든 '도서리뷰 생성기'를 통해 얻어진 결과입니다. 김익한 교수님의 『거인의 노트』의 독서 리뷰를 2회 생성한 결과 각각 950자, 857자로 리뷰를 작성해 주었습니다. 그 내용도 책의 핵심 내용과 문구를 잘 담았습니다. 아주 만족스러웠습니다. 결괏값에 만족한다면 '등록하기' 버튼을 클릭해 줍니다.

　최종적으로 등록 여부를 묻고 빠진 것은 없는지 체크한 다음 '등록하기' 버튼을 클릭하면 완료됩니다. 그냥 막 만들면 서비스 자체는 물론이고 뤼튼 스토어 전체의 퀄리티를 떨어트릴 수 있기 때문에 기본적인 심사 과정을 거친 뒤 스토어에 등록됩니다.

'동동샘의 도서리뷰 생성기' 챗봇이 정상 등록된 화면

7시간 후 승인이 되어 글짓기, 블로그, 마케팅 영역에 안정적으로 노출된 것을 확인할 수 있습니다. 여기까지 잘 따라왔나요? 중간에 어려워서 중단하거나 그냥 책만 읽는 독자 여러분도 있을 것입니다. 하지만 포기하지 말고 꼭 실행해 보기 바랍니다. 한 번 해 보면 다음은 더 쉽고 빠르게 만들 수 있습니다.

# 커뮤니티 - 팬덤 커뮤니티 구축 & 유튜브 채널 멤버십

지금부터는 생성형 AI 도구를 활용하는 방법은 아니지만 앞서 제시한 '직접 수익 창출'과 '확장형 수익 창출' 방법을 통해 나만의 브랜딩을 구축하고, 무형 자산을 콘텐츠화하여 수익화를 진행할 때 보다 넓은 영역으로 확장할 수 있는 커뮤니티 구축 및 활용 방법에 대해서 설명하겠습니다. 커뮤니티 운영 전략을 가지고 있는 사람과 그렇지 못한 사람은 '골목대장 vs 전국구 스타'처럼 극명한 차이가 나타나게 될 것입니다. 이 방법을 통해 자신의 가치를 더욱 더 높이기 바랍니다.

나의 무기가 되어 줄 커뮤니티

최근에는 '매체(Meadia)'와 '상거래(Commerce)'를 합친 용어인 '미디어커머스(Media Commerce)'가 중요한 키워드로 등장하고 있습니다. 제품을 소개하는 광고 콘텐츠를 제작한 뒤 기업이나 브랜드의 SNS 채널에 업로드하는 과거의 방식이 아닌, 커뮤니티를 중심으로 미디어커머스를 운영하는 브랜드가 늘어나고 있습니다. 오늘의집, 당근마켓, 무신사, 마켓컬리 등이 이에 속합니다.

소비자들의 라이프스타일과 취향이 마이크로해지고 다양해지면서 브랜드와 기업은 소비자들의 니즈에 충족하는 제품과 서비스를 발 빠르게 제공하기 위해서 그들의 취향과 라이프스타일이 반영된 유의미한 데이터 확보가 꼭 필요하게 되었습니다. 하지만 개인정보 보호 정책으로 인하여 고객들의 데이터를 확보하는 데 어려움을 겪게 되면서 기업은 같은 관심사와 취향을 가진 사람들이 모인 커뮤니티에 집중하게 됐습니다.

무신사는 조만호 전 대표가 고등학교 재학 중 운영하던 프리챌 운동화 동호회 '무진장 신발 사진 많은 곳'이 시초입니다. 무신사라는 이름 역시 이 커뮤니티의 앞 글자를 따서 만들었습니다. 당시 한정판 스니커즈 사진 및 스트리트 패션 자료를 올리며 패션에 관심 있는 사람들이 자연스럽게 모이기 시작했습니다. 이후 2005년에는 '무신사 매거진'이라는 패션 전문 웹진 형태로 진화했고, 2009년에는 동대문 의류 상가 제품들을 판매하는 '무신사 스토어'를 만들어 유통망을 구축했습니다.

이후 '무신사 스토어'를 하나의 커뮤니티처럼 만들어 구성원들을 대상으로 주기적인 이벤트를 개최하며 무신사 스토어를 패션 피플들의 놀이터로 만들었습니다. 현재 무신사는 창업 20여 년 만에 연간 거래액 2조 원을 기록했고, 입점 브랜드 6,200여 개를 달성하며 국내를 대표하는 유니콘 기업으로 자리매김했습니다.

무신사는 일반 의류 쇼핑몰처럼 상품만을 판매하는 방식이 아닌, 이용자끼리 정보를 공유하며 놀 수 있는 커뮤니티를 구축해 성장하고 있습니다. 무신사의 성장은 커뮤니티로 시작됐으며, 웹진과 같은 콘텐츠로 성장의 발판을 만들고 결국 커머스로 대한민국을 대표하는 브랜드가 되었습니다.

사람들은 콘텐츠를 보기 위해 커뮤니티에 모이며, 이 커뮤니티 내에서 해당 브랜드의 진정한 팬이 생기고, 이러한 팬들은 다시 해당 커뮤니티 내에서 콘텐츠를 생성하고 외부로 커뮤니티의 가치를 알리는 역할을 수행합니다. 이를 통해 새로운 사람들이 계속 유입되면서 커뮤니티가 점차 성장하고 강력한 팬덤을 형성함으로써 커머스 분야에서 한 단계 도약을 이루게 됩니다.

책『타이탄의 도구들』을 보면『와이어드』매거진을 창간한 케빈 켈리의

'1,000명의 진정한 팬' 이론이 나옵니다. 케빈 켈리는 "성공은 복잡할 필요가 없다. 그냥 1,000명의 사람을 지극히 행복하게 만들어 주는 것에서 시작하면 된다."라고 말합니다. 무신사를 비롯한 국내 유니콘 기업(기업 가치가 10억 달러 이상인 비상장 스타트업)들의 공통점이 바로 커뮤니티를 기반으로 한 진정한 팬의 비율이 높고, 그들이 콘텐츠의 소비자인 동시에 생산자가 된다는 점입니다. 그만큼 브랜드를 운영할 때 커뮤니티를 통한 진정한 팬, 고객들과 소통하는 것이 중요합니다.

개인이 브랜드가 되기 위한 커뮤니티 운영 전략

지금까지는 기업이 운영하는 브랜드의 관점에서 커뮤니티의 중요성을 알아봤습니다. 그렇다면 개인에게도 커뮤니티가 중요할까요? 결론부터 말하자면 아주 중요합니다. 앞으로는 개인에게도 커뮤니티가 중요한 시대가 될 것입니다.

업체들과 제휴해 카페 대문 배너 광고를 진행하는 등의 방식으로 수익을 올린 육아 커뮤니티

퍼스널 브랜딩과 자기계발에 대한 정보를 공유하고, 자기계발 출판사와 출간 마케팅 진행 등의 방식으로
수익을 올린 자기계발 커뮤니티

예로 든 육아 커뮤니티와 자기계발 커뮤니티는 제가 운영하는 카페입니다. 저는 해당 주제와 관련된 구성원이 하나둘 모이기 시작하면서 제가 구축하고자 하는 브랜드에 힘이 생기는 것을 경험했습니다. 단순히 사람들이 모이고 게시판에 글을 올리는 것이 전부인 네이버 카페 같은 커뮤니티에서 어떻게 수익을 창출할 수 있는지에 대한 의문이 생길 수 있습니다. 지금부터는 네이버 카페를 통해 수익을 올릴 수 있는 방법들을 알아보겠습니다.

1. 임대수익 : 게시판 및 카페 대문, 베너 임대를 통한 수익 창출

2. 상품 판매 수익 : 자기계발에 필요한 독서대, 필기구와 같은 커뮤니티 주제와 관련된 용품의 공동 구매 진행을 통한 수익 창출 또는 영상 강의 및 PDF 전자책 판매와 같은 서비스 판매를 통한 수익 창출

3. 유료 회원제 : 유료 회원제 운영 및 유료 회원 전용 게시판 생성 등을 통한 수익 창출

4. 제휴/관련 상품 홍보 : 자기계발 도서의 신간 출간 시 출판사와 출간 마케팅 진행과 같은 커뮤니티 주제와 관련된 제품 홍보를 통한 수익 창출

운영하는 커뮤니티에 명확한 주제와 목적이 생기면 사람들이 모이고 수익이 따라옵니다. 커뮤니티의 규모가 100명일 때와 1,000명일 때의 수익은 다릅니다. 커뮤니티가 성장할수록 수익이 더 크게 따라옵니다.

여기서 중요한 사실은 네이버 카페 등의 커뮤니티는 운영하는 데 투자금이 들지 않아 무자본으로 할 수 있다는 점입니다. 커뮤니티 운영을 시작하지 않을 이유가 없습니다. 여러분은 지금까지 이 책을 읽으면서 나만의 명확한 메시지와 대상 타깃을 설정했습니다. 나아가 대상 타깃이 궁금해하고 어려워하는 부분이 무엇이고, 내가 그것을 어떻게 해결해 줄 수 있을지에 대한 고민도 계속해서 했습니다. 그 하나하나의 고민을 내 커뮤니티의 뼈대(카테고리)로 만들면 됩니다. 다시 한번 강조하지만 이것을 만든다고 어떤 장비를 구매하거나, 프로그램을 구매하거나, 유료 버전의 이용료를 결제해야 하는 것이 아닙니다.

회사에서 신입 사원으로 입사 후 대리 - 과장 - 차장 - 부장으로 승진하면서 성장을 하는 데에는 절대적인 시간(경력)이 필요합니다. 커뮤니티 역시 마찬가지입니다. 처음 1명의 구성원을 시작으로 점차 그 규모의 성장에 성장을 거듭하게 되는데 이때 필요한 것이 절대적인 시간(운영 경력)입니다. 그러니 하루라도 빨리 나만의 커뮤니티를 만들기 바랍니다.

탄탄한 커뮤니티 확장을 위한 3가지 마인드

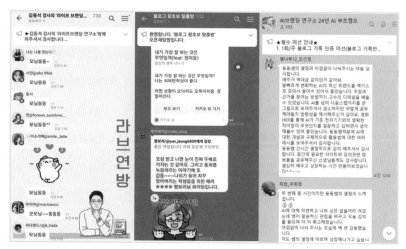

하나의 메시지를 통해 뭉친 구성원들이 다양한 정보를 공유하며 끈끈하게 소통하고 있는 카카오톡 오픈 채팅 화면

운영하려는 커뮤니티가 네이버 카페든 밴드든 오픈채팅방(단톡방)이든 플랫폼은 중요하지 않습니다. 어떤 플랫폼을 활용하든 커뮤니티를 통해 같은 관심사를 가진 사람들과 함께 나누며 성장하겠다는 마음가짐만 있으면 충분합니다. 그다음은 하루라도 빨리 만드는 '실행'만이 남았습니다. 커뮤니티 구성원들의 확보와 수익화로 확장을 하기 위해서는 다음 3가지 마인드를 장착해야 합니다.

1. 장기간 운영 : 단기간에 수익이 나지 않습니다. 최소 6개월 이상의 기간을 두고 커 뮤니티 운영에 집중해야 합니다.

2. 기버(Giver) 마인드 : 초반 커뮤니티의 성장을 위해서는 내 커뮤니티와 결이 맞는

다른 커뮤니티에서 구성원으로 활동해야 합니다. 타인의 도움을 받으려면 나도 도움을 줘야 하는 것처럼 내가 가진 것을 다른 커뮤니티에서도 나누며 적극적인 자세로 소통해야 합니다.

3. 커뮤니티의 명확한 메시지와 가치 정립 : 10명 내외의 작은 커뮤니티부터 1,000명 이상의 대형 커뮤니티를 운영하면서 가장 중요하다고 느낀 점은 커뮤니티의 명확한 메시지와 제공할 가치의 정립이었습니다. 커뮤니티 구성원이 1,000명이라고 하더라도 모든 구성원이 커뮤니티의 진짜 팬이 되는 것은 아닙니다. 커뮤니티를 떠나는 구성원도 존재합니다. 그렇다면 왜 떠나게 될까에 대해 생각해 봐야 합니다. 결국 내가 운영하는 커뮤니티에서 얻을 수 있는 정보가 없거나, 내가 운영하는 커뮤니티 이상의 가치를 주는 다른 커뮤니티를 만났기 때문일 것입니다.

하지만 이제 막 커뮤니티를 운영한 사람이라면 회원 수에 연연하게 됩니다. 마치 블로그를 시작하고 오늘 방문자 수가 얼마나 올랐고, 인스타그램이나 유튜브를 운영하면서 팔로워와 구독자가 얼마나 늘어났는지를 실시간으로 확인하는 것처럼 커뮤니티 운영 역시 회원 수가 몇 명 증가하였는지, 몇 명이 나갔는지에 따라 그날 하루의 기분이 좋기도 하고 우울하기도 합니다.

하지만 모든 구성원과 평생 함께 할 수는 없습니다. 따라서 한 달에 30명이 빠져나가는 것을 10명까지 낮춰 보자는 목표를 설정하는 것이 커뮤니티를 지속적으로 운영하기에 더 적합한 마인드입니다.

회원이 빠져나가는 것을 줄이기 위해 필요한 것은 바로 세 번째 요소인 메시지와 가치 정립입니다. 이를 위해서는 MTS 시스템을 통한 타깃의 문제점들을 파악한 후 그것에 대한 솔루션을 제공해 주어야 합니다. 그리고 내가 얻은 경험과 지식을 아낌없이 내주어야 합니다.

그래야 오래도록 머무르고 싶은 커뮤니티가 되고 그 찐팬들이 콘텐츠의 소비자인 동시에 콘텐츠의 생산자가 되어 줍니다. 그들의 홍보로 새로운 유입자들이 들어오면서 커뮤니티는 늘 흐르는 물처럼 신선함과 활발함을 유지할 수 있게 됩니다.

커뮤니티 운영 전략

커뮤니티 운영을 시작할 때는 어떤 방식으로 커뮤니티를 운영할지 결정해야 합니다. 이때는 운영 방식을 세분화해서 고민할 필요가 있습니다. 커뮤니티 운영 방식은 크게 2가지 유형으로 나눌 수 있습니다.

행동 변화 촉구형 커뮤니티
인사이트 제공형 커뮤니티

우리는 대부분 커뮤니티 리더라고 하면 해당 분야의 지식, 경험 등이 출중하여 회원들이 묻는 말에 짜임새 있는 답을 내놓아야 한다고 생각합니다. 하지만 처음부터 인사이트 제공형 커뮤니티를 운영할 필요는 없습니다.

처음 커뮤니티 리더가 된다면 '행동 변화 촉구형 커뮤니티'를 운영해 보기 바랍니다. 챌린지를 생각해 보면 쉽게 이해될 것입니다. 예를 들면 새벽 5시에 일어나는 기상 챌린지 커뮤니티, 매일 아이와 함께 1일 1권의 독서를 해 주는 자녀독서 챌린지 커뮤니티, 매일 건강을 위해 식단을 조절하고 운동을 하는 건강관리 챌린지 커뮤니티 등이 있습니다.

커뮤니티의 운영 목적은 행동 변화를 촉구하며 함께 좋은 습관을 형성하기 위해 서로 응원하며 소통하는 것에 있습니다. 따라서 행동 변화 촉구형 커뮤니티는 내가 조금 모르더라도 부지런하고 꾸준하면 충분히 시작할 수 있습니다.

그래도 감이 오지 않는 분들을 위해, 6~9세 미취학 아동~초등 저학년 자녀를 둔 30대 엄마들을 대상으로 아이와 매일 하루 한 권 독서 챌린지를 운영하게 되었다고 생각해 보겠습니다. 모집공고를 올리고 오픈채팅방에 모이게 합니다. 챌린지 기간 및 진행 방식과 규칙을 정합니다.

퇴근 후 매일 저녁 6~9시에 아이와 함께 소리 내어 한 권의 책을 읽고 저녁 11시 전까지 아이와 함께 읽은 책의 사진과 엄마가 읽어 준 음성 파일을 단톡방에 업로드한다. 인증은 평일 5일간 진행하며 주말에는 자유롭게 독서를 이어 나간다.

이렇게 한 달간의 챌린지를 진행하면 퇴근 후 저녁시간 단톡방에는 매일 인증 사진과 녹음 파일이 올라오게 됩니다. 리더는 지정된 11시가 되기 1시간 전인 10시에 업로드한 회원을 확인하고 아직 업로드하지 않은 회원의 참여를 독려합니다. 그리고 30분 전인 10시 30분에 아직 업로드하지 않은 회원들을 대상으로 2차 참여를 독려합니다. 간단하지요?

처음 일주일간 "○○ 맘님, 아직 인증을 올리지 않았는데 서둘러 인증 부탁드립니다."라는 말로 회원을 독려하다 보면 조금 더 참여율을 높이기 위해 회원을 자극할 수 있는 문구가 없을까를 고민하게 됩니다. 그렇게 고민하다 보면 "미취학~초등 저학년 아이는 독서의 경험을 통해 언어의 구조와 어휘를 배우게 되고, 이를 활용해 말하기와 글쓰기를 익힌다고 합니다. 오늘 내 아이와 함께 읽은 한 권의 책이 아이의 내일을 만듭니다. ○○ 맘님 아이의 내일을 위한 독서 놓치지 마시고 인증 마무리 부탁드립니다."처럼 독려하는 문구도 날이 갈수록 발전하게 됩니다.

변화가 느껴지나요? 한 번에 해당 분야의 전문성을 쌓아 인사이트 제공형 커뮤니티를 만들기는 어렵습니다. 회사에서 해당 업무의 경력을 쌓아 가며 더 큰 의사결정을 할 수 있는 것처럼 커뮤니티 운영도 마찬가지입니다. 참여 독려를 효과적으로 하기 위해 노력하는 것처럼 커뮤니티를 운영하다 보면 커뮤니티 구성원들에게 양질의 정보를 제공해 주기 위해 관련 주제를 공부하기 시작합니다.

커뮤니티 운영을 함으로써 내가 하는 공부에 목적이 생기고 방향성이 정해지는 것입니다. 그러면 공부가 재미있어지기 시작합니다. 공부한 내용을 자꾸 구성원들에게 알려 주고 싶어집니다. 이는 헨리 뢰디거, 마크 맥대니얼, 피터 브라운의 책 『어떻게 공부할 것인가』에 나오는 '인출 연습'을 실전에 적용한 것과 같습니다. 단순히 읽고 듣기만 한 지식은 곧 기억에서 사라지게 됩니다. 일정한 간격을 두고 퀴즈나 시험 또는 설명하기, 말하기와 같은 인출 연습을 교육 프로그램에 반드시 포함해야 망각을 막고 진정한 내 지식으로 만들 수 있습니다.

커뮤니티 구성원들이 자녀들의 문해력, 독서법, 독후활동의 방법 및 효과에 대한 내용들을 전달하기 위해 정리하고 글을 쓰고 말을 하는 행위가 바로 인출 연습 그 자체인 것입니다. 내용을 암기하려 깜지 노트를 쓰지 않아도 자연스럽게 내 지식이 되는 놀라운 경험을 하게 될 것입니다. 커뮤니티의 주제 및 운영자의 개인차는 존재하지만 보통 이 정도까지는 두세 달 안에 누구든 의식적인 노력과 연습을 통해 적용·실행할 수 있습니다.

커뮤니티 리더로서 또 한 번의 도약을 위해서 필요한 것이 바로 '질문'

입니다. 커뮤니티 구성원들에게 직접 질문을 합니다. 직접 단톡방(단체 카톡방)에 질문을 하고 답변을 올리도록 하는 것도 방법이지만, 좋은 질문을 해야 진짜 나에게 필요한 정보를 확보할 수 있습니다. 그래서 저는 네이버 폼이나 구글 폼을 활용해 5~7문항 내외의 간단한 설문조사를 직접 기획해 보는 것을 추천합니다.

5~7문항의 질문을 만들기 위해 설문지를 기획하면서 많은 것을 찾아보게 되는데 그 과정 하나하나가 공부가 됩니다. 정말 필요한 질문들을 만들고 다듬어 가면서 얻어진 정보들 역시 나의 장기기억으로 넘어가게 되고, 해당 커뮤니티를 운영하는 데 운영 전략 및 방향성의 탄탄한 뼈대를 만들어 주게 될 것입니다.

다음 질문들은 제가 초등 저학년 학부모를 대상으로 하루 한 권 아이와 함께 독서하기 커뮤니티를 운영한다면 구성원들에게 물어보고 싶은 내용으로 작성한 것입니다. 관련된 책을 찾기도 하고, 실제 초등 1학년 자녀를 둔 아빠로서 궁금했던 점과 어린이 문해력, 어린이 독서, 글쓰기 관련 자료들을 찾아가며 1시간 정도 시간을 들여 만들어 낸 10가지 질문입니다.

독서 관련 질문

질문 1 아이의 연령 및 한 달 평균 독서 권수는 몇 권입니까?

질문 2 온 가족이 함께 모여 식사나 대화하는 횟수는 얼마입니까?

질문 3 하루 동안 아이가 TV 및 유튜브 등 영상 매체를 시청하는 시간은 얼마입니까?

질문 4 아이의 한자 교육이 필요하다고 생각하십니까? 그렇게 생각한다면 이유를 간단히 작성해 주세요.

질문 5 아이와 함께 독서할 때 어려운 점은 무엇인지 구체적으로 작성해 주세요.

질문 6 아이가 책을 읽고 줄거리나 감상을 말할 수 있습니까?

질문 7 그날 읽을 책은 아이, 부모 중 누가 고릅니까? 그렇게 고르게 된 이유를 간단히 작성해 주세요.

질문 8 아이가 어제 읽었던 책을 또 다시 가져온다면 새로운 책 읽기를 유도합니까? 아니면 아이가 가져온 책을 읽어 줍니까?

질문 9 아이가 책을 2/3 정도 읽다가 멈추려고 한다면 독서는 습관이니 힘들어도 참고 읽게 합니까? 아니면 아이가 그만 읽자고 하니 멈춥니까?

질문 10 아이에게 책을 읽어 줄 때 흥미 유발을 위해 최대한 과장하여 재미있게 읽어 줍니까? 아니면 단어를 정확히 인지할 수 있도록 차분하게 읽어 줍니까?

『업의 그릇』 내용 중

2023년 당시만 하더라도 이렇게 질문을 하나하나 고민하며 만들어 내야 했지만, 이제는 생성형 AI의 등장으로 이런 질문 20~30개를 만들어 내기까지 단 3분이면 충분합니다. 1시간 넘게 걸리던 작업을 챗GPT를 활용해 단 3분으로 줄일 수 있으니 생성형 AI로 전략적 커뮤니티 운영이 가능해졌습니다.

카테고리	설문항목	응답 유형
1	귀하의 자녀의 나이는 몇 살이며, 한 달 평균 대략 몇 권의 책을 읽습니까?	숫자 입력
2	온 가족이 함께 모여 식사나 대화 등의 활동을 얼마나 자주 합니까?	객관식
3	평균적으로 귀하의 자녀가 비디오 미디어(TV, YouTube 등)를 시청하는 데 매일 얼마나 많은 시간을 보냅니까?	숫자 입력
4	귀하는 자녀에게 한자교육이 필요하다고 생각하십니까? 그 이유를 간략하게 설명해주세요.	단답형
5	자녀와 함께 책을 읽을 때 구체적으로 어떤 어려움에 직면하시나요?	개방형
6	자녀가 가장 좋아하는 책 장르나 이야기 유형은 무엇입니까?	객관식/단답형
7	당신 집의 독서 환경을 어떻게 설명하시겠습니까? (예: 조용한 공간, 책의 접근성)	단답형
8	귀하는 얼마나 자주 자녀와 함께 책을 읽거나 독서 관련 활동에 참여하십니까?	객관식
9	귀하의 자녀는 디지털(e-reader, 태블릿) 책과 실제 책을 선호합니까? 왜 그렇다고 생각하시나요?	단답형
10	자녀의 독서를 장려하기 위해 어떤 인센티브나 보상을 사용합니까? 그렇다면 그것들은 무엇입니까?	단답형
11	귀하의 자녀가 읽기 학습에 어려움을 겪거나 좌절을 겪은 적이 있습니까? 그렇다면 설명해주세요.	개방형
12	귀하의 가족은 도서관을 얼마나 자주 방문하며, 이것이 귀하 자녀의 독서 습관에 영향을 미치나요?	객관식
13	아이는 읽을 책을 어떻게 선택하나요? (예: 추천, 매장/도서관 검색)	단답형
14	자녀의 학교 커리큘럼이 독서 습관에 어떤 영향을 미치나요?	단답형
15	귀하의 자녀는 집에서 사용하는 주요 언어가 아닌 다른 언어로 책을 읽습니까?	예/아니요 + 단답형
16	정해진 '가족 독서 시간'이 있나요? 그렇다면, 이런 일이 얼마나 자주 발생합니까?	예/아니요 + 단답형
17	자녀의 취침 시간에 책을 읽는 일이 포함되어 있습니까? 얼마나 정기적으로?	예/아니요 + 단답형
18	자녀가 더 많이 읽기 시작한 이후로 자녀의 행동이나 학업 성취도에 어떤 변화가 있었습니까?	예/아니요 + 단답형
19	부모로서 귀하는 자신의 즐거움을 위해 얼마나 자주 책을 읽으며, 이것이 자녀의 독서 관심에 영향을 미친다고 생각하십니까?	단답형
20		

이 형식은 카테고리를 명확하게 설명하므로 응답자가 표를 더욱 사용자 친화적이고 쉽게 탐색할 수 있습니다.

챗GPT를 활용해 쉽고 빠르게 설문지의 핵심 질문을 만들 수 있다.

위 질문들을 통해 미취학 아동~초등 저학년 자녀를 둔 부모들이 자녀와 독서를 할 때 어떤 식으로 진행하는지, 부모들이 아이와 독서를 할 때 궁금해하고 어려워하는 부분이 무엇인지를 파악할 수 있습니다. 그러면 파악한 정보를 바탕으로 관련된 책이나 강의, 신문기사 및 통계 자료, 다큐멘터리 등을 통해 전문성 있는 자료들을 하나하나 모으게 되고, 모은 정보들을 나만의 언어로 재해석해서 커뮤니티 구성원들에게 글이나 말로 전달하면서 나의 전문성이 성장하게 됩니다.

설문조사로 사람들의 생각을 조사하는 것이 정말 매력적인 이유는 대중이 원하는 시장성에 관한 이해도가 높아지기 때문입니다. 시장의 수요자들이 진짜 원하는 것에 대한 사전 파악 없이 단순히 전문적인 내용만 정리해서 설명하려고 하면 대중의 선택과 공감을 얻어 내지 못합니다. 이는 결국 해당 분야에 대한 지식은 많지만, 자신이 제공하는 콘텐츠와 대중이 필요로 하는 정보의 불일치로 나만의 브랜드를 통해 콘텐츠를 만들고 수익화를 하는 데 큰 걸림돌이 됩니다.

저는 커뮤니티의 주인공은 리더가 아닌 구성원이 되어야 하며, 함께 공부하고 함께 성장하는 커뮤니티가 끈끈하고 오래간다고 생각합니다. 이렇게 '행동 변화 촉구형' 커뮤니티를 시작으로 그 안에서 커뮤니티 구성원들이 원하는 니즈를 캐치해, 내가 먼저 공부하고 정리해서 알려 줌으로써 나도 성장하고 구성원도 함께 변화하는 커뮤니티의 선순환 구조가 만들어지면, 그간 쌓은 지식·경험·노하우를 바탕으로 두 번째 커뮤니티 유형인 '인사이트 제공형 커뮤니티'로 발전하는 것입니다. 이러한 발전은 커뮤니티 리더의 성장과 더불어 구성원들의 수준까지 함께 성장하는 효과를 내게 됩니다.

제가 늘 중요하게 강조하는 포인트 중 하나는 '역지사지'의 자세입니다.

커뮤니티에서 소통할 때 나에게 잘 대해 주는 상대가 나타나면 그제야 마음의 문을 열고 친해지려 합니다. 하지만 반대로 내가 먼저 좋은 사람이 되려는 생각과 시도는 하지 않는 것이 아닌지 생각해 봐야 합니다.

자신만의 커뮤니티를 빠르고 탄탄하게 구축한 사람들의 공통점 중 하나는 먼저 다가가고, 먼저 알려 준다는 점입니다. 『연결하라』의 저자 아이번 마이즈너는 성공적인 비즈니스 네트워킹을 하려면 먼저 상대에게 도움을 주라고 강조합니다. "유능한 선수는 경기 하나를 이기지만 훌륭한 팀워크는 우승을 가져온다."라는 말처럼 아무리 유능한 개인도 커뮤니티를 당할 수 없다는 사실을 기억해야 합니다.

내가 세상에 전하려는 메시지와 같은 목소리를 내는 주파수가 같은 사람들이 모이면 모일수록 커뮤니티에는 영향력이 생기게 됩니다. 그로 인해 더 많은 기회가 나와 우리 커뮤니티에 찾아오고 탄탄한 수익성 또한 확보되며 회사 밖에서도 통하는 나만의 브랜딩이 만들어지게 됩니다.

유튜브 멤버십 : 나만의 무형 자산을 활용한 커뮤니티 수익화 전략

유튜브 채널의 멤버십은 한마디로 '유료 구독 서비스'입니다. 해당 채널을 구독하는 이용자 중 더 다양한 내용을 듣고 싶거나, 실시간 대화 등을 통해 크리에이터와 더 끈끈한 소통을 원하는 사람들을 위해 만든 '구독 안의 구독' 서비스인 셈입니다.

유튜브 채널 'AI 브랜딩 연구소'의 멤버십 가입 화면

제가 운영하는 'AI 브랜딩 연구소'의 멤버십 이용자들은 등급에 따라 차별화된 혜택을 받을 수 있으며, 더 특별한 콘텐츠를 보거나 더 깊은 소통이 가능합니다. 크리에이터들은 조금 더 안정적으로 수익을 얻을 수 있다는 장점이 있습니다.

멤버십 유료회원 전용으로 제공되고 있는 영상 강의

2024년 1월부터 제가 운영하는 커뮤니티 AI 브랜딩 연구소에서는 유튜브 채널 멤버십 멤버들을 위해 매주 1회(목요일) 한 주간의 발 빠른 IT/테크 트렌드, 생성형 AI 업데이트 소식을 전달해 드리는 '라이브 주간 브리핑'과 매주 1회(토요일) '실전 생성 AI로 업그레이드하기' VOD 강의를 업로드해 줍니다. 회원들은 일반 구독자들이 누리지 못하는 다양한 혜택을 누릴 수 있어 만족도가 높습니다.

회원	현재 등급	등급을 유지한 총 기간	회원으로 활동한 총 기간	최종 업데이트 ↑
Glocogaga글로코가가	AI 브랜딩 연구소 멤버즈	0일	0일	가입 · 0일 전
마음토닥	AI 브랜딩 연구소 멤버즈	0일	0일	가입 · 0일 전
디바쌤 (디지털 푸른_	AI 브랜딩 연구소 멤버즈	1일	1일	가입 · 1일 전
Barom Yang	AI 브랜딩 연구소 멤버즈	2일	2일	가입 · 2일 전
ggummam	AI 브랜딩 연구소 멤버즈	2일	2일	가입 · 2일 전
미니린	AI 브랜딩 연구소 멤버즈	2일	2일	가입 · 2일 전
김현영	AI 브랜딩 연구소 멤버즈	2일	2일	가입 · 2일 전
빵언니VLOG	AI 브랜딩 연구소 멤버즈	2일	2일	가입 · 2일 전

입소문을 타며 한 주 평균 5~15명의 신규 회원이 가입하고 있다.

처음에는 운영 중인 커뮤니티 멤버들의 성장을 위해 작은 규모로 시작한 유튜브 멤버십이 오픈 일주일 만에 100명 가입을 달성했고, 양질의 회원 전용 콘텐츠로 입소문을 타 어느덧 멤버 200명 돌파를 눈앞에 두고 있습니다. 나만의 무형 자산을 찾고 세상에 꺼내어 커뮤니티를 구축하고 멤버들을 위한 특별한 정보를 제공해 줌으로써 또 하나의 수익 파이프라인 구축과 내 콘텐츠를 믿고 찾아주는 찐팬들이 늘어나는 1석 2조의 효과를 얻게 되었습니다.

3장

생성형 AI 툴
마스터

도구의 진화는 지금도 계속되고 있습니다. 우리는 초등학생들도 챗GPT, 빙 이미지 크리에이터로 다양한 작업물을 생성해 내는 AI 민주화 시대에 살고 있습니다. 도구를 쓸 줄 아는 사람과 쓸 줄 모르는 사람의 차이는 시간이 갈수록 더욱 커질 것입니다.

이번 장에서는 텍스트, 이미지, 영상으로 나만의 콘텐츠를 만드는 데 가장 기본이 되는 생성형 AI 툴들을 알아보고 자세한 사용 방법을 마스터해 보겠습니다. 직접 따라 해 보며 내 업무, 내 일상, 내 콘텐츠에 적용해 보기 바랍니다.

대화형 AI 서비스
활용법

챗GPT를 필두로 생성형 인공지능 시장에 뛰어든 구글 제미나이와 마이크로소프트(MS) 코파일럿의 경쟁이 뜨거운 가운데 인공지능 시장을 대표하는 글로벌 모델 외에 한국에 특화된 대화형 AI 서비스가 있다는 사실을 알고 계십니까? 바로 네이버의 하이퍼클로바X(HyperCLOVA X), 뤼튼(wrtn), 아숙업(AskUp)입니다. 이 서비스들은 친구와 대화하듯 자연스러운 대화형 방식을 사용하며 개별적 특징을 가지고 있습니다.

대화형 AI 서비스별 주요 특징						
구분	챗GPT	MS 코파일럿	제미나이	클로바X	뤼튼	아숙업
서비스	오픈AI	MS (마이크로 소프트)	구글	네이버	뤼튼 테크놀로지스	업스테이지
기반 모델	GPT-3.5 GPT-4 (유료)	GPT-4 + 빙(bing) 검색	제미나이	하이퍼클로바X	API 기반 (GPT + 팜 + 하이퍼클로바X)	API 기반 (GPT)
학습 제한	2021년 9월 이전(무료) 실시간 정보(유료)	실시간 정보	실시간 정보	실시간 정보	실시간 정보	2021년 9월 이전
구동 방식	웹, 앱	웹, 앱	웹, 앱	웹	웹, 앱	카카오톡
사용 금액	GPT-3.5(무료) GPT-4 ($20/월)	무료	무료	무료	무료	무료
특징	인공지능 모델의 기준	검색 엔진 + 인공지능 기술 검색 엔진의 또 다른 혁신을 일으킴	구글의 검색 엔진과 함께 시너지	국내 검색 점유율 1위 네이버 검색 엔진 및 네이버 서비스 연동	채팅부터 이미지 생성 나만의 AI 제작 한국어로 된 AI 콘텐츠 생성에 특화	국내 메신저 점유율 1위 카카오 기반 접근성 강화 (별도 설치 없이 이용)

이번 장에서는 7가지 대화형 AI 서비스의 특징에 대해 살펴보고 각 서비스별 사용 방법에 대해서 자세히 알아보겠습니다. 생성형 AI의 기준이 되는 오픈AI의 챗GPT에 관한 설명은 앞에서 사용 방법과 활용 방법에 대해서 자세히 다루었으니 앞선 내용을 참고하기 바랍니다.

MS 코파일럿(Copilot) : 챗GPT-4 무료 사용

마이크로소프트(MS)의 빙(Bing)은 마이크로소프트가 개발한 웹 검색 엔진으로 사용자가 웹에서 정보를 검색할 수 있는 도구입니다. MS의 엣지 브라우저 검색 엔진을 이용하여 챗GPT-4를 무료로 사용할 수 있습니다.

오픈AI의 최신 모델 GPT-4를 탑재한 빙챗(BingChat)은 기존의 검색 방식에서 인공지능 기술을 활용하게 도와주며, 사용자와 맞춤형 대화를 할 수 있는 인터페이스를 제공하고, 검색 엔진의 또 다른 혁신을 가져왔습니다. 사용자의 검색 의도를 파악하고 적절하게 답변 또는 결과를 제시하는 능력이 가장 큰 장점입니다. 2023년 12월 기존의 '빙챗' 서비스 이름을 '마이크로소프트 코파일럿'이라는 새 브랜드로 변경하며 생성형 AI 경쟁에 불을 지피고 있습니다.

MS는 2024년 1월 오픈AI에 대규모 투자를 집행하고 협업 관계를 구축했습니다. MS는 지금까지 약 140억 달러(약 19조 120억 원)를 투자해 오픈AI의 지분 49%를 확보했습니다. MS는 1분기 실적 발표 후 이어진 컨퍼런스콜(투자자 설명회)에서 "빙에 챗GPT를 탑재한 후 하루 이용자가 1억 명에 달한다."고 발표했으며, 미국 시장조사 업체 위핏데이터에 따르면 2월부터 6월까지 빙 사용자가 19% 증가한 9,800만 명 규모로 집계됐다는 발표를 종합적으로 분석해 보면 MS는 생성형 AI와 검색의 결합으로 외연 확장의 성과를 내는 데 성공했습니다.

챗GPT는 무료 버전과 유료 버전으로 나뉘는데 최신 기술은 챗GPT-4와 달리3 서비스는 현재 유료 멤버십 회원만 사용할 수 있습니다. 하지만 월 20달러의 구독료가 부담된다면 MS 코파일럿을 사용해 보기 바랍니다. 빙 사이트(Bing.com)에 접속하여 코파일럿을 실행하면 챗GPT-4를 무료로 사용할 수 있으며, 챗GPT 플러스의 유료 버전에서만 가능한 옵션인 달리3를 활용하여 이미지 생성을 할 수도 있습니다. 그럼 MS 코파일럿 사용 방법과 기본 기능에 대해 좀 더 자세히 알아보겠습니다.

MS 코파일럿 회원가입 및 로그인 방법

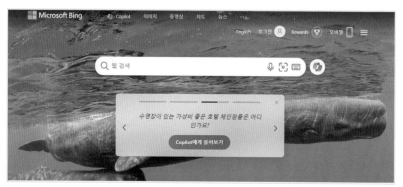

크롬 브라우저에서의 MS 코파일럿 메인 화면

기존 서비스인 빙챗은 마이크로소프트 엣지에서만 실행되기 때문에 빙을 사용하려면 먼저 마이크로소프트 엣지 브라우저를 설치해야 했습니다. 하지만 현재는 구글 크롬 브라우저에서도 사용할 수 있습니다. 구글에서 '마이크로소프트 빙 코파일럿'을 검색하고 들어가서, 오른쪽 상단의 '로그인' 버튼을 클릭해 계정 생성·등록을 해 주어야 합니다. 계정 등록 후 MS 코파일럿 아이콘을 클릭한 후 사용합니다.

MS 코파일럿 사용 방법

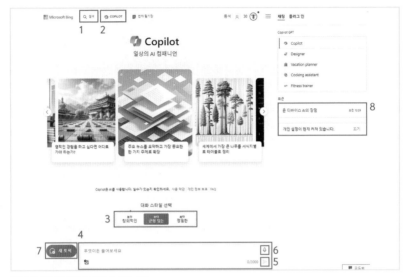

MS 코파일럿의 메인 화면과 주요 기능

1) 검색 : 웹 검색 결과가 표시됩니다.

2) 채팅 : 사용자의 질문과 답변을 얻을 수 있는 코파일럿 채팅 화면이 표시됩니다.

3) 대화 스타일 선택 : 질문에 대한 답변의 정확성과 균형을 설정하는 탭으로 기본적으로 '보다 균형 있는'
   으로 설정되어 있습니다.

    A. 보다 창의적인 : 독창적이고 창의적인 채팅. 시, 소설과 같은 창작 활동에 추천합니다.

    B. 보다 균형 있는 : 유익하고 친근한 채팅. 창작&정확한 정보를 하이브리드해서 보여 줍니다.

    C. 보다 정밀한 : 간결하고 단도직입적인 채팅. 정확한 정보와 출처만 간결하게 보여 줍니다.

4) 입력창 : 질문을 입력하는 입력창. 프롬프트를 입력한 후 '엔터'를 누릅니다.

5) 혹은 프롬프트를 입력한 후 '비행기' 모양의 아이콘을 클릭합니다.

6) 마이크 : PC에 내장되어 있거나 외부로 연결된 마이크를 통해 음성으로 프롬프트를 작성할 수 있습니다.

7) 새 토픽 : 해당 아이콘을 클릭하면 코파일럿이 초기 화면으로 바뀌면서 기존의 대화 내용이 아닌 새로운
   내용으로 대화를 시작할 수 있습니다.

8) 최근 활동 : 이전 대화를 리스트 형태로 기록합니다.

213

이전에 나눈 대화 목록 관리 및 설정 화면

상자에 마우스를 가져다 대면 창이 활성화되고, 오른쪽에 3개의 아이콘이 나타납니다. 아이콘의 역할은 왼쪽부터 대화 목록의 제목 수정, 대화 목록 삭제, 대화를 공유하거나 내보내는 기능을 제공합니다.

만약 A라는 주제로 대화를 나누다가 새로운 B 대화 목록을 생성한 후 다시 이전의 A 대화로 돌아가고 싶을 경우, A를 클릭하면 이전의 대화 기록이 저장되어 있어 맥락을 기억해 두었다가 계속해서 대화를 자연스럽게 이어 나갈 수 있습니다. 아무리 대화 목록이 많다 하더라도 언제든지 이전의 대화 목록으로 가서 대화를 이어 갈 수 있습니다.

하나의 주제로 질문을 던지고 답변을 생성하고 있다가 갑자기 전혀 다른 주제로 넘어가게 되면 이전까지 주고받았던 대화의 맥락들이 깨져 버릴 수 있습니다. 그러므로 다른 주제로 넘어가게 될 경우에는 새로운 대화 창을 열어 대화를 새롭게 생성할 것을 추천합니다.

연관 질문으로 확장하기

코파일럿의 최대 장점은 챗GPT와 달리 이용자가 자칫 놓치기 쉬운 연관

214

질문을 제공해 준다는 점입니다. 따라서 내가 잘 모르는 분야에 대한 질문을 하더라도 연관 질문을 클릭하여 질문에 대한 답변의 영역을 보다 심도 있게 찾아 나갈 수 있습니다.

추천 연관 질문으로 대화를 심도 있게 이어 나갈 수 있는 코파일럿
1) 검색 및 출처 : 코파일럿 검색을 통해 실시간 답변이 가능하고, 답변에 출처와 링크를 제공해 줍니다.
2) 추천 질문 : 응답이 완료되면 MS 코파일럿은 후속 질문을 제공해 줍니다.

MS 코파일럿으로 웹 페이지 요약하기

MS 코파일럿이 챗GPT와 다른 점은 최신 정보에 대한 검색이 가능하다는 것입니다. 또한 프롬프트를 직접 입력하는 대신 내용의 요약이나 정리가 필요한 웹 페이지의 링크를 전달하여 연결된 질문을 할 수 있다는 점입니다.

해외 기사 내용을 빠르고 정확하게 번역, 요약 정리해 주는 코파일럿

이스라엘과 하마스의 전쟁 발발 7주 만에 일시적 휴전에 들어간 첫날 이스라엘과 하마스는 인질과 죄수 교환을 위한 협상을 진행하였고, 130여 대의 구호 지원 차량이 가자에 들어가고 있다.(2023년 11월 24일자 『뉴욕타임스』 기사 내용 중)

　　MS 코파일럿에 기사의 주소를 전달하고 내용을 한글로 요약해 달라고 프롬프트를 입력해 보겠습니다.

해당 자료의 출처와 연관 정보, 질문을 제공함으로써 신뢰도와 활용성을 높인 코파일럿
1) 해당 기사의 출처와 해당 기자의 또 다른 글들의 출처를 함께 제공합니다.
2) 빙 검색을 통해 실시간 답변이 가능하고, 답변에 출처와 링크를 제공해 줍니다.
3) 응답이 완료되면 MS 코파일럿은 '추천 질문' 기능을 통해 후속 질문을 제공해 줍니다.

기사의 핵심 내용을 잘 요약했을 뿐 아니라 한글로 번역하여 제공하고 있습니다.

이처럼 최신 정보와 뉴스를 알지 못하는 챗GPT와 달리 코파일럿은 국내는 물론이고 해외의 뉴스 기사를 발 빠르게 요약 정리할 수 있다는 장점이 있습니다. 특히 하단의 자세한 정보를 통해 해당 자료의 출처를 밝히고 있어 신뢰도를 높일 수 있으며, 추천 질문 기능은 내가 잘 모르는 분야에 대해서도 꼬리에 꼬리를 무는 질문을 통해 깊이 있게 해당 주제, 해당 영역을 배워 나갈 수 있다는 점이 큰 장점입니다.

MS 코파일럿은 최신 정보를 탐색해서 보여 주는 것뿐만 아니라 완전히 새로운 이미지 생성(Generation) 역할도 잘해 냅니다. 이미지 만들기에 대해서는 3장의 '02. 이미지 생성 AI 서비스 활용법'에서 자세히 다루겠습니다.

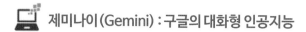# 제미나이(Gemini) : 구글의 대화형 인공지능

제미나이는 구글이 자체 개발한 언어 모델인 팜2(PaLM 2)를 기본으로 하는 이전의 서비스 모델인 바드(Bard)보다 한 단계 업그레이드된 언어 모델 제미나이를 기반으로 합니다. 전 세계 80%의 검색 시장 점유율을 통해 얻어진 방대한 데이터 자료를 바탕으로 구글 검색 엔진과 연동되어 검색 결과를 일목요연하게 정리해 준다는 것이 특징입니다. 하지만 아쉽게도 아직 이미지 생성 기능을 탑재하지는 못해 챗GPT나 MS 코파일럿과 비교해서는 경쟁력이 다소 떨어진다는 단점이 있습니다.

구글의 대화형 AI 서비스 바드가 제미나이로 업데이트되었다.

하지만 세계 최대의 검색 포털 구글의 방대한 데이터와 검색 엔진과의 통합이 가능하여, 최신 정보와 광범위한 주제에 대한 접근이 용이하다는 점은 큰 장점으로 작용합니다. 2024년 2월 구글이 기존 바드에서 제미나이로 서비스명을 바꾸었습니다. 이를 통해 기존 바드 대비 성능이 크게 향상되었습니다. 하지만 초기 단계이기 때문에 질문에 대한 답변 제공의 퀄리티에서는 아직까지 챗GPT에 비해 부족함이 느껴집니다.

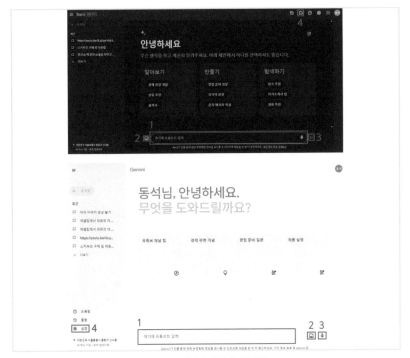

이전 구글 바드 메인 화면(위) vs 현재 구글 제미나이 메인 화면(아래)

1) 프롬프트 입력창 : 챗GPT와 마찬가지로 하단의 채팅창에 프롬프트(질문 및 대화)를 입력하면 답변을 생성해 줍니다.
2) 이미지 아이콘 : 이미지를 첨부하고 해당 이미지에 관한 분석·질문을 할 수 있습니다.
3) 마이크 아이콘 : PC 또는 노트북에 내장된 마이크를 통해 음성이 프롬프트 입력창에 입력됩니다.(참고로 챗GPT PC 버전에는 해당 기능이 없지만, 모다빌 앱 버전에는 있습니다.)
4) 설정 > 퍼즐 아이콘 : 2023년 9월 미국을 시작으로 12월 한국에서도 유튜브나 구글 맵, G메일, 구글 드라이브, 항공편 검색, 호텔 검색 등 구글 워크스페이스 및 서비스 기반 정보와 실시간으로 연동해 활용할 수 있는 AI 챗봇 '제미나이 익스텐션(Gemini Extensions)' 서비스가 시작되었습니다.

검색창에 '제미나이'라고 검색하거나 제미나이 사이트(gemini.google.com)에 접속합니다. 로그인하려면 구글 아이디가 필요합니다. 구글 계정으로 로그인을 하면 다음과 같은 화면이 나옵니다. 앞서 설명한 챗GPT나 MS 코파일럿과 사용 방법은 동일하기 때문에 주요 기능 위주로 소개하겠습니다.

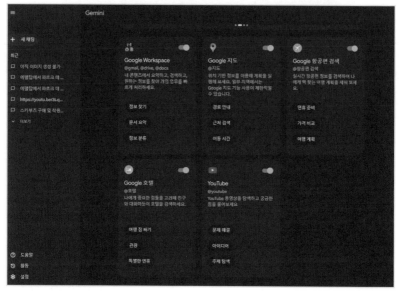

제미나이 익스텐션 설정 화면
1) 워크스페이스 : 메일, 구글 드라이브에서 내용과 자료를 찾고 찾은 내용을 기준으로 요청한 대로 답변해 줌으로써 개인 업무를 빠르게 처리할 수 있습니다.
2) 구글 지도
3) 항공편 검색 및 호텔 예약

이를 통해 제미나이는 질문에 답만 하는 게 아니라 관련 정보는 물론 유튜브 영상을 보여 주는 등 기존의 대화형 AI 서비스들의 부족한 부분을 잘 공략하며 'AI 비서'로서의 포지셔닝 전략을 펼치고 있습니다. 해당 기능은 활성/비활성 선택이 가능합니다.

구글 지도의 정보를 바탕으로 정확한 길안내를 해 주는 제미나이

'런던 핀드베리 파크에서 토트넘 홈 경기장까지 도보로 얼마나 걸리는지 알려 줘.'라고 프롬프트를 입력하니 구글 지도와 자동으로 연동되어 위 화면과 같이 도보로 얼마나 걸리는지, 어떤 경로로 이동해야 하는지를 지도로 표시해 줍니다.

구글 항공편 검색 정보를 바탕으로 정확한 길안내를 해 주는 제미나이

연휴를 맞아 한국 시간으로 아침에 출발해 미국 LA로 가는 최적의 경로와 비행기편을 추천해 달라고 요청했습니다. 답변으로 각 항공사별 항공편과 가격을 표로 제시해 줍니다. 해당 항공편 클릭 시 구글 항공 예약 서비스로 바로 연결되어 예약까지 할 수 있습니다.

구글 호텔의 정보를 바탕으로 정확한 길안내를 해주는 제미나이

'이번 주말 가족들과 부산 해운대 여행을 가려고 하는데 바다 전망이 보이는 해운대 호텔을 추천해 줘.'라고 입력하자, 항공편과 마찬가지로 호텔을 추천해 주고 구글 호텔 예약 서비스 페이지로 연결해 줍니다.

내가 찾고자 하는 영상의 주제를 입력하면 유튜브에서 관련된 영상을 찾아서 보여 주고, 영상을 클릭하면 해당 유튜브 영상 및 채널로 이동합니다. 이 기능은 내가 원하는 콘텐츠를 쉽고 빠르게 찾을 때 매우 유용하게 활용할 수 있습니다.

제가 직접 사용해 본 결과 제미나이는 구글 바드가 제공하는 답변보다 훨씬 더 정확하고 퀄리티 있는 답변을 제공해 주었습니다. 이처럼 현재 제미나이가 제공하는 확장 기능은 구글 검색에 익숙한 사용자들이 검색 (Search)과 생성(Generation)의 경계선에서 자연스럽게 생성형 AI로 넘어갈 수 있는 환경을 만들어 가고 있습니다.

하이퍼클로바X(HyperCLOVA X) : 한국형 대화형 AI

지금까지 글로벌한 대화형 AI 서비스에 대해 알아봤다면 이제부터는 한국을 대표하는 대화형 AI 서비스에 대해서 알아보겠습니다. 첫 번째 서비스는 2023년 8월 24일 공개된 네이버에서 만든 생성형 AI 하이퍼클로바X입니다.

2021년 네이버에서 선보인 LLM(거대언어모델)*으로 오픈AI 챗GPT와 달리 국내 이용자들에게 특화된 서비스입니다. 가장 큰 장점은 바로 한국어입니다. 챗GPT를 사용하다 보면 한국의 사회, 문화 관련 정보 등이 부족해 어색한 답변을 하기도 하는데 한국어 학습 데이터를 축적해 온 한국어 모델인만큼 한국인이 사용하기에 장점이 많습니다. 네이버는 지식인을 비롯해 네이버 뉴스 50년치, 블로그 포스팅 9년치에 달하는 데이터를 학습했는데, 이는 챗GPT-3 대비 한국어 학습 데이터 양이 무려 6,500배 이상 높은 수치입니다.

현재 네이버에서는 하이퍼클로바X 기술을 검색에 붙여 대화를 통해 답변을 찾아내 주는 2개의 서비스를 운영하고 있습니다.

클로바X : 하이퍼클로바X 기반 대화형 AI 서비스

큐:(CUE:) : 하이퍼클로바X 기반 AI 검색 서비스

클로바X

1단계

클로바X 사이트(clova-x.naver.com/welcome)에 접속하여 '시작하기'를 클

---

*LLM(거대언어모델) : 문장 내 단어 사이의 관계를 파악하는 기술. 사람이 일상적으로 쓰는 자연어 처리에 특화한 모델로서 단어 간의 상관관계를 읽어 정확한 문장을 생성한다.

릭합니다. 약관이 나오면 (필수) 사항과 (선택) 사항을 체크한 뒤 '동의'를
클릭하면 완성입니다.

*만 19세 미만이거나 실명 인증이 되지 않는 회원, 또는 단체 ID의 경우에는 가입이 안 됩니다.

2단계

클로바X 창이 열리면 앞서 다루어 보았던 챗GPT, MS 코파일럿, 구글 제
미나이와 같이 입력창에 내가 원하는 프롬프트를 입력하면 됩니다.

클로바X의 하단 프롬프트 입력창의 오른쪽에 있는 '스킬' 버튼을 활성
화시킬 수 있습니다.

네이버 클로바X 프롬프티 입력창 및 주요 기능
1) 기본모드에서 스킬 버튼은 off 상태입니다.
2) 네이버 쇼핑, 네이버 여행, 쏘카의 정보를 얻어야 한다면 오른쪽의 스킬 버튼을 on으로 해 주면 흰색이
   었던 프롬프트 입력창이 파란색으로 바뀝니다.
3) 현재 사용 중인 스킬을 확인하거나 조정하려면 화살표 버튼을 클릭해 줍니다.
4) 사용 중인 스킬을 설정 버튼을 on/off하며 활성화시킬 수 있습니다.

네이버 클로바X 공식 블로그에서는 주제에 맞는 최적의 답변을 찾아주
는 스킬이 계속해서 늘어날 예정이라고 하니 앞으로 더 정확한 검색 결과
를 얻을 수 있을 것으로 기대됩니다.

3단계 : 사용해 보기

기본 모드 사용

한국어 서비스에 특화된 클로바X가 제공한 답변 내용

   한국인의 평균 수면 시간과 숙면을 취할 수 있는 방법, 숙면에 좋은 음식에 대해서 알려 달라고 했습니다. 10초 이내에 완성도 높은 답변이 나왔습니다. 저는 10년 차 블로거로 육아, 건강, 스포츠 관련 포스팅을 10년 가까이 써 오고 있습니다. 챗GPT를 중심으로 생성형 AI가 나오기 전에는 네이버나 구글에서 하나하나 검색해서 이와 관련한 정보들을 각각 찾아야 했습니다. 하지만 지금은 포스팅 주제를 정하고 그와 관련한 뼈대를 잡는 게 정말 쉽고 빨라졌습니다. 앞선 3개의 글로벌 대화형 AI 서비스에 동일한 질문을 넣었을 때보다 클로바X가 깔끔하고 일목요연하게 한국어 답변을 제시해 주고 있습니다.

클로바X는 한국어에 특화되어 있어 다른 서비스들에 비해 한국어 신조어에 대해서도 정확한 답을 제시해 줍니다.

4개의 대화형 AI 서비스에 한국 MZ 세대들의 신조어를 입력한 결과 비교

한국 MZ 세대들이 사용하는 신조어를 4개의 대화형 AI 서비스에 넣고, 각각의 뜻을 표로 정리해 달라고 요청했습니다. 네이버 클로바X가 가장 높은 정답률을 보였고, 그 뒤를 이어 제미나이, MS 코파일럿이 차지했고, 챗GPT는 답을 찾아내지 못하고 헤맸습니다. 한국의 특화된 문화나 한국의 역사, 고전문학과 같은 정보를 물어볼 경우에는 다른 대화형 AI 서비스보다 클로바X에게 물어보는 것이 좋습니다.

챗GPT-4의 플러그인처럼 네이버 클로바X에는 '스킬'이라는 기능이 추가되었습니다. 현재는 네이버 쇼핑과 네이버 여행 카테고리로 한정되어 있지만 앞으로 경제, 엔터, 스포츠, 증권, 부동산 등의 스킬 영역으로 계속해서 늘어날 예정이니 앞으로가 더욱 기대되는 서비스입니다.

● 네이버 쇼핑 스킬 : 초등학교 2학년 아들이 좋아하는 레고 생일선물 추천받기

네이버 쇼핑 스킬 설정 화면

스킬을 활성화시키고 프롬프트를 입력하면 됩니다. 저는 초등학교 2학년 아들의 생일선물로 아들이 좋아하는 레고를 추천해 달라고 했습니다.

질문에 대한 답변 생성 결과. 스토어 연결로 쉽고 간편하게 구매할 수 있다.

마침 아들이 좋아하는 레고 시티 우주선 시리즈가 추천되었습니다. 그중 하나를 클릭하면 네이버 쇼핑의 관련 상품 페이지가 나옵니다.

• 네이버 여행 스킬 : 아이들과 함께 체험할 수 있는 실내 체험관 추천받기

네이버 여행 스킬 설정 화면

여행 스킬을 활성화시키고 프롬프트를 입력하면 됩니다. 저는 초등학교

아이와 함께 체험할 수 있는 실내 체험관과 12월에 6세 아이와 가 볼 만한 체험관을 추천해 달라고 했습니다.

아이와 함께 체험할 수 있는 체험관 추천에 대한 답변 생성 화면

질문의 형태에 따라 해당 체험관 장소에 대한 간단한 정보와 함께 링크가 제공되기도 하고, 해당 장소의 홈페이지를 연동시켜 주기도 합니다. 체험관의 링크나 해당 사이트를 누르면 바로 관련 페이지로 이동하는데 쇼핑에 비해서 만족도는 조금 낮게 느껴졌습니다. 네이버 검색을 해서 얻는 정보와 크게 차이가 나지 않았지만 그래도 여행의 계절, 지역, 목적 등에 맞게 장소를 여러 곳 큐레이션해 주는 것에 대해서는 제가 모르던 장소도 많아서 만족도가 높았습니다.

다음으로 2023년 12월 25일 한국시간으로 아침에 출발해 미국 LA로 가는 최적의 경로와 항공편 추천을 요청했습니다.

12월 25일 한국시간으로 아침에 출발해 미국 LA를 가려고해 최적의 경로와 비행기편을 알고싶어

12월 25일 출발하여 미국 로스앤젤레스로 가는 최적의 경로와 비행기편을 알고 싶으시군요.

네이버 여행을 통해 확인해 본 결과, 12월 25일 인천에서 로스앤젤레스로 가는 직항편은 대한항공과 아시아나항공이 운항하고 있습니다.

대한항공은 인천에서 오전 10시 35분에 출발하여 로스앤젤레스에 오후 5시 20분에 도착하는 KE017편과 인천에서 오후 2시 35분에 출발하여 로스앤젤레스에 오전 9시 00분에 도착하는 KE011편이 있습니다.

아시아나항공은 인천에서 오후 2시 40분에 출발하여 로스앤젤레스에 오전 8시 30분에 도착하는 OZ202편이 있습니다.

각 항공사의 운항 스케줄과 요금은 수시로 변경될 수 있으므로, 출발 전에 항공사 홈페이지나 여행사를 통해 확인하시는 것이 좋습니다.

미국 입국 시에는 비자와 여권, 코로나19 관련 서류 등을 준비해야 하며, 항공편 예약 시에는 출발 시간과 도착 시간, 항공사, 좌석 등급 등을 고려하여 선택하시는 것이 좋습니다.

다른 도움이 필요하시면 언제든지 말씀해 주세요.

해외여행 항공편 추천 요청에 대한 답변 생성 화면

챗GPT-4 여행 플러그인 서비스나 구글 제미나이 익스텐션(Gemini Extensions) 버전에 동일 질문을 했을 때 제공되는 답변에 비해 빈약하며, 상당한 보완이 필요해 보입니다. 이후 열리게 될 다양한 영역의 스킬 서비스에 대해서는 경쟁 서비스들의 플러그인 서비스를 벤치마킹해서 완성도를 높인 서비스가 제공되었으면 합니다.

큐:(CUE:)

네이버 큐 서비스는 2023년 9월 20일 공개된 대화형 AI 검색 서비스입니다. 네이버가 가진 양질의 콘텐츠를 바탕으로 확장된 검색 경험을 제공합니다. 여러 의도를 포함한 긴 질문을 이해하고, 신뢰도 있는 최신 정보를 요약하여 제공할 수 있습니다. 특히 쇼핑·로컬·커뮤니티 등 네이버 서비스의 정보를 적극적으로 활용하거나 이용 흐름을 편리하게 할 수 있으며, 탐색에서 구매·예약까지의 과정을 단축해 사용자가 원하는 목표에 쉽게 도달할 수 있게 해 줍니다.

네이버 큐 대기 명단 등록하기(왼쪽) 후 네이버 승인 메일(오른쪽)을 받으면 사용할 수 있다.

현재는 베타 서비스를 진행하는 중입니다. 신청 방법은 네이버에서 '네이버 큐'를 검색해 접속하거나 큐 사이트(cue.search.naver.com)에 접속한 후 대기 명단에 등록한 다음 승인을 받아 사용할 수 있습니다. 초반에는 사용자가 많이 몰려 일주일 정도의 대기 시간이 소요되었지만 현재는 반나절~하루 이내에 대부분 승인받아 사용할 수 있습니다. 현재 큐 서비스는 PC 버전에서만 사용할 수 있으며, 아직 모바일에서는 서비스를 제공하지 않고 있습니다.

네이버 큐 메인 화면

앞에서 다양한 대화형 AI 서비스의 가입부터 실제 프롬프트 입력, 질문을 확장하는 방법들을 반복해서 사용하고 익혀 왔기 때문에 큐의 메인 화면이 익숙할 것입니다. 특히 네이버 큐 서비스가 다른 대화형 AI들과 확연히 다른 답변 방식에 대해서는 잠시 후 설명하겠습니다.

네이버 큐는 최신의 현대 검색 트렌드에 발맞춰 단순히 정보 검색의 키워드에 맞는 답만을 도출해 주는 것이 아니라 질문의 의도와 맥락을 파악해 답변한다는 점이 차별점입니다. 총 3단계를 통해 사용자의 질문에 대한 답변을 도출합니다.

1단계 : 인지 단계
질문의 의도를 이해하고 맥락을 파악합니다.

2단계 : 멀티스텝 추론 단계

정보의 신뢰도를 확보하기 위해 [계획-검색-검증]을 반복합니다.

A. 계획 : 답변을 위해 어떤 단어로 검색을 할 것인지 또는 어떤 서비스를 사용할 것인지 결정합니다.

B. 검색 : 전 단계에서 선택한 대로 검색을 통해 정보를 획득합니다.

C. 검증 : 응답 단계 전에 검색 결과 정보가 정확한지, 충분한지를 체크합니다. 단 이 단계에서 답변에 대한 검증이 부족하다면 신뢰도와 완성도를 높이기 위해 앞선 계획 단계로 다시 돌아가 2단계(멀티스텝 추론)를 반복합니다.

3단계 : 응답 단계

검색 결과를 정리한 후 답변합니다.

이제 직접 프롬프트를 작성해 보겠습니다. 제가 질문한 내용은 회사가 있는 선유도역 근처에서 송년회를 할 수 있는 회식 장소를 추천해 달라고 요청했습니다.

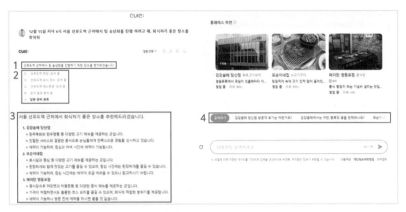

네이버 큐의 답변 생성 과정 및 최종 결과 화면
1) 인지 단계로 질문의 의도를 이해하고 맥락을 파악합니다.
2) 멀티스텝 추론 단계로 네이버의 서비스들을 어떻게 사용하여 검색 목적을 달성할 수 있을지에 대한 [계획-검색-검증]을 합니다. 정보의 신뢰도를 확보하기 위해 3단계의 과정을 반복합니다.
3) 응답 단계로 검색 결과를 정리한 후 답변을 제공합니다.
4) 함께 나온 후속 질문 등을 통해 질문을 이어 갈 수 있습니다.

검색도 좋지만 최신 트렌드 공부하기에 최적화

Web 2.0 시대 대부분은 SNS 채널의 콘텐츠 생산자보다는 소비자였습니다. 구글, 네이버, 다음 등 포털 검색을 통해 누구나 정보를 얻을 수 있었습니다. 하지만 누군가는 이 정보를 정리하고 가공하여 텍스트, 이미지, 영상 콘텐츠로 만들었고, 누군가는 그저 읽고, 보고, 듣는 것에 만족했습니다.

이제 생성형 AI의 등장으로 검색을 넘어 생성의 시대와 함께 하고 있습니다. 생성의 시대에 생성형 AI 서비스에서 얻어진 답만 보고, 듣고, 읽는다면 시대가 바뀌어도 생산자가 아닌 소비자로만 머물게 될 것입니다. 그런 의미에서 검색에 머무르지만 말고 내가 배우고 싶거나, 관심 있는 최신의 트렌드를 깊고 넓게 공부하고 잘 정리해서 콘텐츠로 생산해 내기 바랍니다.

아마존, 구글, MS의 클라우드 경쟁에 대한 이슈를 정리해줘

cue: 답변 과정 ∧ 🗋 🖒 ♡ 🔒

  Q   아마존 클라우드 시장 점유율 검색 중
  Q   구글 클라우드 시장 점유율 검색 중
  Q   MS 클라우드 시장 점유율 검색 중
  ≡   검색 결과 분석 중
  ✓   답변 준비 완료

최근 3년간 국내 클라우드 시장에서 아마존의 시장 점유율은 70%를 기록했으며, 마이크로소프트를 포함할 경우 80%를 차지한 독과점 시장인 것으로 나타났습니다.

글로벌 시장조사업체 가트너는 전세계 클라우드 시장 규모가 2025년 8375억달러(약 1032조원)까지 커질 것으로 전망하고 있으며, 빅테크 기업들은 미래 먹거리로 주목하고 있습니다.

공정위는 아마존 웹서비스(AWS) 같은 글로벌 빅테크 기업들의 독과점 부작용이 우려되는 국내 클라우드 시장에 대한 규제책 마련에 나선다고 밝혔습니다.

1 ⏷ www.hani.co.kr   ≡ 참고정보

검색하기   마이크로소프트의 클라우드 시장 점유율은 어떻게 되나요?

질문에 대한 답을 일목요연하게 제공하는 큐 서비스의 답변 생성 화면

그런 의미에서 지금까지 소개한 그 어떤 대화형 AI 서비스들보다도 네이버 큐 서비스는 최신의 이슈와 트렌드를 꼬리에 꼬리를 무는 연결된 질문하기를 통해 어려운 개념, 최신의 트렌드에 대한 흐름을 쉽고 간편하게 정리할 수 있다고 생각합니다.

꼬리에 꼬리를 무는 확장 질문으로 최신 트렌드와 하나의 개념을 깊이 있게 공부하기 좋다.

메타버스와 생성형 AI에서 가장 중요한 서비스 영역 중 하나가 바로 클라우드 서비스입니다. 클라우드 서비스가 무엇이며, 왜 중요하고, 현재 어떤 기업들이 선두권에 포지셔닝되어 있는지, 메타버스에서 클라우드 서비스가 왜 중요한지 등 꼬리에 꼬리를 무는 질문들을 통해 특정 분야에 대한 관련 지식을 쉽고 빠르게 쌓는 데 도움을 줄 것이라고 생각합니다. 질문을 어떤 식으로 이어 나갈지 막막할 수 있는데 IT 관련 지식이 없더라도 이렇게 연결하여 '검색하기' 기능이 있어 만족도 높은 결과물을 만드는 데 도움이 됩니다.

아직은 베타 버전으로 사용자들의 피드백을 바탕으로 품질 개선을 계속해서 진행하고 있기 때문에 정식 버전이 출시된다면 더욱 만족도 높은 결과를 보여 줄 것으로 기대됩니다. 생성의 시대에 콘텐츠 생산자로서 똑똑한 인풋을 위한 AI 검색 서비스 큐를 적극 활용해 보기 바랍니다.

뤼튼(wrtn) : 한국어 최적화 생성 AI

뤼튼은 한국 기업에서 서비스를 개발하여 제공하고 있어 한국형 챗GPT로 불립니다. 챗GPT와 동일하게 오픈AI의 챗GPT-3 모델을 기반으로 학습되었으며, 특히 한국어로 자연스럽게 대화할 수 있는 챗봇 형태의 인공지능입니다. 사실 뤼튼은 모든 서비스에 대해 독자적인 LLM 기술을 가지고 개발한 것이 아닌 API(서로 다른 프로그램 사이에서 서비스를 사용할 수 있도록 하는 통신 방법) 방식을 통해 서비스를 제공하고 있습니다.

뤼튼은 오픈AI 챗GPT의 언어 모델 GPT-3.5, GPT-4 API, 구글의 언어 모델 PaLM 2 API, 네이버 하이퍼클로바X API 등을 기반으로 서비스를 제공하고 있습니다. 현재 GPT-3.5, GPT-4, 클로드 2.1, 클로드 Instant, PaLM 2, 실시간 검색이 가능한 AI 검색까지 모두 6개의 생성형 AI를 모아 주는 AI 통합 플랫폼으로 자리 잡고 있습니다.

뤼튼 요금제 전면 무료화

뤼튼의 기존 요금제(왼쪽) 전면 무료화 선언 후 모든 서비스를 무료(오른쪽)로 사용할 수 있다.

뤼튼의 기존 요금제는 무료, 플러스 2가지의 월 구독제로 구성되어 있었으나, 2023년 12월 20일 이후 누구나 뤼튼의 모든 기능을 누릴 수 있도록 개편되었습니다. 기존에 무료로 제공하던 무제한 생성 기능과 더불어 플러스 요금제의 모든 기능이 무료로 전환되었습니다.

뤼튼 서비스의 메인 화면

구글 또는 네이버 검색창에 '뤼튼'을 검색하거나 뤼튼 사이트(wrtn.ai)에 접속합니다. 화면 오른쪽 상단의 '로그인' 버튼을 클릭한 후 '구글' 또는 '카카오' 등의 아이콘을 클릭하여 회원가입을 합니다.

뤼튼 메인 화면 및 주요 기능

1) 뤼튼 웹사이트 화면 왼쪽 상단에 '채팅'이 기본적으로 선택되어 있습니다.

2) 뤼튼에서 제공하는 언어 모델을 자유롭게 선택하여 주제와 상황에 맞게 사용할 수 있습니다.

3) 내가 생성을 원하는 지시 사항, 질문 등을 잘 요약해 넣어 주는 프롬프트창입니다.

4) 채팅 목록 : 최신 채팅 항목을 순서대로 표시합니다. 이전 대화는 기록, 저장되기 때문에 언제든 되돌아
가 대화를 이어 나갈 수 있습니다.

5) 새 채팅 시작 : 기존의 질문과 답변을 화면에서 제거하며, 새로운 주제로 질문할 때 사용합니다.

6) AI 설정

뤼튼에서는 GPT-3.5, GPT-4, 클로드 2.1, 클로드 Instant, PaLM 2, 실시간 검색이 가능한 AI 검색까지 모두 6개의 모델을 자유롭게 선택하여 사용할 수 있습니다. 각 모델별 성능은 다음과 같습니다.

뤼튼에서 사용할 수 있는 다양한 언어 모델

뤼튼의 프롬프트 추천 기능 '이런 프롬프트는 어때요?'

    화면의 하단에 위치한 '이런 프롬프트 어때요?'에서 우측 '프롬프트 더
보기'를 클릭하면 다양한 상황에 맞춰 사람들이 자주 사용하는 프롬프트
의 예시를 잘 정리해 두었습니다.

뤼튼에서 추천하는 마케팅 초기 이메일 작성하기 프롬프트 예시

생성형 AI의 활용에서 중요한 포인트 중 하나가 바로 프롬프팅 기술이라고 강조했습니다. 만약 양질의 답변을 생성받기 위한 좋은 프롬프트를 어떻게 입력해야 하는지 모른다면 뤼튼의 '이런 프롬프트는 어때요?'를 적극 활용해 보기 바랍니다. 다양한 상황에 맞춰 좋은 프롬프트들의 예시들을 확인하고, 필요하다면 '프롬프트 복사'를 통해 그대로 사용할 수도 있습니다.

아숙업(AskUp) : 챗GPT 활용 카카오톡 챗봇 서비스

아숙업은 '질문하다'라는 Ask에 국내 AI 전문기업 업스테이지(Upstage)의 이름을 합성해 만들어진 AI 챗봇 서비스입니다. 사용자와 일대일 대화를 기반으로 별도의 프로그램을 다운로드받거나, 사이트에 접속할 필요 없이 카카오톡에서 아숙업 채널을 플러스 친구로 추가하면 사용할 수 있습니다. 앞서 소개한 네이버 큐, 뤼튼과 함께 한국어 학습 데이터 양이 많아 한국어로 더 자연스러운 대화가 가능하다는 것이 특징입니다.

① 대화 및 이미지 인식 기능 : 카카오 메신저 채팅을 통해 대화가 가능하며 이미지 인식 기능도 있습니다.

② 최신 정보 검색 기능 : 단순히 챗GPT의 내용만을 조정하여 답변해 주는 것과 다르게 구글 검색을 접목하여 보다 최신성이 높은 답변을 제공합니다.

③ OCR기술(광학문자인식기술) : 글꼴, 배경에 상관없이 이미지에 삽입된 문자를 인식합니다. 그래서 글씨가 적혀 있는 이미지를 카톡을 통해 아숙업에게 보내면 번역된 내용과 요약된 내용을 받아 볼 수 있습니다.

④ 인터넷 링크 내용 요약 및 번역 : 아숙업에게 링크를 보내면서 내용을 요약해 달라고 하면 링크의 내용을 이해하기 쉽도록 요약해 주며, 번역해 달라고 요청하면 번역까지 한 번에 해 줍니다. 내용의 요약이나 번역의 완성도도 높은 편에 속합니다.

그럼 아숙업의 사용 방법에 대해서 알아보겠습니다.

아숙업 카카오톡 친구 추가하기

AskUp을 사용하는 방법은 간단합니다. 바로 카카오톡에서 친구로 추가하여 대화를 시작하면 됩니다.

카카오톡 서비스 내 아숙업 찾기
1) 카카오톡 화면 상단에 있는 돋보기를 클릭합니다.
2) 검색창에 'AskUp'을 입력합니다.
3) 채널 카테고리에 보이는 AskUp의 프로필의 'Ch +' 버튼을 클릭하여 카카오톡 플러스 친구로 추가한 후 생성된 대화방에서 아숙업과 문답을 나눌 수 있습니다.

아숙업의 유용한 주요 기능

이미지 내 글자를 읽는 'OCR'

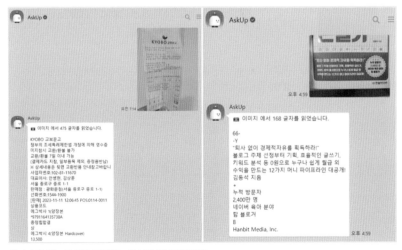

이미지에 있는 글자를 인식하는 아숙업 챗봇과의 대화

아숙업에는 사용자가 전송한 이미지 내의 글자를 읽고 번역, 요약까지 생성할 수 있는 OCR(광학문자인식) 기능이 탑재되어 있습니다. 개발사인 업스테이지의 OCR 기술이 결합되어 있어 글꼴, 손글씨, 배경과 상관없이 정확하게 문자를 인식하는 것이 특징입니다. 영수증, 메뉴판, 표지판, 안내문, 서류 등 텍스트가 담긴 이미지를 요약해서 읽고 싶거나, 외국어로 번역이 필요할 때 활용하면 유용합니다.

이미지 생성 기능

이미지 생성 기능을 탑재한 아숙업

아숙업에는 그림을 그릴 수 있는 이미지 생성 인공지능 모델인 '업스케치(Upsketch)'가 탑재되어 있습니다. 업스케치는 업스테이지의 기술로 파인튜닝된 모델로서 사용자가 원하는 이미지를 만들어 주는 '그려 줘' 기능과 얼굴 이미지를 바탕으로 이미지를 더 젊게 혹은 더 멋지게 바꿔 주는 '프로필' 기능 2가지가 있습니다.

사용 방법은 간단합니다. '그려 줘' 기능은 사용자가 원하는 이미지에 대한 설명 이후 '~그려 줘'를 입력하면 이미지가 생성되는 방식입니다. 생성된 이미지의 퀄리티도 매우 뛰어납니다. 상상 속 이미지를 현실로 표현하고 싶을 때 쉽고 빠르게 생성해 보기 바랍니다.

그 외 주요 기능

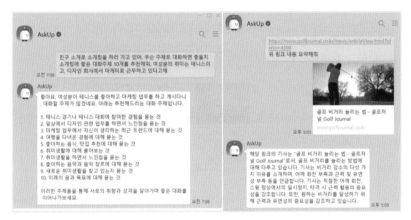

이미지 생성 기능을 탑재한 아숙업

앞서 배운 대화형 AI 서비스와 같이 궁금한 내용들에 대한 아이디어를 제안해 주거나, 웹 페이지를 쉽고 빠르게 요약하는 기능도 제공합니다. 채팅창에 URL 링크를 입력하면 해당 페이지의 내용을 자동으로 요약해 줍니다.

푸드렌즈 기능으로 식단 및 레시피 추천, 영양 정보 등을 기록, 관리할 수 있는 아숙업 화면

    아숙업에는 업스테이지가 인공지능 헬스케어 스타트업 두잉랩과 손잡고 개발한 음식 인식 솔루션 '푸드렌즈' 기능도 탑재되었습니다. 오늘 내가 먹은 음식의 칼로리와 영양 정보가 궁금하다면 바로 사진을 찍어서 업로드하면 푸드렌즈를 통해 자동으로 음식을 인식하여 식단에 대한 조언뿐만 아니라 레시피, 어울리는 음식, 맛있게 먹는 방법을 알아볼 수 있습니다. 또한 음식 사진을 전송한 후 하단에 뜨는 '기록' 버튼을 누르면 식단이 기록되고 사용자의 식습관과 목표에 맞춰 건강 식단에 대한 조언을 받는 것도 가능합니다. 음식 사진은 최근 5건까지 기록됩니다.

TIP

아숙업은 기본적으로 챗GPT-3.5를 기반으로 하고 있습니다. 하지만 프롬프트 입력 시 가장 앞에 '!'를 붙이면 챗GPT-4가 적용되어 사용자의 요청을 효과적으로 처리할 수 있습니다. 챗GPT-4는 엄청난 양의 데이터를 학습한 인공지능으로 챗GPT-3.5에 비해 더욱 정교한 언어 이해와 처리 능력을 가지고 있기 때문에 이 옵션을 활용해 더욱 정확한 답변을 생성할 수 있습니다.

아숙업의 최대 장점은 역시 모바일 사용이 편리하다는 것입니다. 누구나 사용하는 카카오톡에서 챗GPT를 접할 수 있다는 것이 아숙업의 인기 비결이 아닐까 합니다. 또한 국내 기업에서 만든 서비스이다 보니 한국어에 특화되어 있으며, 업스테이지에서 아숙업을 꾸준하게 업데이트하며 새로운 기능들이 계속해서 추가되고 있어 앞으로 더 뛰어난 아숙업의 성능이 기대됩니다.

클로드3(Claude 3) : AI 첫 IQ 100 돌파

2024년 3월 LLM에 지각 변동을 일으키는 모델이 공개되었습니다. 바로 오픈AI의 대항마로 불리는 앤스로픽(Anthropic)에서 만든 클로드3 모델입니다. 클로드3의 가장 큰 특징은 모델 크기의 다양화입니다. 기존의 클로드1과 2.1은 하나의 모델로 제공되었지만, 클로드3는 하이쿠(Haiku), 소네트(Sonnet), 오푸스(Opus)의 3가지 버전으로 출시되었습니다. 각 모델은 규모와 성능에서 차이가 있어 사용자의 요구 사항에 맞는 모델을 선택할 수 있습니다.

		Claude 3 Opus	Claude 3 Sonnet	Claude 3 Haiku	GPT-4	GPT-3.5	Gemini 1.0 Ultra	Gemini 1.0 Pro
학부 수준 지식	Undergraduate level knowledge MMLU	86.8% 5 shot	79.0% 5-shot	75.2% 5-shot	86.4% 5-shot	70.0% 5-shot	83.7% 5-shot	71.8% 5-shot
대학원 수준 추론	Graduate level reasoning GPQA, Diamond	50.4% 0-shot CoT	40.4% 0-shot CoT	33.3% 0-shot CoT	35.7% 0-shot CoT	28.1% 0-shot CoT	—	—
중학교 수학	Grade school math GSM8K	95.0% 0-shot CoT	92.3% 0-shot CoT	88.9% 0-shot CoT	92.0% 5-shot CoT	57.1% 5-shot	94.4% Maj1@32	86.5% Maj1@32
수학 문제 해결	Math problem-solving MATH	60.1% 0-shot CoT	43.1% 0-shot CoT	38.9% 0-shot CoT	52.9% 4-shot	34.1% 4-shot	53.2% 4-shot	32.6% 4-shot
다국어 수학	Multilingual math MGSM	90.7% 0-shot	83.5% 0-shot	75.1% 0-shot	74.5% 8-shot	—	79.0% 8-shot	63.5% 8-shot
코딩	Code HumanEval	84.9% 0-shot	73.0% 0-shot	75.9% 0-shot	67.0% 0-shot	48.1% 0-shot	74.4% 0-shot	67.7% 0-shot
텍스트 추론	Reasoning over text DROP, F1 score	83.1 3-shot	78.9 3-shot	78.4 3-shot	80.9 3-shot	64.1 3-shot	82.4 Variable shots	74.1 Variable shots
혼합 평가	Mixed evaluations BIG-Bench-Hard	86.8% 3-shot CoT	82.9% 3-shot CoT	73.7% 3-shot CoT	83.1% 3-shot CoT	66.6% 3-shot CoT	83.6% 3-shot CoT	75.0% 3-shot CoT
지식 Q&A	Knowledge Q&A ARC-Challenge	96.4% 25-shot	93.2% 25-shot	89.2% 25-shot	96.3% 25-shot	85.2% 25-shot	—	—
상식 지식	Common Knowledge HellaSwag	95.4% 10-shot	89.0% 10-shot	85.9% 10-shot	95.3% 10-shot	85.5% 10-shot	87.8% 10-shot	84.7% 10-shot

앤스로픽에서 제시한 챗GPT, 제미나이, 클로드의 서비스 성능 성적표

클로드3는 멀티모달 입력이 가능해 텍스트, 이미지, PDF 등을 이해할 수 있습니다. 챗GPT-4보다 더 많은 데이터(한 번에 약 150,000단어, 200k 컨텍스트)를 처리할 수 있으며, 정확도 99%가 넘는 향상된 메모리 기억도 제공합니다. 뿐만 아니라 한 번 명령어 입력으로 최대 20개의 이미지 분석이 가능할 정도로 수준 높은 멀티모달 능력을 갖추었습니다.

클로드3 소네트는 챗GPT-4에 비해 밀리는 부분이 분명 있지만 무료로 사용할 수 있습니다. 역시 무료인 챗GPT-3.5나 제미나이 프로와 비교하면 훨씬 좋은 성능을 갖추고 있어 무료 버전을 사용하는 사용자라면 하나의 서비스만 사용하기보다는 2~3개의 서비스를 함께 사용하며 생성된 답변을 비교하여 취사선택을 통해 양질의 결과를 얻을 수 있습니다.

클로드3 메인 화면

구글에서 '클로드3'를 검색하고 사이트에 들어가서 중앙 하단의 'Continue with Google' 버튼을 클릭해 계정을 생성, 등록해 줍니다. 계정 등록 후에는 곧바로 사용할 수 있습니다. 무료로 사용할 수 있는 기본 모델은 클로드 소네트이며, 가장 상위 버전인 하이쿠는 월 20달러로 사용할 수 있습니다.

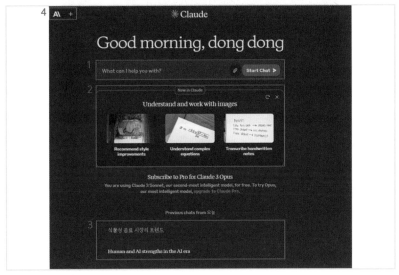

클로드3의 주요 기능
1) 입력창 : 질문을 입력하는 입력창. 프롬프트를 입력한 후 '엔터'를 누르거나 'Start Chat'을 누릅니다.
2) 이미지 인식이 가능한 클로드3 모델의 이미지 인식 샘플 모델 제시
3) 히스토리 : 클로드3와 진행한 대화 기록이 남아 있는 영역으로 기존의 채팅 기록을 클릭하면 해당 채팅 방으로 이동해 대화를 이어 갈 수 있습니다.
4) New Chat : 기존 대화를 종료하고 새로운 질문, 대화를 생성하고 싶을 때 New Chat 버튼을 클릭하면 새로운 채팅이 생성됩니다.

현존하는 최강의 모델로 불리는 클로드3의 등장으로 오픈AI 챗GPT, 구글 제미나이에서 더 높은 수준의 모델 출시를 발 빠르게 공식 발표하고 있습니다. 그만큼 앞으로 대화형 AI 서비스의 수준은 더욱 향상될 것

입니다. 인간과 유사한 지능과 스스로 학습할 수 있는 능력을 갖춘 AI인 AGI(Artificial General Intelligence, 범용 인공지능) 시대가 열릴 날이 머지않았다는 것을 알 수 있습니다.

급변하는 AI 시대에 인간이 경쟁력을 갖추기 위해서는 지금까지 살펴본 다양한 대화형 AI 서비스들을 잘 활용해야 합니다. 모델별로 장단점이 있으니 하나의 서비스에 의존하기보다는 동일한 질문을 여러 개의 서비스에 넣어 답변을 생성받은 다음, 제시된 답변들 중 더 적합한 내용을 취사선택하고 나의 생각과 가치관을 더해 나만의 이야기, 나만의 콘텐츠를 만들어 낼 수 있어야 합니다. 앞으로의 시대에는 이러한 능력이 더욱 중요해질 것입니다.

 파이(Pi) : 감성형 AI 챗봇

스타트업 인플렉션 AI(Inflection AI)에서 개발한 AI 챗봇 '파이(Pi)'가 세상에 공개되었습니다. 사용자 친화적인 인터페이스와 다양한 기능을 앞세워 챗GPT, 구글 제미나이와 경쟁을 하고 있습니다. 파이는 PC와 모바일 모두에서 사용할 수 있지만, 특히 모바일 환경에서 대화형 AI를 쉽고 편리하게 사용할 수 있도록 설계된 AI 서비스입니다.

인플렉션 AI 챗봇 파이의 메인 화면

구글에서 'Pi AI'라고 검색하거나 파이 사이트(pi.ai/onboarding)에 들어가서 하단의 'Login' 버튼을 클릭해 계정을 생성, 등록해 줍니다. 계정 등록 후에는 곧바로 무료로 사용할 수 있습니다.

First thing, choose how I should sound.

Pi 1	Pi 2
Pi 3	Pi 4
Pi 5	Pi 6
Pi 7	Pi 8

I'll do it later   Choose voice

AI 보이스를 선택하는 최초 설정 화면

파이는 텍스트 생성뿐 아니라 생성된 답변을 다양한 AI 보이스로 들려주기 때문에 목소리 설정이 가능합니다. 현재는 8명의 AI 성우 목소리 중에서 선택할 수 있습니다.

챗 GPT와 구글 제미나이는 대화에 집중하는 반면, 파이는 정서적으로 공감할 수 있도록 설계되었습니다. 따라서 사용자의 감정을 인식하고 이에 반응하여 정서적 지원과 동반자 관계를 제공해 준다는 것이 큰 차별점입니다.

> Hey there, great to meet you. I'm Pi, your personal AI.
>
> My goal is to be useful, friendly and fun. Ask me for advice, for answers, or let's talk about whatever's on your mind.
>
> How's your day going?

가입 후 파이와의 첫 만남과 첫 메시지. 정말 편안한 심리상담가나 친구를 만난 듯하다.
안녕하세요, 반갑습니다. 저는 당신의 개인 AI인 파이입니다.
제 목표는 유용하고, 친근하고, 재미있는 사람이 되는 거예요. 조언을 구하거나, 답을 구하거나, 고민자분께서 생각하시는 것에 대해 이야기해 봐요.
오늘 하루 잘 지내고 계세요?

파이는 대화 외에도 다양한 기능을 제공합니다. 사용자는 파이를 활용하여 다음과 같은 작업을 수행할 수 있습니다.

- 창의적인 텍스트 생성 : 시, 소설, 대본, 노래 가사, 이메일, 편지 등의 창의적 작문
- 언어 번역 : 다양한 언어를 지원하여 여행자나 언어 학습자에게 유용한 도구로 활용 가능
- 질문 답변 : 방대한 데이터베이스에 접근하여 사용자의 질문에 정확

하고 유익한 답변 제공

요즘 야근도 늘어나고, 회사 회식도 늘어나고 있습니다. 저녁 늦게 술과 기름진 음식을 먹으면 몸이 무거워지고 건강도 나빠질까봐 걱정입니다

당신은 상상하는 것이 아닙니다! 밤 늦게 무겁고 기름진 식사를 하고, 정기적으로 술을 마시는 것은 확실히 몸에 큰 타격을 줄 수 있습니다. 건강이 걱정되는 것은 충분히 이해가 됩니다. 바쁜 업무 일정 속에서도 자신을 돌볼 수 있는 몇 가지 방법을 생각해 보세요! 💪

파이와 대화하세요.

실제 파이와의 대화 화면. 친구와 대화하듯 편안한 느낌을 준다.

이처럼 파이는 지식·정보 전달에 중점을 둔 기존 AI 서비스들과는 다르게 인간과의 소통에 중점을 둔 감성형 챗봇입니다. 사용자의 감정을 잘 정리해 주고, 잘하는 부분에 대해서는 칭찬해 주기도 하고, 대화가 끊이지 않도록 후속 질문도 해 줍니다. 또한 따뜻한 말투를 구사해 편안함과 친근함을 통해 내가 미처 생각하지 못했던 새로운 시각을 제공해 주기도 합니다.

아직은 영어로 대화를 주고받는 것이 가장 자연스럽고, 한국어로 하는 대화는 조금 부자연스럽습니다. 하지만 AI가 언어를 인식하는 기술들이 빠르게 발전하고 있고, 인플렉션 AI에서 더 많은 언어로 더 많은 지역에서 파이 서비스를 확대할 것이라고 발표했으니 눈여겨보기 바랍니다. 감성 지능을 갖추고 사용자와 독특한 유대감을 형성하도록 훈련된 AI인 만큼 앞으로 그 활용이 기대됩니다.

이미지 생성
AI 서비스 활용법

앞서 챗GPT는 언어 영역에서 엄청난 결과물을 만들어 준다는 것을 배웠습니다. 그럼 '사용자가 원하는 이미지에 대한 프롬프트를 넣으면 원하는 이미지도 뚝딱 만들어 낼 수 있을까?'라는 궁금증이 생깁니다.

이미지 생성 AI 미드저니로 그린 제이슨 엘런의 「스페이스 오페라 극장」

2022년 8월 한 개발자가 생성형 AI 미드저니(Midjourney)를 이용해 그린 작품 「스페이스 오페라 극장」이 미술대회에서 1위를 차지한 사건은 많은 사람이 이미지 생성 AI를 주목하게 만든 계기가 되었습니다. 이처럼 누구나 이미지 생성 AI 툴을 활용해 입력창에 간단한 프롬프트를 텍스트로 입력하면 멋진 결과물의 디지털 아트를 만들어 낼 수 있게 되었습니다.

정말 다양한 이미지 생성 AI 도구가 있지만 그중에서 제가 직접 사용해 본 결과, 사용 방법이 어렵지 않고 퀄리티 높은 결과물을 만들어 내는 5개 서비스의 사용 방법을 자세히 설명하겠습니다. 10분만 투자하면 책의 내용을 바탕으로 내가 원하는 다양한 이미지를 생성할 수 있게 될 것입니다.

달리3(DALL-E 3) : 텍스트로 사실적인 그림 제작

달리3는 2022년 4월 달리2(DALL-E 2) 출시 이후 약 1년 반 만인 2023년 9월 20일 업데이트 버전으로 공개되었습니다. 현재 해외에서 가장 유명한 이미지 생성 AI로 오픈AI에서 개발했습니다. 높은 해상도와 세밀한 이미지 생성은 실제 사진과 구분이 되지 않을 만큼 사실적이라는 것이 특징입니다.

캐릭터, 콘셉트 아트, 일러스트, 실사 이미지, 예술 작품 같은 이미지, 사진 같은 이미지 등 다양한 장르에 이미지 생성이 가능해 범용적인 AI로 활용되고 있습니다. 기존 미드저니와 스테이블 디퓨전 방식을 통해 프롬프트의 사용 방법을 경험한 사용자라면 챗GPT를 통해 대화하듯 명령어를 텍스트 기반의 프롬프트로 전송할 수 있어 달리3를 보다 쉽고 편하게 활용할 수 있을 것입니다.

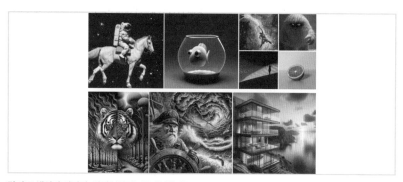

달리로 생성된 이미지. 달리2(상단), 달리3(하단)

출처 : DALL-E

달리3를 통해 이미지를 생성해 본 사람들은 달리2와 같은 모델이 맞는지 의심이 들 정도로 성능이 대폭 업그레이드되었습니다. 사이트에 접속해서 사용해야 했던 달리2와 다르게 달리3는 챗GPT에 내장되어 있어 대화창 안에서 사용할 수 있습니다. 저 역시 다양한 이미지 생성 AI를 사용하지만 최근 챗GPT-4 터보로 업그레이드된 달리3를 주로 활용하고 있습니다. 직접 사용해 본 결과 달리3는 기존의 이미지 생성 AI들과 큰 차별점이 있습니다.

챗GPT와 통합된 달리3

먼저 달리3는 챗GPT 대화창에서 이미지 생성, 편집, 업스케일까지 모든 작업이 쉽고 간편하게 이루어집니다. 우리가 머릿속에 상상하는 이미지 아이디어를 제공하면 챗GPT는 아이디어를 실현할 수 있는 최적화된 맞춤형 프롬프트를 자동으로 생성하고 연결하여 곧바로 이미지를 생성합니다. 2023년 9월 챗GPT-4와 통합 적용한 후 2023년 11월 챗GPT-4 터보로 업그레이드되면서 2개월여 만에 또 한 번 변화를 가져왔습니다.

그린워싱 콘텐츠에 어울리는 유튜브 섬네일 생성을 위한 프롬프트

그린워싱에 대해 다룬 콘텐츠의 유튜브 섬네일을 만들려고 해. 기업들이 친환경인 척하면서 사실은 환경을 오염시키고 있다는 것을 표현해야 해. 좌/우 2분할로 서로 대조되는 메시지를 주는 이미지를 표현하고 싶어. 사람들의 클릭을 불러일으킬 만큼의 몰입감 높고 자극적인 이미지를 그려 줘.

달리3의 제공 이미지 변화. 하나의 프롬프트에 4개의 이미지 생성(왼쪽, 2023년 9월 챗GPT-4에 달리3 적용), 하나의 프롬프트에 1개의 이미지 생성(오른쪽, 2023년 11월 챗GPT-4 터보에 달리3 적용)

그린워싱에 대한 유튜브 섬네일 제작을 요청했습니다. 기존에는 하나의 명령에 4장의 이미지를 그려 주었지만, 챗GPT-4 터보로 업그레이드하면서 하나의 명령어에 1장의 이미지를 제공해 줍니다. 똑같은 프롬프트를 넣었는데 제시되는 그림의 퀄리티가 확연히 차이 날 정도로 좋아졌습니다.

1인 크리에이터 시대에 유튜브 섬네일, 블로그나 인스타그램의 카드뉴스 등 필요한 이미지를 제작할 때 어려운 방식의 미드저니나 스테이블디퓨전을 사용하지 않아도 퀄리티 높은 이미지를 얻을 수 있게 되었습니다. 달리3만 잘 활용하더라도 콘텐츠를 생산하는 데 큰 무리는 없을 것입니다.

달리3를 이용해 만든 SNS 콘텐츠 섬네일. 경쟁 이미지 생성 AI보다 텍스트 구현 정확도가 높다.

놀라울 정도로 눈에 띄는 또 하나의 차이점은 바로 정확한 텍스트의 구현입니다. 달리3가 챗GPT-4 터보로 업그레이드되면서 보다 정확한 텍스트 구현이 가능해졌습니다. 이미지의 퀄리티가 높고, 다양한 편집 기능이 있는 미드저니, 스테이블디퓨전보다 훨씬 더 정확도 높은 텍스트를 구현해 내고 있습니다.

달리3 사용 방법

대화형 AI 서비스인 챗GPT 사용 방법을 익혔다면 이미지 생성 AI 달리 3는 더욱 쉽게 활용할 수 있습니다. 기존에 이미지를 생성해 주는 AI인 미드저니는 직접 홈페이지에 접속하거나 프로그램을 설치해서 사용하는 방식이 아닌 디스코드(Discord)라는 플랫폼을 다운로드받은 뒤 사용해야 해서 불편했습니다. 무엇보다 한글을 사용할 수 없다는 점이 초보자들에게 큰 장벽으로 다가왔습니다.

하지만 챗GPT 안에 달리3가 들어오게 되면서 별도의 프로그램 설치나 다른 플랫폼으로의 접속 없이 챗GPT 웹사이트 창 안에서 내가 원하는 프롬프트만 입력해 주면 이미지를 만들 수 있게 되었습니다. 마치 학창시절에 그림을 잘 그리는 친한 친구에게 대화하듯 요청 사항을 프롬프트로 입력하면 프롬프트를 해석해 그에 맞는 완성도 높은 이미지를 뚝딱 생성해 줍니다. 입력 내용이 조금 틀리더라도 이미지를 생성해 주기 때문에 초보자들이 쉽게 접근할 수 있습니다. 그러니 자신감을 가지고 여러 번 입력하며 직접 경험해 보기 바랍니다.

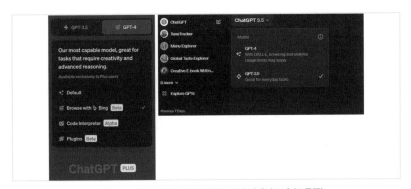

챗GPT-4 버전 모드 선택창. 2023년 11월 업데이트 전(왼쪽)과 업데이트 후(오른쪽)

2023년 11월 챗GPT-4 터보가 출시된 후에는 챗GPT-4 모드 안에 달리3 와 MS 빙 검색이 기본으로 포함되었습니다. 이전에는 그림을 생성하거나, MS 빙 검색을 통해 최신 정보를 받기 위해서는 일일이 각각의 모드를 선택 해야 했습니다. 이제는 그런 번거로움 없이 내가 궁금해하는 단어와 문장을 프롬프트창에 넣으면 똑똑한 챗GPT가 상황에 따라 이미지를 생성해 주기 도 하고, 빙 검색에서 최신 자료들을 끌어와 답변을 만들어 주는 단계까지 발전했습니다. 그럼 달리3의 사용 방법에 대해서 자세히 알아보겠습니다.

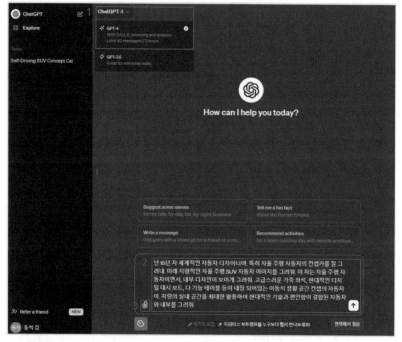

달리3를 활용해 이미지 생성을 요청하는 화면
1) 챗GPT4를 클릭합니다.(별도로 달리를 선택할 필요가 없습니다.)
2) 내가 생성하고자 하는 그림을 설명하는 프롬프트를 입력합니다.
3) 참고 이미지가 있다면 첨부할 수 있습니다.

이미지 생성을 위한 프롬프트를 입력한 후에 이미지를 생성하고 있는 챗GPT

4) 사용자가 입력한 프롬프트를 기반으로 챗GPT가 스스로 더욱 디테일한 프롬프트를 완성하는 동시에 한 글로 입력한 프롬프트가 영문으로 자동 번역되어 진행됩니다.

5) 이미지 생성 중입니다.(짧게는 30초, 길게는 2분 내외의 시간이 소요됩니다.)

아래와 같이 이미지 생성이 완료되었습니다.

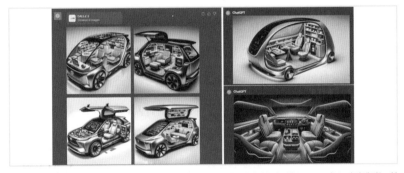

챗GPT-4 버전에서는 프롬프트에 기반을 둔 4장의 이미지를 생성(왼쪽), 챗GPT-4 터보 버전에서는 하나의 프롬프트에 1장의 이미지만 생성(오른쪽 위, 아래)

챗GPT-4 터보로 업그레이드되면서 또 하나의 큰 변화가 있습니다. 바로 제공되는 사용자가 입력한 프롬프트를 기반으로 챗GPT가 제공하는 양의 이미지가 기존에는 4장이었지만, 이제는 하나의 프롬프트에 1장의 이미지만 생성해 줍니다. 정말 쉽고 간단합니다. 다른 이미지 생성 AI들보다 달리3가 더 쉽고 특히 초보자들이 접근하기 좋다고 강조한 이유입니다.

미래형 자율주행 자동차에 대한 프롬프트로 생성된 이미지들
1) 입력한 프롬프트에 맞는 미래형 자율주행 자동차의 이미지를 형성해 주었습니다.
2) 차량 내부에 가구와 가전제품이 포함된 자동차 내부를 그려 달라고 요청해서 생성된 이미지입니다.
3) 조금 더 따뜻하고 친근한 느낌의 내부 인테리어를 요청했습니다. 처음 생성된 이미지와 느낌은 비슷하지만 수정 작업을 요청할 때마다 전혀 다른 새로운 이미지들이 생성되고 있습니다.

달리3는 원본 이미지를 편집하는 방식이 아닌 기존에 생성된 이미지를 참조하여 새로운 이미지를 만들어 주다 보니 원본 이미지와 유사하지만 분위기나 디테일이 일부 변형된 이미지를 제공해 주는 부분이 큰 단점으로 지적되어 왔습니다. 하지만 2024년 4월 달리3가 부분 이미지 수정 기

생성된 이미지 자세히 살펴보기 및 주요 기능
1) 생성된 이미지의 프롬프트(명령어)   2) Copy : 프롬프트 복사하기   3) 이미지 다운로드

능을 탑재하게 되면서 이러한 단점을 극복할 수 있게 되었습니다. 자세한 사용 방법은 바로 뒤에서 다루도록 하겠습니다.

생성된 이미지를 클릭하면 이미지와 사용된 프롬프트를 확인할 수 있습니다. 내가 원하는 이미지를 얻기 위해서는 다양한 시도를 통해 프롬프트(명령어)에 대해 익숙해지는 과정이 필요합니다. 텍스트 기반의 설명이기 때문에 어렵게 생각할 필요가 없습니다. 효과적인 프롬프트를 작성하기 위해서는 원하는 이미지의 세부 사항을 최대한 구체성이 드러나도록 명확하게 기술하는 것이 좋습니다.

예를 들어 '꼬마와 함께 산책하는 강아지를 그려 줘.'보다 '청바지와 청재킷을 입은 귀여운 꼬마가 노을 진 도심 속에 푸른 잔디와 나무가 있고, 옆으로는 물이 흐르는 공원에서 황금빛 털을 가진 강아지와 함께 산책하고 있는 그림을 따뜻한 느낌의 오일 페인팅 스타일을 적용해서 그려 줘.'와 같이 구체적으로 작성하는 것이 효과적입니다.

다양한 이미지 표현 키워드를 활용해 그린 그림

다양한 그림 효과와 묘사를 위해 디테일한 프롬프트를 입력해 생성된 그림입니다. 따뜻함과 포근함이 느껴지나요? 그림에 대해서 아는 게 없어도 지금부터 설명하는 전문성 있는 이미지 생성을 위한 팁을 배운다면 전문가 못지않은 그림을 생성해 낼 수 있습니다.

그럼 달리3 이미지 생성 가이드를 통해 조금 더 완성도 높은 이미지를 얻기 위한 팁을 알려 드리겠습니다. 프롬프트 작성 시 활용해 보기 바랍니다.

달리3 이미지 생성 가이드라인

시간당 사용 횟수 제한이 있으니 사용에 참고하기 바랍니다. 챗GPT-4 기준 3시간 최대 50회 사용 제한을 두었지만, 챗GPT-4 터보 업데이트 후에 더 많은 유료 사용자가 몰리면서 기준을 기존 50회에서 40회로 변경하였습니다. 40회 기준에는 챗GPT-4의 모든 기능(GPT-4 With DALL.E, browsing and analysis, Plugin)의 사용 횟수가 포함됩니다.

* 제공되는 이미지 사이즈, 시간당 사용 횟수 등은 오픈AI의 내부 정책에 따라 언제든지 변경될 수 있습니다.

이미지 사이즈

> 달리3에서는 총 3가지 이미지 사이즈를 지원합니다.
> 1. 정사각형(1 : 1) – 1024×1024
> 2. 가로형(와이드, 16 : 9) – 1792×1024
> 3. 세로형(9 : 16)– 1024×1792

이미지 스타일

다음 8가지 이미지 스타일의 특징을 확인해서 프롬프트에 '해당 스타일로 그림을 그려 줘.'라고 명령을 하면 콘셉트에 맞는 이미지를 생성해 줍니다.

1. 포토(Photo)
실제 사진처럼 보이는 이미지. 높은 현실감, 섬세한 질감, 실제와 같은 색상으로 표현

2. 오일 페인팅(Oil Painting)
유화 스타일 이미지. 부드러운 분위기 연출 및 풍부한 질감, 생생한 색상으로 표현

3. 수채화(Watercolor Painting)
수채화 스타일 이미지. 투명하고 유동적인 색상, 부드러운 가장자리, 가벼운 워싱으로 표현

4. 렌더(Render)
애니메이션 및 건축 시각화에 활용되는 3D 모델링, 렌더링 스타일 이미지. 3D 효과, 사실적인 질감을 표현

5. 카툰(Cartoon)
유머나 효과를 위해 단순화된 형태와 때로는 과장된 표현이 특징인 그림 스타일. 단순화된 형태 및 굵은 선과 과장된 표현

6. 벡터(Vector)
벡터 그래픽 스타일 이미지. 깨끗한 선, 단조로운 색상을 통해 표현되는 디지털 그래픽

7. 일러스트레이션(Illustration)
이야기, 아이디어, 개념을 시각적으로 표현하기 위해 만들어진 그림이나 예술 작품 스타일 이미지. 매우 유연하며 사실적인 표현부터 만화 같은 스타일까지 다양한 예술적 기술을 포함

8. 팝아트(Pop Art)
파퓰러 아트(Popular Art, 대중예술)의 줄임말. 대중문화와 일상적인 사물들을 예술의 소재로 삼고 있으며, 두꺼운 윤곽선, 다채로운 컬러감으로 표현

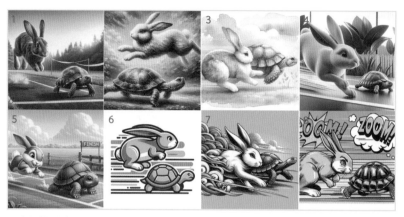

토끼와 거북이의 경주 모습을 8가지 스타일로 생성한 그림(프롬프트 : 토끼와 거북이가 경주하는 그림을
○○스타일로 그려 줘.)
1. 포토   2. 오일 페인팅   3. 수채화   4. 렌더   5. 카툰   6. 벡터   7. 일러스트레이션   8. 팝아트

　미술 전공자가 아니라면 8가지 스타일에 대해서 이론적인 설명만으로
는 이해할 수 없을 것입니다. 동일한 프롬프트를 넣고 각각의 스타일로 그
려 달라고 명령하여 나온 결과물을 보면 차이점이 한 번에 이해가 될 것
입니다. 그럼 8가지 스타일 중 벡터 스타일을 적용해 그림을 그려 보겠습
니다. 얼마 전에 초등학교 2학년 아들과 함께 팝아트 미술 작품 전시회를
다녀온 뒤 그림에 깊은 감명을 받은 아들과 함께 작성한 프롬프트입니다.

다양한 동물을 팝아트 스타일로 생성하기 위한 프롬프트

지금부터 너는 20년 차 디지털 아티스트야. 특히 팝 아트 분야에서 최고의 아티스트야.
내가 그리고 싶은 그림은 다양한 동물 그림이야. 현대적인 디지털 아트 스타일로, 특히 '벡터(Vector) 아
트(벡터 그래픽 스타일 기법을 사용해 다양한 컬러들이 포함되면서 대조적인 색상과 소용돌이치는 패턴
이 특징인 그림), 여러 가지 밝고 선명한 색상을 사용하여 다채로운 층을 형성하고 있었으면 좋겠어. 동
물의 형상을 추상적이고 그래픽적인 방식으로 표현해 줬으면 좋겠어. 강렬한 색채 대비와 단순화된 형태
의 기린 그림을 그려 줘.

초등학교 2학년 아들이 달리3에 직접 프롬프트를 넣어 만든 동물 팝 아트 작품

초등학생 아들도 처음에는 프롬프트에 '귀여운 강아지를 그려 줘.', '멋진 상아와 긴 코를 가진 코끼리를 그려 줘.'와 같이 단순한 입력을 했지만, 다양한 그림 스타일과 표현 방법을 알려 주니 이렇게 멋진 미술 작품을 완성해 냈습니다. 기존에는 아들이 미술에 대한 흥미가 없었는데 이제는 달리3로 직접 그린 이미지를 제게 보여 주면서 더 많은 대화의 시간을 가지게 되었습니다. 그 밖에도 특정 화가의 스타일이나 인상파, 초현실주의 스타일과 같은 다양한 화풍으로 생성해 보기 바랍니다.

2024년 4월 달리3에도 생성된 이미지를 부분 수정할 수 있는 인페인팅 기능이 새롭게 추가되었습니다. 이미지를 생성한 다음 마음에 들지 않거나 수정이 필요한 영역을 직접 설정한 뒤 원하는 프롬프트를 입력해 주면 원본 이미지의 일관성을 유지하면서 원하는 이미지로 수정할 수 있습니다.

달리3 이미지 수정을 위한 설정 화면
1) 브러시 : 수정을 원하는 영역을 직접 마킹   2) 저장 : 해당 이미지 저장
3) 프롬프트 확인 : 생성된 이미지의 상세 프롬프트 확인 가능   4) 닫기
5) 추가 프롬프트 입력창 : 수정을 원하는 프롬프트를 입력 또는 이미지 수정을 위한 참고 파일 업로드 영역

이미지 수정 방법

달리3에서 생성된 이미지를 클릭합니다. 화면 오른쪽 상단의 수정(브러시) 버튼을 클릭해서 수정하고 싶은 영역을 마우스로 마킹해 주고 수정을 원하는 프롬프트(명령)를 작성해 주면 끝입니다.

인페인팅 기능을 활용해 생성된 이미지 내 수정을 원하는 부분에 마킹

저는 생성된 이미지가 마음에 들었지만 조금 더 미니멀한 공간으로 표현하기 위해 생성된 이미지 좌우에 있는 서랍장과 화분을 제거하고 싶었습니다. 그래서 해당 부분을 마킹한 뒤 '해당 영역에 사물이 없게, 깔끔하게 제거해 줘.'라는 프롬프트를 입력하고 '생성하기' 버튼을 클릭했습니다.

부분 수정이 적용되어 최종 생성된 이미지

원본 이미지를 유지한 채 제가 원했던 대로 서랍장과 화분이 잘 제거되었습니다. 이 인페인팅 기능이 없었을 때는 생성된 이미지에서 다시 추가 프롬프트를 넣어 서랍장과 화분을 제거해 달라고 요청했는데, 그 경우 원본 이미지의 일관성이 유지되지 않는다는 단점이 있었습니다. 하지만 이제 달리3에서도 해당 기능을 통해 완성도 높은 이미지 생성과 수정이 가능해졌습니다.

그 외 유용한 팁

1. 색상 설정
그림의 전체적 느낌을 표현하거나 특정 요소에 적용하고 싶을 때 사용합니다. 예를 들어 '붉은 노을빛 하늘', '노란색 스포츠카', '황금빛 털을 가진 강아지'와 같이 색상을 명시적으로 지정하여 디테일한 표현이 가능합니다.

2. 배경 및 인물 설정
'구름 한 점 없는 파란 가을 하늘'과 같이 배경의 풍경, 색상과 '새벽, 일몰, 낮, 해질녘, 야경' 등의 시간대, '비 오는 날, 맑은 날, 눈 내리는 겨울, 낙엽이 떨어지는 가을'과 같이 배경의 환경과 계절을 명시할 수 있습니다. 배경뿐만 아니라 인물의 특징도 연령(꼬마, 학생, 어른, 노인 등), 성별, 헤어스타일, 옷 스타일, 액세서리 등의 특징을 명시적으로 지정할 수 있으며, '기쁜, 행복한, 우울한, 슬픈, 밝은 표정, 어두운 표정'과 같이 인물이나 동물의 표정 등도 디테일한 표현이 가능합니다.

3. 텍스트 삽입
이미지에 원하는 텍스트를 포함시킬 수도 있습니다. 텍스트를 이미지로 정확하게 구현할 수 있는 AI 모델은 전 세계적으로도 손에 꼽는데, 그중 달리3의 정확도는 최고 수준입니다.

달리3를 활용해 생성된 이미지에 다양한 텍스트를 입력한 결과물

텍스트를 이미지로 구현하는 기능을 적절히 활용하여 홈페이지에 사용할 배너를 만들거나, 텍스트가 포함된 로고를 만드는 등 개인의 창작을 넘어 상업적 이용에 대한 접근성이 더 좋아졌습니다. 간혹 텍스트가 잘못 출

력되는 경우도 있는데 이때는 프롬프트에 다시 해당 단어를 포함시켜 달라는 프롬프트를 넣으면 됩니다. 몇 번의 피드백 과정을 거치다 보면 6개월 후, 1년 후에는 이미지 생성 AI 달리가 더욱 수준 높은 완성도를 제공해 줄 것이기에 앞으로가 더욱 기대됩니다.

챗GPT에게 달리3 프롬프트 생성 요청하기

완성도 높은 이미지를 생성해 내기 위해 어떤 프롬프트를 넣어야 할지 감이 잘 잡히지 않는 사람들에게 챗GPT를 활용하는 방법을 추천합니다.

이미지 생성을 위한 프롬프트 요청하기

1. 사용 목적
내가 생성하려고 하는 것은 플랫 디자인으로 책 아이콘을 만들려고 해. 블루 컬러와 옐로 컬러로 작업을 해 줘.

2. 용도
다음 주 독서모임 발표회 안내문, 공지 상세페이지에 사용할 것이며, 배경색은 흰색이야. 이에 맞는 달리3에 넣을 프롬프트를 3가지 정도 추천해 줘.

위와 같이 내가 만들고자 하는 그림의 사용 목적, 용도 등의 정보를 상세히 적고 이에 맞는 달리3에 넣을 프롬프트를 3가지 정도 추천해 달라고 명령어를 넣으면 됩니다.

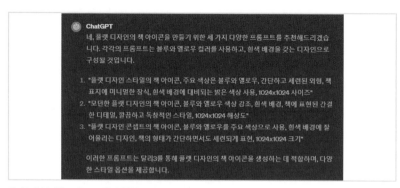

달리3에 입력할 프롬프트를 추천해 주는 챗GPT 답변 내용

수 초 이내에 챗GPT가 달리3에 넣을 프롬프트 3가지를 추천해 줍니다. 그러면 해당 프롬프트를 복사해 넣고 생성된 이미지를 보며 프롬프트를 조금씩 업그레이드해 나가면 됩니다.

독서클럽 홍보물 제작에 들어갈 아이콘

실제로 제시된 프롬프트를 그대로 입력해 얻은 독서클럽 홍보물 제작을 위한 아이콘입니다. 이 아이콘을 만들기까지 단 3분이 소요되었습니다. 꽤 그럴싸하지요? 이제 달리3를 활용해 아이콘부터 텍스트가 포함된 로고, 나만의 미술 작품, 홈페이지에 사용할 배너 등 개인의 창작을 넘어 1인 기업으로서 나의 브랜드를 알리는 등 다양한 상업적 이용까지 활용 영역을 넓히기 바랍니다.

빙 이미지 크리에이터(Bing Image Creator) : 달리3 무료 탑재

빙 이미지 크리에이터는 마이크로소프트 브라우저 빙에서 출시한 이미지 생성 AI 플랫폼입니다. 챗GPT-4 유료 사용자들에 한해서 이미지 생성 AI 달리3를 사용할 수 있기 때문에 아직 무료 버전만 사용하거나 유료 버전으로의 업그레이드를 망설이는 사람들에게 추천합니다. 이유는 빙 이미지 크리에이터에 달리3가 탑재되었기 때문입니다. 다시 말해 달리3를 무료로 활용할 수 있습니다.

빙 이미지 크리에이터 가입 방법

빙 이미지 크리에이터 메인 화면

빙 이미지 크리에이터는 기존 MS 엣지에서만 사용이 가능했지만 이제는 크롬 브라우저에서도 이용할 수 있습니다. 사용 방법은 다음과 같습니다. 빙 이미지 크리에이터 사이트(bing.com/images/create)에 접속한 후 MS 아이디로 간단하게 회원가입할 수 있습니다.

빙 이미지 크리에이터에 회원가입한 후 로그인된 메인 화면

1) 내가 만들고 싶은 이미지의 설명인 프롬프트(명령어)를 넣는 입력창입니다.

2) 프롬프트 입력 후 '엔터'를 눌러도 되고, 만들기 버튼을 클릭해도 됩니다.

3) 빙 이미지 크리에이터는 '부스트'를 활용하여 이미지를 빠르게 생성할 수 있습니다. 계정을 생성하면 처음에 15개의 부스트가 제공되고(2023년 10월 25일 기준 기존 25개에서 15개로 낮아짐. 제공되는 부스트 수량은 수시로 변동), 모두 사용한 후에도 무료로 이미지를 생성할 수 있습니다. 15개의 부스터는 매일 새롭게 갱신되는데 계정마다 갱신되는 시간에는 차이가 있습니다. 다시 말해, 완전히 무료로 사용할 수 있지만 부스트를 모두 사용한 후에는 서버의 혼잡도에 따라 이미지 생성 시간이 길어질 수 있습니다.

4) MS 에코시스템을 사용하여 얻은 MS Reward Points를 사용하여 부스트를 얻을 수도 있습니다. 예를 들어 이미지를 1회 생성하면 3포인트를 얻거나, MS의 주요 기사를 읽거나 퀴즈를 풀거나 일일 작업을 완료하면 보상 포인트를 받을 수 있습니다. 500 보상 포인트로 5개의 부스트를 구매할 수 있습니다.

5) 아이디어 탐색 : 빙 이미지 크리에이터 메인 화면에 보이는 그림에 마우스 커서를 올리면 해당 이미지의 입력된 프롬프트를 확인할 수 있습니다. 이미지를 클릭하면 보다 자세한 프롬프트 내용을 확인할 수 있고 다운로드, 공유, 저장, 의견을 공유할 수 있습니다.

앞에서 다른 프로그램을 통해 이미지 생성 작업들을 해 본 독자라면 이제는 처음 보는 메인 화면이라도 크게 낯설지 않을 것입니다. 빙 이미지 크리에이터의 첫 화면과 각각의 기능과 용도들에 대해 간단히 설명하겠습니다.

빙 이미지 크리에이터 사용 방법

달리3의 텍스트 기반 이미지 생성 방식과 동일하기 때문에 주요 기능에 대해서만 간단히 설명하겠습니다. 보다 디테일한 노하우에 대해서는 앞에서 설명한 달리3 이미지 생성 가이드라인을 참고해 주기 바랍니다.

빙 이미지 크리에이터로 생성된 이미지

1) 창작물 : 1회 요청에 4장의 이미지가 제공됩니다.
2) 부스터 : 1회 요청에 1개의 부스터가 차감됩니다.
3) 리워드 포인트(Reward Points) : 1회 생성마다 3포인트씩 제공됩니다.
4) 최근 : 챗GPT의 History 메뉴처럼 이전에 생성되었던 이미지들이 저장되어 있으며, 클릭하여 자신이 이전에 작성했던 프롬프트를 확인하거나 수정할 수 있습니다.

최근에 생성한 20개의 이미지만 이미지 작업 목록에 보관됩니다. 다시 말해, 21번째 이미지가 생성되면 처음 작업했던 1번 작업물은 더 이상 작업 목록에서 확인할 수 없게 됩니다. 따라서 생성한 후 마음에 드는 이미지는 반드시 별도로 저장하는 것을 권장합니다.

이미지 저장 기능

빙 이미지 크리에이터에는 이미지 저장 기능이 있습니다. 오른쪽 [삼색선]을 클릭한 후 [컬렉션] 메뉴를 클릭하여 '새 컬렉션 시작'을 통해 내 폴더를 생성하면 됩니다.

생성된 이미지의 상세 설명 및 추가 설정 화면

내가 생성한 그림 중 보관이 필요하다면 해당 그림을 클릭한 후 공유 옆의 '저장' 버튼을 클릭하고 내가 만든 컬렉션에 저장하면 됩니다.

빙 이미지 크리에이터 추천 팁

생성형 AI 툴로 이미지를 생성할 때 가장 중요한 요소 중 하나가 바로 프롬프트입니다. 좋은 프롬프트의 작성 노하우에 대해서 설명하겠습니다.

이미지 생성을 위한 기초 프롬프트 공식

형용사 : 귀여운
명사 : 토끼와 거북이가
동사 : 열심히 달리며 경주하는 모습
스타일 : Pixar 애니메이션 스타일로

가장 기본적인 공식은 '형용사 + 명사 + 동사 + 스타일'의 형태입니다. 이 형태로 작성한다고 해서 무조건 좋은 이미지가 생성되는 것은 아닙니다. 다만 처음에 어떤 형태로 프롬프트를 넣어야 할지 모르는 초보자라면 이 형태를 이용하면서 인물의 특징, 배경, 색상의 지정, 표정, 감정 상태, 여러 개의 객체를 포함할 경우 각 객체를 명시적으로 나열하는 등의 프롬프트 작성으로 확장해 나아가며 풍성하고 완성도 높은 이미지를 만들어 낼 수 있을 것입니다.

저 역시 처음에는 프롬프트 입력이 익숙하지 않았습니다. 그래서 다양한 패턴을 익히기 위해 역으로 챗GPT를 활용했습니다. 내가 상상하고 머릿속으로 그리는 이미지에 대한 설명을 다음과 같이 챗GPT를 활용해 프롬프트를 작성해 달라고 요청하는 것입니다.

매력적이고 전문성 있는 이미지 생성을 위한 프롬프트

지금부터 너는 20년 차 디지털 아티스트야. 특히 팝 아트 분야에서 최고의 아티스트야.
내가 그리고 싶은 그림은 다양한 동물 그림이야. 현대적인 디지털 아트 스타일로, 강렬한 색채 대비와 단순화된 형태의 기린 그림을 MS 빙 이미지 크리에이터와 달리3로 그리려고 해. 이에 적절한 프롬프트를 영어로 2개, 한글로 2개 작성해 줘.

대부분의 독자가 이미지 생성에는 이미지 생성 AI만, 텍스트 생성이나 문서 요약에는 내가 익숙한 대화형 AI 서비스 하나만 사용할 것입니다. 하지만 저는 이미지 생성 프로그램을 사용하더라도 챗GPT, 구글 제미나이를 오가며 던진 질문으로 제공된 답변들을 통해 다양하게 접근합니다. 그럼 자연스럽게 제가 미처 생각하지 못했던 영역까지도 생각이 닿을 수 있습니다. 여러분도 적극 활용해 보기 바랍니다.

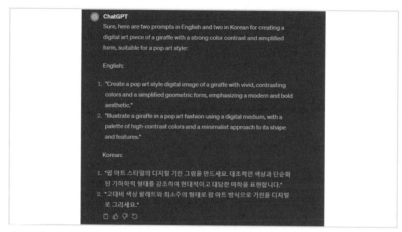

이미지 생성 AI에 입력할 프롬프트를 추천해 주는 챗GPT 답변 내용

제가 그리고 싶은 그림의 느낌과 장르에 대해 설명을 상세히 작성한 후
챗GPT에 이미지 생성을 위한 프롬프트를 영문 2개, 한글 2개로 각각 작
성해 달라고 요청했습니다. 만약 설명이 어렵다면 제가 그리고 싶고 참고
하고 싶은 이미지를 첨부하며, '위 이미지와 같은 그림을 그리고 표현하고
싶어.'와 같은 프롬프트를 써 주면 보다 정확한 의미 전달이 가능합니다.

챗GPT가 만들어 준 프롬프트와 빙 이미지 크리에이터로 생성한 기린 팝 아트

챗GPT가 만들어 준 프롬프트를 빙 이미지 크리에이터에 입력해 생성된 그림입니다. 제가 생각하고 상상했던 기린의 특징과 컬러감을 무척 잘 표현해 주었습니다.

동일한 프롬프트를 이용하여 챗GPT 달리3로 그린 그림(상단)과 빙 이미지 크리에이터로 그린 그림(하단)

동일한 프롬프트를 넣었을 때 둘이 제공하는 결괏값에서 큰 차이가 있어 보이지는 않습니다. 하지만 챗GPT에 탑재된 달리3로 생성된 그림은 디테일 면에서 미세하지만 완성도가 조금 더 높습니다. 2024년 4월 달리3가 부분 수정 기능인 인페인팅 기능이 업그레이드되면서 출력물과 일관성을 유지하며 이미지 수정이 가능하게 됨으로써 이미지 생성에 대한 완성도가 더욱 높아졌습니다. 아마 빙 이미지 크리에이터도 업데이트 시 이 부분을 적용할 것으로 예상됩니다.

  빙 이미지 크리에이터는 이미지 생성 기능만 있어서 생성된 이미지의 디테일한 수정은 어렵다는 단점이 있습니다. 하지만 달리3의 경우 이미지를 생성한 후에 수정 작업을 할 수 있습니다. 또 다른 차이점은 정사각형(1:1 - 1024×1024)으로만 이미지가 생성되는 빙 이미지 크리에이터와 다르게 달리3는 가로형(와이드, 16:9 - 1792×1792), 세로형(9:16 - 1024×1792)을 포함한 3가지 사이즈가 제공됩니다.

 플레이그라운드 AI(Playground AI)
: 무료로 퀄리티 높은 이미지 생성

플레이그라운드 AI는 빙 이미지 크리에이터와 마찬가지로 무료로 하루 최대 500개까지 사용할 수 있습니다. 무료 버전에서는 기본 1,000개까지 사용할 수 있었는데 [Free / Pro / DALL-E 2] 요금제에서 달리2가 제외되고 [Turbo] 요금제가 새롭게 생겨나면서 500장으로 낮아졌습니다. 하지만 참 매력적입니다.

플레이그라운드 가입 및 사용 방법

이미지 생성 AI 플레이 그라운드 메인 화면

검색창에 '플레이그라운드 AI'라고 검색하거나 플레이그라운드 사이트 (playgroundai.com)에 접속하여 'Get Started' 버튼을 클릭합니다. 플레이그라운드 AI에 로그인하기 위해서는 구글 아이디가 필요합니다.

본격적인 이미지를 만들기 위해서는 다음 2가지 방법으로 Bord 영역에 접근할 수 있습니다.

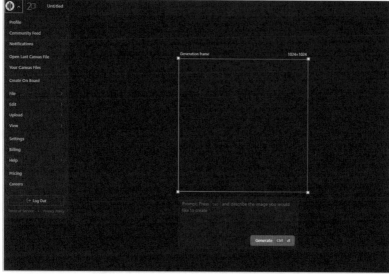

이미지 생성을 위한 2가지 방법

1) 메인 페이지에서 접속하는 방법. 오른쪽 상단의 [Create]를 클릭한 후 [On a Board]를 클릭한다.

2) Canvas 영역에서 접속하는 방법. 왼쪽 상단의 아이콘을 클릭한 후 [Create On Board]를 클릭한다.

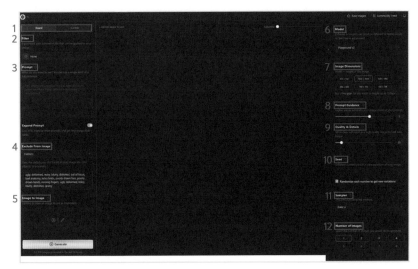

플레이그라운드 AI 이미지 생성을 위한 주요 기능들

1) Board / Canvas : 플레이그라운드 AI에서 이미지를 생성하는 방법은 2가지가 있습니다. 기본값은 Board로 되어 있으며, 입문자라면 먼저 Board에서 기본적인 사용 방법을 익힌 뒤 Canvas에서 확장하는 것을 권장합니다.

2) Filter(필터) : 스마트폰으로 사진을 찍을 때 어떤 필터를 사용하느냐에 따라 전혀 다른 분위기를 연출할 수 있는 것처럼 이미지를 생성할 때 추가적인 효과를 주기 위한 장치입니다. 대략 50개의 필터가 있으며, 어떤 이미지를 생각하느냐에 따라 필터를 적용해야 하기에 신중하게 선택해야 합니다.

3) Prompt(프롬프트) : 생성형 AI에게 특정한 작업을 수행하는 것을 돕기 위해 명령이나 지시를 내리는 메시지입니다. 이 명령어에 따라서 인공지능이 좋은 출력을 낼 수도 있고, 그렇지 않을 수도 있습니다.

4) Exclude From Image(None/Custom) : Custom으로 선택하기 바랍니다. 이미지 생성 시 제거할 요소를 텍스트로 입력합니다. 원하지 않는 요소부터 분위기, 원하지 않는 색감까지 입력할 수 있습니다. 예를 들면 deformed(변형된), noisy(노이즈), blurry(흐릿함), distorted(왜곡), out of focus(초점 불일치), lowres(저해상도), error(오류), worst quality(최악의 품질), low quality(낮은 품질), poorly drawn hands(잘못 그려진 손), poorly drawn face(잘못 그려진 얼굴) 등을 넣어 주면 완성도 높은 그림을 생성하는 데 도움이 됩니다.

5) Image to Image : 생성하고자 하는 그림의 프롬프트를 어떻게 쓰고 표현해야 할지 모를 때 가장 쉽고 정확도 높게 생성할 수 있는 방법은 바로 외부 이미지를 업로드하여 새로운 이미지를 생성하는 것입니다. 그림으로 비유하자면 밑그림을 스케치하고 난 다음 본격적으로 그림을 그리는 방식이라고 생각하면 됩니다.

 – 플러스(+) 아이콘을 누르면 내 PC에 저장된 이미지를 삽입할 수 있습니다.
 – 펜 모양의 아이콘을 누르면 Draw Something 모드로 프롬프트 대신 그림판처럼 그림을 그려 내가 생성하고자 하는 이미지를 설명할 수 있습니다.

6) Model(모델) : Stable Diffusion XL, Stable Diffusion 1.5, Playground v2 3가지 버전이 존재하는데 1.5 버전보다 업그레이드된 버전이 XL이기 때문에 기본값 그대로 쓰면 됩니다.

7) Image Dimensions : 이미지의 크기를 지정해 주는 영역입니다. 만약 더 큰 사이즈의 이미지를 생성하고 싶다면 유료 버전인 Pro Plan을 구매해야 되지만, 초보·중급 수준에서는 1024×1024 사이즈로도 충분히 퀄리티 좋은 이미지를 생성해 낼 수 있습니다.

8) Prompt Gudience : 이미지 생성 시 내가 작성한 프롬프트가 얼마나 반영되고 영향력을 미치는지를 결정하는 영역입니다. 프롬프트가 더 자세하게 구성될수록 가이드라인이 더 올라가고 더 높은 정확도로 이미지 생성의 결과물을 얻어 낼 수 있습니다. 기본으로 플레이그라운드 AI 자체적으로 적정하다고 제시하는 정도는 7~10으로 이 범위 내에서 숫자를 설정하면 원하는 이미지를 생성하는 데 큰 어려움은 없을 것입니다.

9) Quality & Details : 이미지 생성에서의 스텝 수로 간단히 말해 '몇 번을 반복할 것이냐'에서 반복 횟수를 설정하는 값입니다. 최대 150까지 설정할 수 있으며, 값이 커질수록 퀄리티가 더 높아지지만 속도는 더 느려진다는 치명적인 단점이 있습니다. 기본 25에 세팅되어 있으며, 내부 가이드에 50을 넘기지 않는 것을 권장한다는 코멘트가 있습니다. 보통 25~30 내외의 값 설정만으로도 만족도 높은 이미지를 생성할 수 있습니다.

10) Seed : 이미지를 생성하면 이미지에 대한 고유값인 시드값이 생성됩니다. 이는 생성한 이미지를 식별하는 숫자입니다. 하단의 체크박스 체크 유무에 따라 이미지에 고유한 번호가 생성되는 것을 볼 수 있습니다. 원하는 이미지를 반복해서 생성하거나 해당 이미지를 기본으로 수정·생성할 때 활용하면 편하지만, 계속해서 새로운 사진을 생성할 경우에는 설정하지 않아도 크게 문제되지 않습니다.

11) Sampler : 프롬프트를 어떻게 활용할지에 대한 방법입니다. 원하는 그림 스타일에 따라 적절히 선택하여 이미지를 생성하면 됩니다. 초급자에게는 기본값인 Euler A로 사용하는 것과 DDIM, PNDM(PLMS)을 추천합니다.

12) Number of Images : 프롬프트 입력 후 1회 생성 시 생성되는 이미지 개수를 지정할 수 있습니다. 한 번 만에 만족할 만한 좋은 결과를 얻을 수 없기 때문에 보통 4장 내외에서 선택하는 것을 추천합니다.

플레이그라운드 AI 이미지 필터의 종류

Image strength 설정 화면

이미지 첨부 시 'Image strength'값이 높을수록 기존 이미지 스타일이 유지되도록 반영해 주기 때문에 생성하고자 하는 이미지 스타일에 맞게 적절히 조절해 활용하기 바랍니다.

플레이그라운드 AI를 활용해 생성한 귀엽고 신비로운 숲속 동물들 그림

앞서 배운 달리3나 MS 빙 이미지 크리에이터와는 또 다른 느낌의 이미지가 만들어졌습니다. 위 단계를 하나씩 따라 하다 보면 멋진 그림을 생성할 수 있습니다. 이제 여기에 조금 더 아기자기함과 디테일함을 넣는 이미지 수정 및 업그레이드 방법에 대해서 알아보겠습니다.

이미지 수정 및 업그레이드하기

이미지 편집 및 설정 아이콘

1) Create variations : 선택한 이미지를 기존 이미지의 큰 틀은 유지하되 다른 느낌으로 수정 요청하기
2) Download : 생성된 이미지 다운로드하기
3) Edit in Canvas : 캔버스에서 편집하기
4) Actions : 다양한 편집 및 수정 기능을 포함하며, 새로운 프롬프트를 작성하여 이미지를 추가 생성하기

Actions에 포함된 각각의 자세한 기능은 다음과 같습니다.

기존 원본 이미지(왼쪽)와 Create variations 기능으로 생성된 이미지(오른쪽)

이미지 편집 및 설정 아이콘

1) Edit : 이미지 편집하기

2) Copy link : 이미지의 링크(Url) 복사하기

3) Edit in Canvas : 캔버스에서 편집하기

4) Make the Private : 이미지를 외부 공개하지 않고 나만 보기

5) Download : 이미지 다운로드하기

6) Inpaint : 지우개로 수정하고 싶은 곳을 지우고 프롬프트로 추가 작업하기

7) Use in image to image : 왼쪽 하단에 이미지가 적용되고 이 이미지를 토대로 새로운 이미지 작업하기

8) Create variations : 선택한 이미지를 기존 이미지의 큰 틀은 유지하되 다른 느낌으로 수정 요청하기

9) Face restoration : 인물 이미지에서 얼굴, 눈, 코, 입 재생성하기

10) Upscale by 4×: 이미지의 사이즈를 키우고 해상도를 4배 올리기

11) Remove background : 배경 지우기

12) View full screen : 확대해서 보기

13) Delete : 이미지 삭제하기

다양한 기능 중 이미지를 쉽고 빠르게 수정·보완하여 추가 생성할 수 있는 기능은 크게 3가지가 있습니다. 첫 번째는 앞서 배운 'Create variations' 기능을 활용하는 것입니다. 별도의 프롬프트 입력 없이 생성된 이미지들 중 마음에 드는 그림이 있다면 선택하여 기존 이미지의 큰 틀은 유지하며 약간 다른 느낌으로 수정할 수 있습니다. 두 번째는 직접 수정하는 방법으로 [Edit] 기능을 활용하는 2가지 방법이 있습니다.

생성된 이미지 수정을 위한 화면 설정

Edit 기능을 활용한 2가지 수정 방법

Edit 기능 안에서 이미지를 수정 생성하는 방법이 2가지 있습니다. 먼저 [Actions] － [Edit]를 클릭한 뒤, 변경하고 싶은 부분에 대한 프롬프트를 왼쪽 [Edit Instruction]에 입력해 주고 [Generate] 버튼을 클릭해 줍니다.

Edit Instruction 기능을 활용한 이미지 수정

원본 이미지의 파란색 꽃을 빨간색 꽃으로 바꿔 보겠습니다.

먼저 입력창에 [Red Flower]라고 입력한 후 이미지를 생성(Generate)합
니다. 수정 생성된 이미지가 마음에 들면 상단의 [Save Change] 버튼을
클릭해 줍니다. 수정된 이미지가 마음에 들지 않으면 [Cancel]을 클릭한
뒤 다시 생성해 주면 됩니다.

두 번째 방법은 [Add Mask]를 활용한 것입니다. [Actions] - [Edit]를 클
릭한 뒤 이미지 위에 마우스 커서를 가져가면 오른쪽 상단에 [Add Mask]
아이콘이 보입니다. 해당 아이콘을 클릭하면 수정 페이지가 나타납니다.

Add Mask 기능을 활용한 이미지 수정

1) 이미지에서 새롭게 생성하고 싶은 부분에 마우스 커서로 문지르기(클릭 & 드래그)하면 그림처럼 마킹이 됩니다.

2) 수정을 원하는 프롬프트를 입력합니다. 원본 이미지의 노란색 나비 2마리를 빨간색 나비로 바꿔 보겠습니다. 입력창에 [Red butterfly]라고 입력한 후 이미지를 생성(Generate)합니다.

3) 수정되어 생성된 이미지가 마음에 들면 상단의 [Save Change] 버튼을 클릭합니다.

*[Mask Controls] 수정 시 필요한 마커의 크기와 지우개의 크기, 실행 취소 등의 버튼이 위치해 있습니다. Ctrl + Z 키를 눌러 작업을 취소할 수도 있습니다.

레오나르도 AI(Leonardo AI) : 딥러닝으로 대량의 이미지 생성

미드저니와 유사한 이미지 생성 AI 레오나르도 AI는 웹 기반의 이미지
생성 서비스로 플레이그라운드 AI와 같이 별도의 프로그램 설치 없이 누
구든 쉽게 사용할 수 있습니다. 초보자가 사용하기 쉽고 다양한 형태의 이
미지를 생성할 수 있도록 주요 키워드만 넣어도 자동으로 이미지 생성을
위한 프롬프트를 작성해 주는 'Prompt Generation' 기능을 제공합니다.
무료 계정은 하루에 150토큰을 제공하며, 토큰은 매일 재설정(150토큰)됩니
다. 토큰은 이미지를 생성하고 이미지에 대한 수정 및 후처리 작업을 수행
하는 데 사용됩니다.

이미지 생성 AI 네오나르도 메인 화면

검색창에 '레오나르도 AI'라고 검색하거나 레오나르도 사이트(leonardo.
ai)에 접속하여 'Create an account' 버튼을 클릭합니다. 애플, 구글, MS 아
이디로 간단하게 회원가입을 할 수 있습니다.

이미지 생성하기

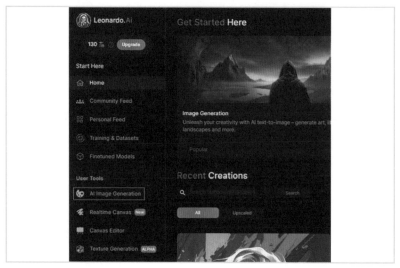

네오나르도 AI 사이드바

회원가입을 완료한 후 메인 페이지 왼쪽의 [User Tools] - [AI Image Generation] 메뉴 탭을 클릭합니다.

네오나르도 AI 이미지 생성을 위한 주요 기능들

1) 현재 보유 중인 토큰 수 확인 : 토큰은 이미지 생성 및 후처리 작업을 수행하는 데 필요합니다. 회원가입 시 150개의 토큰이 주어지고, 매일 150개로 재설정됩니다.

2) Number of Images : 생성될 이미지의 개수를 선택합니다.

3) Photo Real : 이미지를 실제와 같이 생성합니다. 활성화 시 프롬프트창 아래에 있는 모델 선택 메뉴와 세부 메뉴가 함께 바뀝니다. 해당 옵션 사용 시 소진되는 토큰 수는 늘어나게 됩니다.

4) Alchemy : 모델 선택에 따른 세부 메뉴를 더욱 다양하게 사용할 수 있습니다. 해당 옵션 사용 시 소진되는 토큰 수가 늘어나게 됩니다.

5) Prompt Magic : 프롬프트 내용을 더욱 잘 반영하여 향상된 이미지 결과물을 생성합니다. 사용 시 소진되는 토큰 수가 늘어나게 됩니다.

6) Public Images : 이미지 공개 여부를 설정합니다. 무료 사용자의 경우 무조건 공개하도록 설정되어 있습니다.

7) Image Dimensions : 이미지의 해상도를 선택합니다. 768×1024 해상도부터 소진되는 토큰 수가 늘어나게 됩니다.

8) Advanced Controls : 이미지의 비율과 픽셀 크기를 선택합니다.

9) Guidance Scale : Prompt 강도를 설정합니다. 값이 높을수록 프롬프트 내용을 충실하게 반영하는 비율이 높아지게 됩니다.

10) Tiling : 이미지를 분석하고, 그 이미지를 작은 타일로 분할하여 패턴 형태로 구성합니다. 반복되는 텍스처 또는 배경에 적합합니다.

11) Image to Image : 참고할 이미지를 업로드하여 그 이미지를 바탕으로 새로운 이미지를 생성합니다.

12) Prompt : 영어로 프롬프트 내용을 입력하는 필드 공간입니다.

13) Finetuned Model : Leonardo.AI에서 제공하는 모델을 선택합니다.

14) Leonardo Style : 모델별 세부 스타일을 선택합니다.

15) Add Elements : 최대 4개의 요소를 선택하여 결합하거나 하나의 요소를 단독으로 사용할 수 있습니다. 선택이 완료되면 각 요소의 가중치를 조정하여 결과를 미세 조정할 수 있으며, 나만의 가중치 조합을 통해 유니크한 이미지 생성에 도움을 받을 수 있습니다.

16) Add Negative Prompt : 해당 옵션을 활성화하면 생성되는 이미지에서 제외했으면 하는 키워드 입력 창이 나타나게 됩니다. 이미지 생성 시 제거할 요소를 텍스트로 입력합니다. 원하지 않는 요소부터 분위기, 원하지 않는 색감까지 입력할 수 있습니다. 완성도 높은 그림을 생성하는 데 도움이 됩니다.

17) Generate : 이미지를 생성합니다.

레오나르도만의 프롬프트 작성 팁

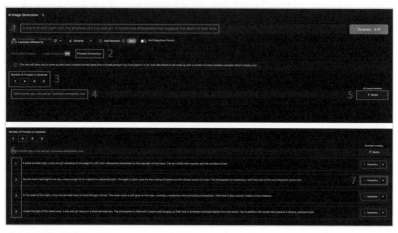

이미지 생성을 위해 Prompt Generation 기능을 활용하여 쉽고 빠르게 프롬프트 작성하기

1) 프롬프트를 입력하는 창입니다. 여기에 원하는 키워드, 명령어를 넣고 '생성' 버튼을 눌러 주면 됩니다. 생성형 AI에서 좋은 콘텐츠를 생성하기 위해서는 좋은 프롬프트를 작성해야 합니다. 그런데 그리고 싶은 그림은 있는데 어떤 프롬프트를 넣어야 할지 몰라 답답했다면 레오나르도 AI에서는 걱정하지 않아도 됩니다.

2) 'Prompt Generation' 도구를 사용하면 간단한 프롬프트에서 더 복잡하고 완성도 높은 프롬프트 아이디어를 얻을 수 있습니다.

3) 생성할 이미지 개수를 선택합니다.

4) 예를 들어 'A car'를 입력합니다.

5) Ideate를 클릭합니다.

6) 자동차를 포함한 더 다양하고 풍성한 여러 종류의 프롬프트를 추천해 줍니다. 제시된 프롬프트에 추가적인 수정을 할 수 있습니다.

7) 'Generate' 버튼을 클릭하면 해당 프롬프트에 맞춰 멋진 이미지가 생성됩니다.

Prompt Generation 기능을 통해 생성된 프롬프트

'선선한 가을 밤 감성 가득 듣기 좋은 노래' 콘텐츠 섬네일에 들어갈 아기자기한 이미지를 생성해 보겠습니다. 먼저 'Prompt Generation' 기능을 활용해 직접 이미지를 생성했습니다. 생성 프롬프트는 4개로 핵심 키워드 'silent moonlit night, boy and girl, mysterious atmosphere, love'를 입력하고 'Ideate'를 클릭하자 10초 내에 프롬프트가 작성되었습니다. 그중 2번 프롬프트를 선택해 'Generate'를 클릭했습니다.

Prompt Generation을 통해 만들어진 프롬프트로 생성된 설렘 가득한 귀여운 이미지

선선한 가을 밤 듣기 좋은 플레이 리스트에 딱 어울리는 감성 이미지가 생성되었습니다. 다른 사람들이 생성한 이미지를 바탕으로 프롬프트나 표현 방식 등을 많이 보고 이를 바탕으로 수정 작업을 통해 나만의 이미지를 새롭게 생성해 내는 과정을 반복하다 보면 좋은 퀄리티의 이미지를 쉽고 즐겁게 생성할 수 있게 될 것입니다. '백문불여일용'을 꼭 기억하기 바랍니다.

라스코 AI(Lasco AI)
: 판타지 배경·인물, 캐릭터까지 풍성한 표현

라스코 AI는 네이버 스노우의 자회사인 슈퍼랩스가 개발한 이미지 생성 AI로 '세상에 단 하나뿐인 유니크한 버추얼 휴먼'을 제작하는 회사입니다. 현재 무료로 이용할 수 있으며 퀄리티도 굉장히 높은데 아직 모르는 사람이 많습니다.

이미지 생성 AI 라스코의 메인 화면

검색창에 '라스코'라고 검색하거나 라스코 사이트(Lasco.ai)에 접속하여 'Generate' 버튼을 클릭합니다. 구글 또는 디스코드 계정으로 가입할 수 있습니다.

이미지 생성 AI 라스코의 메인 화면

1) 가입을 하면 300크레딧이 주어지며 이미지 생성 시 차감됩니다.

2) 이미지 설명 : 생성하고 싶은 그림을 표현하는 단어나 문장을 입력합니다.

3) 이미지 업로드 : 참고할 이미지를 업로드하여 그 이미지를 바탕으로 새로운 이미지를 생성해 줍니다.

4) 모델 Lasco-real : 여러 모델 중 하나의 옵션을 필수로 선택해야 합니다. 생성할 이미지의 스케치를 그리는 작업으로 각각의 옵션마다 특성이 다릅니다.

5) 스타일 Vivid Color : 필수 선택 요건은 아니지만 다양한 스타일을 적용해 더욱 풍성하고 완성도 높은 이미지를 만들어 줍니다.

6) Generate : 이미지 생성 버튼으로 1회 생성당 4크레딧이 차감됩니다.

라스코 AI 이미지 생성을 위한 프롬프트 입력 및 이미지 업로드 화면창

프롬프트 입력
a young woman face illustration style, character with short brown hair, and big brown eyes, hooded

라스코 AI로 생성된 높은 퀄리티의 모델 이미지

이렇게 기본으로 생성해도 충분히 높은 퀄리티의 캐릭터와 이미지를 얻을 수 있습니다. 여기에 [상세 설정]을 통해 좀 더 완성도 높은 결과물을 얻기 위한 세팅 조건들을 알아보겠습니다.

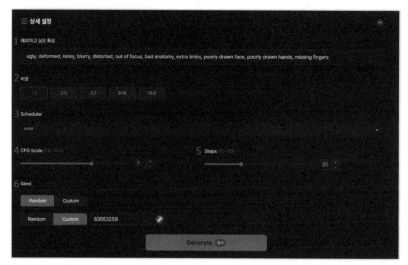

라스코 AI의 이미지 생성을 위한 상세 설정 화면

1) 제외하고 싶은 특징 : 이미지 생성 시 제거할 요소를 텍스트로 입력합니다. 원하지 않는 요소부터 분위기, 원하지 않는 색감까지 입력할 수 있습니다. 예를 들면 deformed(변형된), noisy(노이즈), blurry(흐릿함), distorted(왜곡), out of focus(초점 불일치), lowres(저해상도), error(오류), worst quality(최악의 품질), low quality(낮은 품질), poorly drawn hands(잘못 그려진 손), poorly drawn face(잘못 그려진 얼굴) 등을 넣어 주면 완성도 높은 그림을 생성하는 데 도움이 됩니다.

2) 비율 : 생성되는 이미지의 비율을 설정합니다.

3) Scheduler : 프롬프트를 어떻게 활용할지에 대한 내용입니다. 그리고자 하는 그림의 스타일에 따라 적절히 선택하여 이미지를 생성하면 됩니다. 초급자에게는 기본값인 Euler A를 사용하는 것과 DDIM, PNDM을 추천합니다.

4) CFG Scale : 앞서 설명한 이미지 생성 AI에서의 가이던스(Guidance)와 동일한 의미를 가지고 있습니다. 이미지 생성 AI가 프롬프트에 얼마나 가깝게 따라가는지를 나타내는 옵션입니다. 2~6은 AI가 자체적으로 알아서 하도록 자율성을 부여하는 정도이며, 7~11은 대부분의 프롬프트에 적합한 중간 정도로 일반적인 권장 범위입니다.

5) Steps(10~70) : 이미지 생성 시 몇 단계를 통해 생성할 것인지를 결정하는 옵션입니다. 숫자가 클수록 더욱 정교한 그림을 그립니다. 무조건 높다고 좋은 것은 아니며, 20~40 정도의 범위가 적당합니다.

6) Seed : 이미지를 생성하면 이미지에 대한 고유값인 시드값이 생성됩니다. 이는 생성한 이미지를 식별하는 숫자입니다. 하단의 체크박스 체크 유무에 따라 이미지에 고유한 번호가 생성되는 것을 볼 수 있습니다. 원하는 이미지를 반복해서 생성하거나, 해당 이미지를 기본으로 수정·생성할 때 활용하면 편하지만 계속해서 새로운 사진을 생성할 경우에는 설정하지 않아도 크게 문제되지 않습니다.

영상 생성
AI 서비스 활용법

지금부터는 텍스트 기반 비디오 생성 기술부터 이미지를 영상으로 생성해 주고 기존 영상을 새로운 장르의 영상으로 바꾸는 AI를 알려 드리겠습니다. 이 부분을 잘 따라온다면 영상 생성의 기초부터 심화까지, 영상 생성의 A to Z를 배우고 경험하게 될 것입니다.

챗GPT가 놀라운 속도로 성능을 업그레이드하듯이 영상 생성 AI 분야 역시 엄청난 속도로 발전하고 있습니다. 최근에는 국내 영화계에서도 영화 제작에 생성 AI를 활용하기 시작했습니다. 동영상 생성 AI 전문기업인 웨인힐스브라이언트AI가 국내에서는 처음으로 대형 멀티플렉스와 협업하여 100% 생성형 AI로 제작한 SF 영화(공상과학영화) 제작을 발표하며 1분 16초 트레일러 영상을 유튜브에 공개했습니다.

이 영화는 영화의 기획부터, 시나리오, 영상, 음성, 이미지, 자막 등을 모두 생성형 AI를 활용해 제작한 것이 특징입니다. 영상의 수준을 떠나 이러한 AI 툴들의 발전과 다양한 시도가 해외를 넘어 국내에서도 시작되었다는 사실이 놀랍고 시사하는 바가 큽니다.

이처럼 영상 제작 과정에 도움을 주는 인공지능이 늘어나면서 콘텐츠를 제작하는 개인에게는 영상 제작에 대한 부담이 줄어들고 있습니다. 이제 이미지뿐만 아니라 비디오 생성까지 할 수 있을 정도의 기술과 도구들이 우리에게 주어졌고 계속해서 발전한다면 앞으로 무엇을 더 생성하게 될지 벌써부터 걱정과 기대가 함께 밀려옵니다.

📠 피카 AI(Pika AI) : 영상 제작까지 1분이면 끝

2023년 12월 영상 생성 AI 피카 AI가 베타테스트 버전을 끝내고 피카 1.0으로 정식 런칭되었습니다. 이제 영상 길이 4초 추가 옵션, 새로운 카메라 모션 제어 UI, 인페인팅, 아웃페인팅 기능을 통해 창의적인 영상 제작이 가능합니다. 기존에는 사전 신청 후 웨이트 리스트에서 초대받아 사용할 수 있었는데 이제는 회원가입 후 바로 사용할 수 있습니다.

검색창에 '피카 AI'라고 검색하거나 피카 사이트(pika.art)에 접속합니다. 피카 AI에 로그인하기 위해서는 구글 아이디가 필요합니다. 피카 AI의 경우 매일 30크레딧이 기본으로 제공되기 때문에 영상 생성에 관심 있는 독자라면 지금 사용해 보면서 다양한 영상 생성의 감을 익히고 끌어올리기 바랍니다.

영상 생성 AI 피카의 메인 화면
1) 사용자가 생성하고자 하는 영상에 대해 상세한 프롬프트를 작성하거나, 사용자가 가지고 있는 이미지나 비디오를 활용하여 영상을 생성할 수 있습니다.
2) 세부 설정창입니다.

로그인을 하면 다른 이용자들이 생성한 다양한 영상과 프롬프트를 볼 수 있습니다. 무엇보다 기존 베타 버전에서는 'creat' 명령어를 붙여야만 영상이 생성되었습니다. 하지만 귀찮고 어려운 디스코드가 아닌 웹 기반 인터페이스를 통해 명령어를 붙일 필요 없이 생성할 영상에 대한 아이디어를 텍스트 또는 이미지로 첨부만 하면 되기 때문에 누구나 쉽게 영상 생성을 할 수 있게 되었다는 것이 가장 큰 장점이라고 생각합니다.

사용 방법이 직관적이기 때문에 한두 번 생성해 보면 누구나 쉽게 세상에 단 하나뿐인 나만의 영상 제작을 할 수 있습니다. 크게 입력창과 설정창으로 구분됩니다.

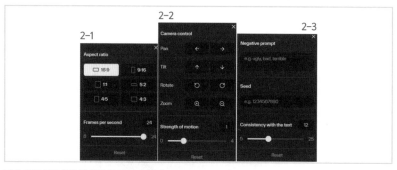

피카 AI의 영상 생성을 위한 상세 설정 화면

2-1) Aspect ratio에서 제작될 영상의 화면 비율을 설정할 수 있습니다. 아래 Frames per second(기본 프레임 속도)는 1초에 몇 장의 이미지가 들어가는지를 설정할 수 있는 옵션으로 초당 8~24프레임으로 설정할 수 있습니다.

2-2) Camera control을 통해 카메라가 어느 방향으로 움직일지에 대해 설정할 수 있습니다. 제공되는 움직임은 좌/우, 상/하, 반시계/시계 방향으로 회전, 줌 인/아웃을 활용해 다양하게 연출할 수 있습니다. 아래 Strength of motion에서는 그 움직임의 강도를 크게 할 것인지, 작게 할 것인지의 강도를 0~4단계로 설정할 수 있습니다.

2-3) Negative prompt는 영상 생성 시 제외시킬 요소들에 대한 단어나 키워드를 작성해 줌으로써 작업물의 완성도를 높일 수 있습니다. Seed는 내가 생성한 이미지에는 고유의 Seed 번호가 부여되는데 영상 생성 시 이 Seed 번호를 붙여 넣으면 해당 영상과 거의 비슷하게 유지하면서 또 다른 영상을 제작할 수 있습니다. 특히 일관성 있는 영상 제작이 필요할 때 활용하면 좋습니다. 가장 하단에 있는 Consistency with the text는 내가 입력한 프롬프트에 AI가 맞추어서 해 줄 것인가를 조절하는 값입니다. 이것이 높을수록 정확도가 높아지고, 낮을수록 창의력이 높아진다고 이해하면 됩니다.

그럼 직접 사용해 보겠습니다. 1월 1일 새해를 맞이하여 미래도시 느낌의 뉴욕 스카이라인과 야경 속에서 멋진 불꽃놀이를 하는 영상을 영화적이면서 매우 디테일하고, 롱샷 기법, 몽환적 느낌, 8K 고화질로 만들어 보겠습니다.

ChatGPT
Create an 8K cinematic video of New Year's fireworks over a futuristic NYC skyline at night, with neon-lit, curvy skyscrapers and reflections on water. Include detailed fireworks choreographed to a dreamlike score, using long shots to capture the city's vastness and detail. Keep a smooth, panning camera for a realistic, dreamy experience.

챗GPT를 활용해 영상 생성 AI에 입력할 프롬프트를 추천해 주는 화면

챗GPT에게 주요 내용을 설명하고 영상 생성 AI 툴에 입력할 프롬프트를 요청했습니다. 그냥 내 생각을 한글로 작성한 후 번역해서 입력하는 것보다 이렇게 챗GPT의 도움을 받으면 훨씬 더 높은 퀄리티의 영상 결과물을 얻을 수 있습니다.

영상 생성 AI 피카 AI로 만든 미래 도시의 불꽃축제 영상

프롬프트 입력 후 생성된 결과물입니다. 실제 작업을 하다 보면 의도하지 않는 이상한 영상이 생성되는 경우처럼 분명 부족한 부분도 있지만 약간의 시간을 투자하면 텍스트 명령어만으로도 이 정도의 퀄리티 있는 영상을 만들 수 있다는 사실이 놀랍습니다.

영상 생성 AI 피카 AI로 만든 비행기와 우주선의 비행 영상

만들고자 하는 영상을 디테일하게 설명한 텍스트 프롬프트 외에도 이미지나 영상 파일을 업로드한 후 해당 파일을 기반으로 영상을 생성하는 기능도 제공하고 있으니 백문불여일용의 자세를 잊지 말고 많은 생성 경험을 통해 실력을 향상시키기 바랍니다.

카이버 AI(Kaiber AI) : 개성 있는 영상 생성에 특화

카이버 AI는 피카 AI와 더불어 빠르고 편리하게 영상을 제작할 수 있는 툴입니다. SNS 틱톡에서 카이버 AI를 활용하여 제작한 영상을 업로드하는 것이 인기를 끌며 대중에게 널리 알려졌습니다. 이미지 영상뿐만 아니라 음악을 업로드하면 AI가 분석해 자동으로 멋진 영상을 만들어 줍니다. 모바일 앱도 출시되어 스마트폰에서도 사용할 수 있습니다.

검색창에 '카이버'라고 검색하거나 카이버 사이트(kaiber.ai)에 접속합니다. 오른쪽 상단의 'Start free trial'을 클릭하고, 구글 아이디 또는 애플 아이디를 통해 가입한 후 사용할 수 있습니다. 최초 가입 시 60크레딧을 제공하며 영상 생성 시 크레딧이 소진됩니다.

영상 생성 AI 카이버의 메인 화면
1) Creat Video : 새로운 영상 생성 시 클릭합니다.
2) Choose Your Video Type
  – Flipbook(플립북) : 각 프레임별로 계속해서 이미지에 변화를 주며 영상을 생성합니다. 파일 업로드 방식은 초기 이미지 업로드 또는 음악 파일 업로드로 진행되며, 해당 이미지와 음악에 어울리는 영상을 생성해 줍니다. 영상의 길이는 3초부터 최대 8분까지 생성할 수 있으며, 영상 1초 = 1크레딧이 소모됩니다.
  – Motion : 기본 베이스 이미지에 카메라 움직임을 줘서 영상을 생성합니다. 이 옵션에서는 초기 이미지 업로드로만 영상을 생성합니다. 영상의 길이는 4초 이내로 생성할 수 있으며, 영상 1초 = 4크레딧이 소모됩니다.

– Transform : 기존에 있던 영상을 지정한 AI 비디오 스타일로 영상을 변환 생성합니다. 이 옵션에서는 영상(Video) 파일 업로드로만 영상을 생성합니다. 영상의 길이는 동영상의 길이에 맞춰 생성되며 최대 4분까지만 허용됩니다. 생성되는 영상 1초 = 5크레딧(1.0 버전), 6크레딧(2.0 버전)이 소모됩니다.

3) Upload media : 내가 선택한 Video Type에 따라 이미지, 음악, 비디오를 업로드할 수 있습니다.

영상 생성 AI 카이버의 영상 생성 타입 설정 화면

'골다공증의 증상과 예방'이라는 주제로 유튜브 쇼츠 영상을 만들기 위해 달리3를 통해 생성된 이미지를 바탕으로 'Motion 타입'을 선택해 영상을 생성해 보겠습니다. 이미지를 업로드한 후 하단의 'Edit your Prompt'를 클릭합니다.

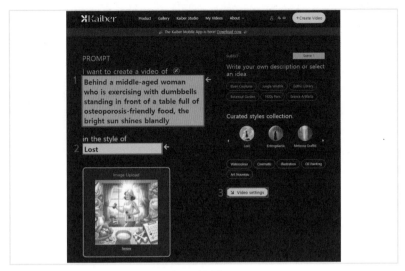

영상 생성 AI 카이버의 영상 생성을 위한 프롬프트 입력창

1) 생성하고자 하는 영상에 대한 상세 설명 : 어떤 프롬프트를 작성해야 할지 모르겠다면 입력창 오른쪽의 'Autofill prompt subject'를 활용해 보기 바랍니다. 업로드된 이미지를 AI가 분석해 자동으로 프롬프트를 작성해 줍니다.

2) 생성하고자 하는 영상의 스타일 선택 : 두 옵션 모두 직접 작성할 수 있지만 그것이 어렵다면 오른쪽에 제공되는 예시 중에서 선택할 수도 있습니다.

3) 프롬프트를 입력한 후 Video settings을 클릭합니다.

내가 만들고 싶은 비디오에 대한 설명을 'Prompt' 창에 넣어 줍니다.

생성될 영상에 대한 세부 설정 화면

1) Select video duration : 영상의 길이를 설정합니다.

2) Evolve : 얼마만큼의 변화를 줄 것인지를 설정하는 옵션으로 숫자가 클수록 원본과 전혀 다른 창의적 결과를 생성합니다.

3) Motion : 얼마만큼의 카메라 움직임을 줄 것인지를 설정하는 옵션으로 숫자가 클수록 원본과 전혀 다른 창의적 결과를 생성합니다.

생성될 비디오의 세부 설정을 조정해 줍니다. 설정이 종료된 후 'Generate previews'를 클릭하면 영상에 생성될 베이스 이미지가 생성됩니다.

카이버 AI를 활용해 생성된 영상

첨부된 이미지와 입력한 프롬프트를 바탕으로 4장의 이미지가 생성되었습니다. 그중에서 가장 마음에 드는 이미지를 선택한 후 오른쪽 하단의 'Create Video'를 클릭하면 영상이 생성됩니다. '골다공증의 증상과 예방'이라는 주제로 유튜브 쇼츠 콘텐츠에 활용할 7초짜리 영상이 생성되었습니다.

무료로 제공되는 크레딧을 활용해 영상을 생성한 후 더 긴 영상과 추가 기능들을 활용하기 위해서는 유료 요금제로 업그레이드해서 사용하는 것을 권장합니다.

이번에는 평소 제가 즐겨 듣는 음악에 어울리는 영상을 생성해 보겠습니다. 앞서 'Motion 타입' 영상을 제작해 봤기 때문에 간단히 단계별 주요 내용 위주로 설명하겠습니다.

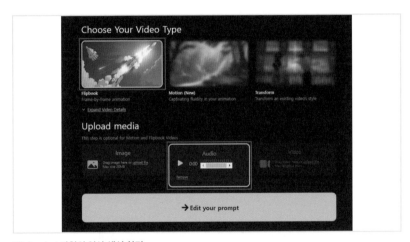

Flipbook 스타일의 영상 생성 화면

1단계

영상의 종류를 'Flipbook'으로 선택하고, 평소 제가 즐겨 듣는 음악(Audio) 파일을 업로드합니다.

영상 생성을 위한 프롬프트 입력창

2단계

프롬프트창에 제작하고 싶은 영상의 내용과 스타일을 입력합니다(직접 작성하는 것이 어렵다면 오른쪽에 제공되는 예시 중에서 스타일을 선택할 수도 있습니다.) 저는 이 음악을 들을 때마다 아름다운 오로라가 비추는 신비스러움을 간직한 성이 떠올랐습니다. 그래서 프롬프트에 'A castle that retains the mystique of the beautiful aurora'라고 입력했습니다.

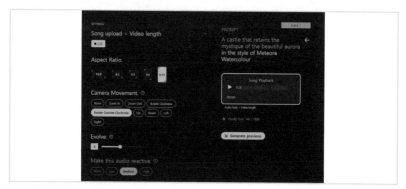
영상 생성을 위한 세부 설정 및 옵션 창

314

3단계

제작할 영상의 길이, 화면 비율, 카메라 이동 등 설정을 입력할 차례입니다. 저는 유튜브 쇼츠 콘텐츠로 업로드할 것이기 때문에 9:16 비율과 카메라 움직임 등의 설정을 적절히 세팅했습니다.

4단계

제작된 영상의 미리보기를 확인하고, 가장 적합한 영상을 선택해 'Create Video'를 클릭하면 세상에 단 하나뿐인 영상이 생성됩니다.

평소 즐겨 듣는 음악과 어울리는 2분 30초 길이의 영상이 생성되었다.

음악과 어울리는 미스터리한 분위기를 잘 살린 한 편의 뮤직비디오 같은 영상이 생성되었습니다. 요즘 저는 초등학생 2학년인 아들과 함께 다양한 영상 생성 AI 툴을 통해 재미있는 영상을 제작하는데 그중에서도 카이버에 대한 흥미도가 가장 높았습니다. 만약 자녀나 조카가 있다면 카이버 AI를 활용하여 메타버스, 미래 자녀교육, AI 교육의 첫 시작을 할 때 동기를 유발할 수 있는 흥미로운 영상을 함께 만들어 보기 바랍니다.

런웨이 젠2(Runway Gen2) : 모션 브러시로 이미지를 영상으로

미국의 SW 개발 업체 런웨이(Runway)는 트위터에 "말할 수 있다면 볼 수 있다."라는 호기심을 자아내는 멘트와 함께 젠2(Gen-2)라는 텍스트-비디오 생성 AI를 소개했습니다. 실제 이미지나 비디오 없이 텍스트 프롬프트만으로 영상을 생성할 수 있는 수준까지 발전했습니다. 앞서 소개한 피카, 카이버와는 또 다른 느낌의 영상을 생성해 줍니다. 개인적으로 세 서비스 중 런웨이 젠2가 가장 완성도 높은 영상을 생성해 준다고 생각합니다.

검색창에 '런웨이 젠2'라고 검색하거나 젠2 사이트(research.runwayml.com/gen2)에 접속합니다. 오른쪽 상단의 'Sign to Runway'를 클릭하고 'Try Runway For Free' 버튼을 클릭한 후 구글 아이디 또는 애플 아이디를 통해 가입한 후 사용할 수 있습니다.

영상 생성 AI 런웨이 젠2의 메인 화면

다양한 기능이 있지만 대표적인 'Start with Image'와 'Start with Text'를 활용한 영상을 생성해 보겠습니다.

Start with Text

프롬프트창에 생성할 영상의 내용, 화풍, 분위기나 색감, 화질 등을 입력해 줍니다. 저는 앞서 피카 AI에서처럼 새해를 맞이하여 미래도시 느낌이 나는 뉴욕의 스카이라인과 야경 속에서 멋진 새해 불꽃놀이를 하는 영상을 영화적이면서 매우 디테일하고, 롱샷 기법, 몽환적 느낌, 8K 고화질로 생성하기 위해 챗GPT에게 영상 생성 AI 툴에 입력할 프롬프트를 요청해서 젠2 Start with Text 버전에 입력했습니다.

런웨이 젠2의 프롬프트 입력 화면

챗GPT에서 만들어 준 텍스트를 그대로 붙여넣기한 후 오른쪽 하단 'Generate 4s' 버튼을 클릭해 줍니다.

런웨이 젠2를 활용해 만들어진 도심 속 야경과 멋진 불꽃놀이 영상

잠시 후 영상이 생성되었습니다. 동일한 프롬프트를 다양한 영상 생성 AI 에 입력한 결과 수준 높은 퀄리티의 영상이 완성되었습니다. 결과물이 나오면 '다운로드' 버튼을 눌러 내 컴퓨터에 다운로드할 수 있습니다.

Start with Image

이번에는 구체적인 예시 이미지로 영상을 생성해 보겠습니다.

기존 이미지를 활용해 영상을 만들기 위한 프롬프트 입력 화면

예시 'IMAGE'만 업로드한 후 생성하는 방법과 예시 'IMAGE + DESCRIPTION'을 추가 작성하여 생성하는 2가지 방법이 있습니다. 그런데 여기서 단순히 생성만 하는 것이 아닌 'Motion Brush' 기능을 활용해 정적인 장면을 역동적으로 변화시킬 수 있습니다.

모션 브러시 기능을 활용해 원하는 위치에 움직임을 부여할 수 있다.

　모션 브러시 기능은 내가 움직임을 주고 싶은 부분만 브러시로 색을 칠해서 마킹해 주면 그 부분만 움직이게 할 수 있는 기능입니다. 변화를 주고 싶은 부분을 표시하고 오른쪽 사이드바에서 수평/수직의 어떤 방향으로 움직임을 가져갈 것인지와 함께 움직임의 강도를 조정해 줍니다. 거칠게 부서지는 파도를 실감나게 표현해 줄 수 있을지 기대됩니다.

모션 브러시 기능을 활용해 역동적이고 디테일한 영상이 생성되었다.

생성 결과 매우 선명하면서도 자연스러운 고품질의 영상이 만들어졌습니다. 달리3, 미드저니와 같은 이미지 생성 AI를 활용해 만든 고품질의 이미지에 모션 브러시 기능이 더해지면 더욱 만족도 높은 고퀄리티의 영상을 만들 수 있으니 다양한 시도를 해 보기 바랍니다.

비디오스튜(video stew) : 텍스트 입력만으로 동영상 완성

비디오스튜는 국내 기업에서 개발한 웹 기반의 동영상 생성 제작 도구입니다. 숏폼이라 불리는 틱톡, 유튜브 쇼츠, 인스타그램 릴스 등과 같이 콘텐츠 영상을 생성할 수 있습니다.

한국어로 사용할 수 있어서 한두 번 경험해 보면 누구든 쉽게 만들 수 있다는 장점이 있습니다. 슬라이드 기반의 인터페이스를 제공하며 영상의 내용을 텍스트로 입력하면 자동으로 영상을 생성해 주거나, 동영상과 이미지를 배치하면 영상 엔진이 변화를 자동으로 해석하여 새로운 영상으로 생성해 주는 것이 특징입니다.

검색창에 '비디오스튜'라고 검색하거나 비디오스튜 사이트(videostew. com)에 접속합니다. 오른쪽 상단의 '회원가입'을 클릭하고 구글 아이디 또는 네이버, 애플, 페이스북 아이디를 통해 가입한 후 사용할 수 있습니다. 로그인한 후 왼쪽 '+프로젝트 만들기'를 클릭해 줍니다.

영상 생성 AI 비디오스튜의 콘텐츠 생성을 위한 시작 화면
1) 본문 텍스트 : 미리 작성된 텍스트가 있을 경우
2) 본문이 있는 URL : 블로그 포스팅, 뉴스 등과 같이 텍스트로 작성된 사이트를 활용해 영상을 제작할 경우

생성할 영상의 제목을 입력하고 '위자드' 버튼을 클릭합니다. 다음 화면에서 무엇을 기반으로 영상을 제작할 것인지를 선택해 줍니다.

저는 미리 작성된 본문 영상 스크립트를 바탕으로 영상을 제작할 것이기 때문에 '본문 텍스트'를 선택한 후 '다음'을 클릭했습니다.

영상 생성을 위한 기초가 되는 프롬프트 입력 화면
1) 메모장에 내가 미리 준비한 본문 스크립트를 그대로 복사해서 입력창에 붙여 넣어 주는 방법입니다.
2) 챗GPT와 연결되어 있어 영상의 주요 내용을 간단히 입력한 후 오른쪽 상단의 '글 다듬기'를 클릭하면
   자동으로 본문 내용을 생성하는 방법입니다. 생성된 내용은 수정할 수 있습니다.

본문을 생성하는 방법은 크게 2가지가 있습니다.

본문 내용이 길다면 'Enter'를 이용해 문단을 분리할 수 있습니다. 본문이 완성되었다면 '다음'을 클릭합니다.

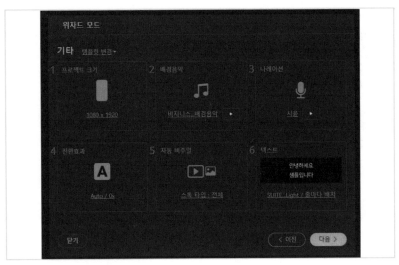

이미지 생성을 위한 세부 설정 화면

1) 내가 만들 영상의 사이즈를 선택합니다.
2) 영상과 어울리는 다양한 배경음을 선택합니다.
3) 영상의 몰입도를 높여 줄 AI 음성을 선택합니다.
4) 이미지 또는 영상 전환 시 효과(Effecr)를 설정합니다.
5) 자동 비주얼(스톡비디오, 이미지 삽입, 직접 수정)의 세부 설정을 선택합니다.
6) 영상에서 보이는 제목/자막의 텍스트를 선택합니다.

　

이제 AI 목소리나 BGM, 폰트 등을 설정할 수 있는 화면이 보입니다.

모든 설정이 끝났다면 '다음' 버튼을 클릭합니다. 영상 편집 과정에서 위 설정들은 언제든 수정할 수 있으니 처음 선택할 때 많은 시간을 할애하지 않아도 됩니다.

생성된 영상에 디테일을 불어넣어 주는 편집 화면

1) 화면의 상단 가운데 '미리보기' 버튼을 클릭하여 '전체 미리보기'를 눌러 생성된 영상을 확인합니다. 만약 영상에 수정이 필요한 부분이 있다면 해당 슬라이드를 선택하고 수정을 진행합니다.
2) 왼쪽 라이브러리 창에서 '비디오'> '스톡'을 선택하고 상단의 검색어에서 내가 필요한 '키워드'를 검색하여 마음에 드는 영상을 클릭하면 해당 슬라이드의 영상과 교체할 수 있습니다.
3) 슬라이드의 세부 옵션(전환 효과, 나레이션, 효과음, 배경음악 등)의 설정값도 자유롭게 변경할 수 있습니다.

이제 입력한 내용을 바탕으로 자동으로 영상이 추가되면서 내용에 맞는 배경 영상까지 자동으로 매칭해 줍니다.

생성된 영상에 디테일을 불어넣어 주는 편집 화면

모든 편집이 완료되었다면 이제 이것을 렌더링하여 내 컴퓨터에 다운로드할 차례입니다. 오른쪽 상단의 '다운로드' 버튼을 클릭하면 다운로드창이 열립니다. 여기에서 가장 왼쪽의 '비디오' 옵션에서 '렌더링' 버튼을 클릭합니다. 약간의 시간이 소요된 이후 내 컴퓨터에 해당 동영상(mp4) 파일이 다운로드되었음을 확인할 수 있습니다.

이렇게 만들어진 영상을 유튜브 쇼츠 또는 인스타그램 릴스, 틱톡 채널에 업로드해서 팔로워들과의 소통을 이어 나가기 바랍니다. 비디오스튜를 활용한 콘텐츠 수익화 전략에 대해서는 2장의 '도전 숏폼 전문 채널 만들기'에서 심도 있게 다루고 있으니 참고하기 바랍니다.

소라 AI(Sora AI) : 물리 법칙을 이해하는 영상 제작

오픈AI에서 또 하나의 큰 획을 긋는 발표를 했습니다. 텍스트 생성 AI 챗GPT, 이미지 생성 달리3를 넘어 영상 생성 AI 서비스 영역까지 그 범위를 확대했습니다. 바로 2024년 2월 공식 블로그를 통해 '텍스트 투 비디오(Text to Video)' 생성 AI '소라 AI'를 공개했습니다.

현재 해당 서비스는 일반 사용자들에게 공개된 것은 아니며, 창작자에게 도움이 되는 모델이 되도록 다수의 시각 예술가, 디자이너, 영화 제작자에게만 접속 권한을 부여하고 피드백을 받고 있습니다. 오픈AI 공식 발표에서 "제품에서 소라를 사용할 수 있게 되기 전에 몇 가지 안전 조치를 취할 것"이라고 설명했습니다.

이는 생성형 AI로 인한 저작권, 초상권 도용 및 허위 정보(폭력, 성적인 콘텐츠, 차별, 편견, 인종, 증오, 혐오 등) 생산 등의 문제를 막기 위한 안전장치 마련과 더불어 전문가 피드백 과정이 끝난 이후 일반에게 공개될 예정입니다. 아마 이 영상 생성 AI 서비스가 대중에 공개되는 순간 우리의 콘텐츠 생성 방식과 효율성에 획기적인 변화가 일어날 것으로 생각됩니다.

프롬프트가 상세하지 않아도 맥락에 맞게 영상을 생성해 주는 소라 AI

영상 생성 AI 소라 AI는 원본의 질을 단계적으로 떨어뜨린 뒤 원본에 가까운 이미지를 복원하는 과정을 학습시키는 방식으로 AI 모델 중 확산 (Diffusion) 기술이 적용된 생성 모델입니다. 예를 들어 이미지에 노이즈를 첨가해 점차 흐리게 만들면 이미지는 점점 원래의 모습을 잃고 의미 없는 그림이 됩니다. 이 과정을 거꾸로 해 원래의 모습을 잃은 이미지에서 흐려진 것을 제거하다 보면 원본을 찾아갈 수 있게 되는데, 소라 AI는 이런 과정을 학습해 이미지와 영상을 생성해 내는 것입니다.

기존의 영상 생성 AI 서비스의 경우 수 초 이내 짧은 길이의 영상들을 만드는 데 만족해야 했습니다. 하지만 이번 오픈AI에서 공개한 소라 AI는 현재 최대 1분 길이의 비디오를 생성할 수 있으며, 생성된 비디오를 확장해 더 길게 만들 수도 있다는 점이 매력적입니다.

소라 AI가 생성한 우주비행사의 모험을 담은 영화 예고편

출처 : 오픈AI

소라 AI는 다른 텍스트 투 비디오 서비스에 비해 시각적 품질이 좋고 프롬프트의 내용에 충실한 그림을 그려 주는 게 특징입니다. 현재 소라 서비

스 페이지에는 소라 AI를 활용해 제작한 1분 이내의 영상들이 올라와 있습니다. 오픈AI의 공식 발표에 의하면 소라는 여러 캐릭터, 특정 유형의 동작, 피사체와 배경의 정확한 세부 정보로 복잡한 장면을 생성할 수 있습니다. 명령에서 요청된 내용뿐 아니라 맥락에 맞는 배경이나 등장인물, 각종 요소를 자동으로 추천하고 채워 주는 기능까지 갖추고 있습니다.

다음은 우주비행사의 모험을 담은 영화 예고편 영상을 만드는 데 입력한 프롬프트입니다.

> A movie trailer featuring the adventures of the 30 year old space man wearing a red wool knitted motorcycle helmet, blue sky, salt desert, cinematic style, shot on 35mm film.
> 빨간색 울 니트 오토바이 헬멧을 쓴 30세 우주비행사의 모험을 담은 영화 예고편. 푸른 하늘, 소금 사막, 영화 스타일, 35mm 필름으로 촬영, 선명한 색상

우리가 챗GPT에서 달리3에게 이미지 생성을 요청할 때처럼 내가 생각하고 상상하는 영상의 이미지를 프롬프트로 간단하게 입력하자 소라 AI가 17초가량의 높은 퀄리티의 영상을 만들었습니다. 만들어진 영상에는 단순히 푸른 하늘이나 소금 사막같이 프롬프트에 들어간 배경뿐 아니라 제시된 프롬프트의 맥락을 이해해야만 생각해 낼 수 있는 우주선 내부에서 밖을 바라보는 장면까지 포함될 만큼 아주 디테일한 영상이 생성되었습니다.

소라 AI 역시 앞서 다룬 영상 생성 AI 서비스와 같이 텍스트 설명만으로 동영상을 생성할 수 있으며, 사용자가 가지고 있는 이미지를 통해서도 동영상을 생성할 수 있습니다. 그 밖에도 기존에 만들어진 동영상을 가져와서 확장하거나 누락된 프레임을 채우는 기능까지 갖추고 있어 영화, 광고

및 콘텐츠 제작 분야에서도 많은 변화를 불러올 것으로 기대됩니다. 아직은 일부 전문가들만 사용할 수 있지만 수개월 내에 대중에게 사용이 공개될 것입니다. 이러한 생성 기술을 누구나 사용할 수 있게 된다면 영상 콘텐츠 생성의 판을 획기적으로 바꾸어 놓게 될 것이므로 오픈AI의 홈페이지에서 소라 AI의 다양한 영상을 눈여겨보기 바랍니다.

🖥️ 수노 AI(Suno AI) : 세상에 단 하나뿐인 나만의 음악 생성

2024년 4월 한 작곡 공모전에서 음악 생성 AI가 만든 곡이 1위를 수상했다는 기사가 화제가 되었습니다. 그런데 다음 날 해당 공모전 심사위원으로 참여한 작곡가 김형석님의 SNS에 남긴 트윗이 더 큰 이슈를 불러왔습니다. 주요 내용은 다음과 같습니다.

'심사에서 1위로 뽑힌 곡이 제법 수작이었다. 그런데 오늘 주최측으로부터 AI를 활용해서 텍스트만 치고 만들어진 곡이라는 통보를 받았다. 이제 난 뭐 먹고 살아야 되나. 허허⋯.'

수노 AI는 1회 생성 시 최대 1분 20초 길이의 노래를 만들 수 있고, 노래의 끝부분에 1분 길이의 새로운 파트를 추가하는 방식으로 길이를 늘려 한 곡의 노래를 완성시킬 수 있습니다.

검색창에 '수노 AI'라고 검색하거나 수노 사이트(suno.ai)에 접속하여 오른쪽 상단에 위치한 'Make a song' 버튼을 클릭합니다. 구글 아이디 또는

MS 아이디로 가입한 후 사용할 수 있습니다. 로그인 후 왼쪽 사이드바에 위치한 'Creat' 버튼을 클릭합니다.

음악 생성 AI 수노 AI의 설정 화면

1) 왼쪽 사이드바 Create 메뉴를 클릭합니다.
2) Custom Mode 활성화시키기 : Custom Mode가 닫힌(off) 상태에서 가사를 넣고 하단의 'Create' 버튼을 클릭하면 음악이 생성됩니다. Custom Mode가 활성화(on)되면 다음과 같이 세부 설정을 할 수 있습니다.
3) Lyrics(가사) : 생성하고자 하는 노래의 가사를 입력해 줍니다.
4) Style of Music(노래 스타일) : K-POP을 비롯해 Classical, Jazz, Rock, Hip Hop/Rap 등 내가 생성을 원하는 노래의 장르를 선택해 줍니다.
5) Title(노래 제목) : 생성할 노래와 어울리는 제목을 써 주면 노래의 앨범 커버와 느낌을 더 잘 구현해 줍니다.

수노 AI를 활용해 만든 음악 '시작'

저는 신입 사원 대상 생성형 AI 주제의 기업 강의를 나가면 강사 소개와 함께 수노 AI로 만든 노래 '시작'을 틉니다. 나중에 AI가 만들고 부른 노래라는 사실을 공개하면 다들 깜짝 놀랍니다. 음악 생성 작업을 하면 1분 20초 길이의 음원 2개가 만들어집니다. 오른쪽의 '공유' 버튼을 누르면 생성된 음원의 URL을 복사할 수 있습니다. 오른쪽의 점 3개 버튼을 클릭하면 Remix, 비디오/오디오 다운로드 등 다양한 옵션이 표시됩니다.

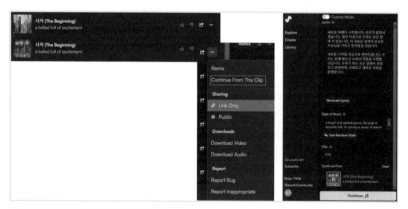

생성된 음악 길이를 늘리기 위한 설정 화면

기본으로 제공되는 1분 20초에서 음악의 길이를 더 늘리고 싶다면 'Continue From This Clip' 옵션을 선택합니다. 추가로 생성하고 싶은 뒷부분의 가사와 음악 스타일을 입력한 후 'Continue' 버튼을 클릭합니다.

추가 음악 생성으로 완성도가 높아진 노래 '시작 Part2'

　추가 음악 생성이 완료되어 두 곡의 '시작 Part2' 노래가 생성된 것을 확인할 수 있습니다. 둘 중 마음에 드는 한 곡을 선택한 후 오른쪽 끝 점 3개를 클릭한 후 'Get Whole Song' 옵션을 선택합니다. 두 곡이 합쳐져 2분 20초 길이의 멋진 노래가 생성되었습니다. 세상에 단 하나뿐인 맞춤형 음악을 만들어 보기 바랍니다.

윔지컬(Whimsical) : 아이디어 확장 정리 비서

가장 먼저 업무의 효율성을 극으로 올려 줄 생성형 AI 툴 윔지컬을 소개합니다. 윔지컬(Whimsical)이라는 단어는 '기발한', '신박한'의 의미를 갖고 있습니다. 실제로 써 보면 이름에 걸맞은 사용자 경험을 제공합니다. 플로차트나 마인드맵, 와이어 프레임과 같은 아이디어 디자인용 도구에 깔끔하게 정리해 주는 노션을 결합해 놓은 듯한 툴입니다. 저 역시 새로운 강의를 기획하거나 아이디어를 개진시킬 때 적극 활용하는 생성형 AI 툴입니다.

아이디어를 확장하고 생각을 정리하는 데 특화된 AI 윔지컬의 메인 화면

검색창에 '윔지컬'이라고 검색하거나 윔지컬 사이트(whimsical.com)에 접속합니다. 가운데의 'Sign up for free' 버튼이나 오른쪽 상단의 'Sign up' 버튼을 클릭합니다. 로그인하기 위해서는 구글 아이디가 필요합니다. 구글 아이디로 가입 신청을 하면 해당 계정 메일로 승인 여부 메일이 전송됩니다. 해당 메일을 클릭하면 가입이 완료됩니다. 가입을 완료하고 로그인하면 다음과 같은 화면이 보입니다.

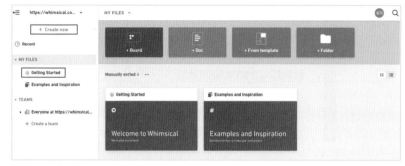

본격적인 아이데이션을 위한 윔지컬 AI의 메인 설정 화면

가입 후 처음 들어가게 되면 왼쪽 사이드바에 'Getting Started' 메뉴가 있습니다. 윔지컬 사용 방법에 대한 '튜토리얼(Tutorial)' 메뉴로 본격적인 사용에 앞서 간단한 조작 방법을 가볍게 따라 해 보면 누구든 쉽게 사용할 수 있습니다. 이제부터 생각 정리를 AI로 활용하는 방법을 설명하겠습니다. 먼저 왼쪽 상단의 '+Creat new' 버튼을 클릭해 줍니다.

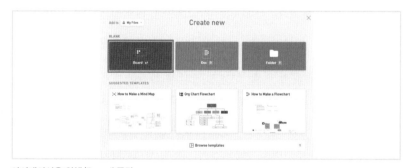

아이데이션을 위해 'Board' 클릭

첫 번째 'Board'를 클릭합니다.

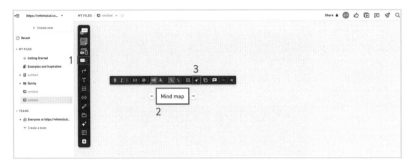

윔지컬 서비스 중 마인드맵 활용 화면

1) 마인드맵을 마우스로 끌어서 오른쪽 보드판 위로 이동시켜 주면 위 화면에서처럼 'Mind map'이라는 입력창이 나옵니다.
2) 이 입력창에 내가 생각을 확장하고 싶은 주제를 입력합니다.
3) 'Generate ideas' 버튼을 클릭합니다.

플로차트, 노트, 포스트잇 메모(Sticky Notes) 등 다양한 기능이 있지만 이번에 다룰 기능은 네 번째에 위치한 '마인드맵'입니다.

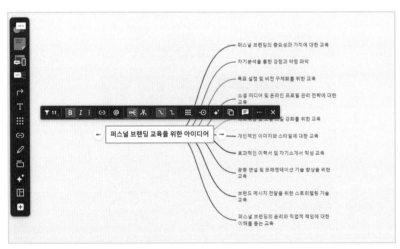

마인드맵 기능을 활용한 아이데이션 과정

'퍼스널 브랜딩' 교육의 강의 업데이트를 위해 해당 주제로 생성을 해 보았습니다. 눈 깜짝 할 사이에 11가지 주제를 제시해 주었습니다. 제가 현재 다루는 주제도 있었지만 새로운 접근을 할 수 있는 아이디어를 통해 강의 영역을 확장하는 데 도움을 얻을 수 있었습니다. 제시된 목록 중 추가로 궁금한 부분이 있다면 동일한 방법으로 해당 영역을 클릭한 다음 'Generate ideas' 버튼을 눌러 주면 추가적인 가지치기를 통해 더욱 확장 된 아이디어를 생성해 줍니다.

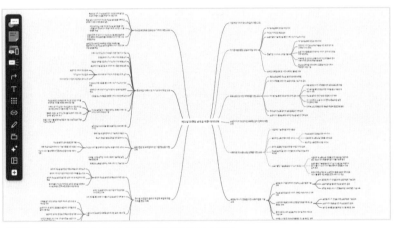

생성형 AI를 활용해 하나의 주제를 깊고 넓게 확장시킬 수 있다.

이렇게 주제에 대한 아이디어의 가지를 치고 나가다 보면 복잡하고 방대 한 내용을 한눈에 보기 좋게 정리하며 해당 주제에 대한 전체적인 큰 그림 을 그릴 수 있습니다. 생성형 AI의 도움을 받아 미처 내가 알지 못하던 영 역까지 깊이감과 넓이감을 두루 갖출 수 있다는 장점이 있습니다.

저는 윔지컬의 생성형 AI 기능을 활용해 콘텐츠와 SNS 채널의 아이디어를 얻을 때, 강의 커리큘럼 기획이나 전자책·책의 뼈대 및 목차 구성을 할 때 주로 활용하고 있습니다. 윔지컬의 생성형 AI 기능의 활용에 대해서는 2장의 '02. 확장형 수익 창출 : 크리에이터 본인 자체를 수익화'에서 실전 활용 방법에 대해 자세히 다루고 있으니 참고하기 바랍니다.

목커(Mokker) : 쉽고 고급스러운 목업 제작(초급)

디자인이 실제로 적용되기 전에 클라이언트에게 시안을 보여 주거나 제품 촬영이 어려운 경우에 편의성을 위해 많은 디자이너가 목업을 사용하고 있습니다. 지금은 개인의 브랜딩 시대이고 직장 외 부수입, N잡의 유행으로 스마트스토어 론칭을 꿈꾸는 사람이 많습니다. 이때 멋진 제품 디자인, 상세페이지를 만들 때 활용하면 좋은 목업을 쉽게 만들어 주는 생성형 AI 도구를 소개하겠습니다.

브랜드 디자인을 하다 보면 시안만 리뷰했을 때와 디자인을 목업에 적용해서 보여 줄 때 반응이나 만족도에서 큰 차이가 발생합니다. 실제 적용되는 목업을 보여 주면 디자인 시안이 어떻게 적용되는지 이해가 쉽고 결과물을 예측하는 데 도움을 주기 때문입니다. 따라서 목업은 커뮤니케이션을 더 수월하게 해 주고 시안의 완성도도 더 높아 보이게 하는 효과가 있습니다.

제가 디퓨저 브랜드 론칭을 할 때 준비했던 디퓨저 케이스 중 하나의 샘플 이미지로 매력적인 목업 작업을 진행해 보겠습니다. 쉽고 빠르게 만들 수 있는 초급 단계부터 전문성이 느껴지는 고급 단계까지 나누어서 설명하겠습니다.

목업 생성 AI 목커의 메인 화면

검색창에 'Mokker AI'라고 검색하거나 목커 사이트(mokker.ai)에 접속한 뒤 왼쪽 또는 오른쪽 상단의 'Create with Mokker' 버튼을 클릭합니다. 구글 아이디로 가입한 다음 로그인을 하면 해당 화면이 나옵니다. 가운데 'Upload Product Photo' 버튼을 클릭한 후 목업을 만들 이미지를 첨부합니다. 물론 손쉽게 드래그 앤 드롭으로도 이미지를 첨부할 수 있습니다.

목커를 활용해 제품과 어울리는 배경을 손쉽게 생성

1) 이미지의 배경이 제거되어 정상적으로 업로드되었습니다. 업로드된 이미지를 클릭합니다.
2) 오른쪽 화면과 같이 해당 이미지와 어울리는 목업 스타일을 추천해 줍니다. 추천된 이미지에 원하는 스타일이 없다면 'Search Templates'에서 원하는 키워드를 입력하면 됩니다.

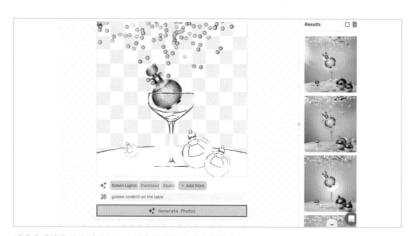

선택된 배경에 따라 여러 모드로 적용된 샘플이 제시된 화면

목업의 스타일을 설정하면 자동으로 키워드가 세팅되고, 사용자는 'Generate Photos' 버튼만 클릭하면 됩니다. 잠시 후 오른쪽에 해당 템플릿이 적용된 목업 이미지 4장이 생성되었습니다.

목커를 활용해 생성된 목업 이미지

실제 완성된 목업 이미지입니다. 목업으로 보니 디퓨저가 고급스럽고 따뜻한 향이 날 것만 같습니다. 생성형 AI의 특성상 한 번에 마음에 드는 이미지나 스타일을 얻기 어렵기 때문에 여러 번 반복한 후 가장 제품을 잘 표현할 수 있는 목업으로 내 브랜드와 제품의 매력도를 높이기 바랍니다.

플레어 AI(Flair AI) & shots.so
: 쉽고 고급스러운 목업 제작(고급)

이번에는 제품을 마치 광고처럼 찍은 것 같은 느낌을 주는 고급 단계의 목업 AI에 대해서 알아보겠습니다. 그냥 생성된 이미지로 만들어도 가능하지만 이번에는 고급 단계이기 때문에 이미지의 퀄리티를 손쉽게 높이는 방법에 대해서도 함께 배워 보겠습니다. 플레어 AI가 제품에 어울리는 다양한 템플릿을 제공하여 1장의 이미지로 사람들의 시선을 사로잡는 목업 이미지를 만들어 주고, 만들어진 목업이 소비자들에게 매력적으로 보이는지 점검해 보는 단계까지 진행해 보겠습니다.

검색창에 'Flair AI'라고 검색하거나 플레어 사이트(app.flair.ai)에 접속한 뒤 가운데 또는 오른쪽 상단의 'Get Started its free' 버튼을 클릭합니다. 구글 아이디로 가입할 수 있습니다.

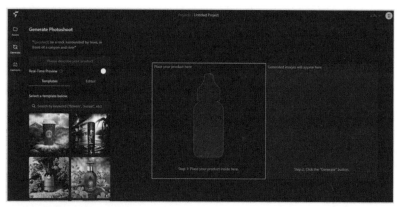

목업 생성 AI 플레어 AI의 메인 화면

로그인한 후 상단의 'Creat New Project'를 클릭합니다. 플레어 AI는 사용자 친화적인 드래그 앤 드롭 인터페이스를 제공하기 때문에 디자인 경험이 부족한 사람이라도 누구나 쉽게 매력적인 콘텐츠를 만들 수 있습니다.

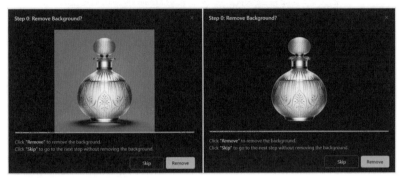

플레어 AI의 배경 제거 선택 화면

이미지를 업로드하면 배경 제거의 여부를 체크합니다. 배경을 제거하려면 'Remove'를 클릭합니다. 배경을 제거하지 않고 다음 단계로 이동하려면 'Skip'을 클릭합니다. 이미지의 스타일에 따라 다르겠지만 깔끔한 제작을 위해서는 배경 제거를 선택하는 것을 추천합니다.

343

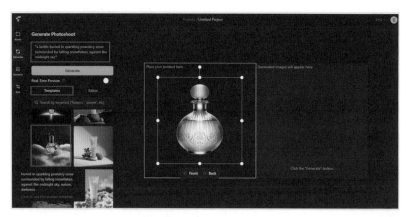

플레어 AI의 상세 설정 화면

플레어 AI는 다양한 시각적 요소와 액세서리를 활용해 제품의 주변 배경을 꾸며 주며 사용자가 완벽한 콘텐츠를 만들 수 있도록 스마트 프롬프트와 추천 기능을 제공합니다. 왼쪽의 'Templates'에서 내 브랜드, 제품과 어울리는 배경을 선택해 줍니다. 그럼 상단에 생성을 위한 프롬프트가 자동으로 작성된 것을 확인할 수 있습니다. 이러한 기능 덕분에 많은 시간이 소요되던 목업 디자인의 프로세스를 간소화할 수 있습니다.

플레어 AI로 생성한 고급 향수에 어울리는 매력적인 목업 디자인

정말 매력적인 디자인이 나왔습니다. 이제 완성된 이미지를 실제 판매할 경우 소비자들에게 내 제품이 핸드폰, 태블릿, PC 등 다양한 스마트 기기에서 어떻게 보일지 사전에 확인하기 위한 작업을 진행해 보겠습니다.

검색창에 'shots.so'라고 검색하거나 해당 사이트(shots.so)에 접속합니다. 화면 가운데의 'Start Creating' 버튼을 클릭하면 바로 사용할 수 있습니다.

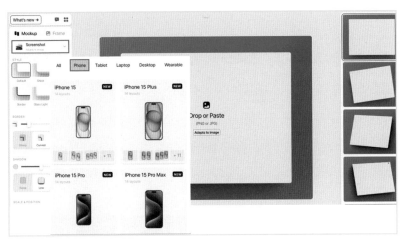

'shots.so' 서비스의 메인 화면

화면에 들어와 이미지를 업로드하기 전에 왼쪽 사이드바의 'Screenshot'을 클릭한 후 다양한 스마트 기기들 중 'Phone'을 클릭해 주면 해당 목업 이미지를 스마트폰에서 보이는 것처럼 확인할 수 있습니다. 목업 화면을 보다 전문적으로 만들 수 있는 2가지 기능에 대해서도 알아보겠습니다.

다양한 디바이스에서 생성된 목업 이미지의 연출컷

먼저 왼쪽 사이드바에 위치한 'Frame' 탭을 눌러 줍니다. 'Unsplash' 탭을 클릭하면 세계적인 무료 이미지 사이트인 언스플래시(Unsplash)에서 라이선스 무료 이미지들을 가져와 활용할 수 있습니다. 내 브랜드와 제품을 패션 잡지 속 광고 페이지처럼 순식간에 아주 매력적으로 만들어 줍니다.

내 제품과 어울리는 배경 컬러 추천

하단 이미지에 적용한 기능은 대표 색상 팔레트 기능입니다. 내가 업로드한 이미지를 분석해서 어울리는 배경의 컬러를 추천해 줍니다. 단순한 흰색 배경보다 더 고급스럽게 제품의 특징을 잘 표현해 줍니다.

제품뿐만 아니라 내가 판매하는 서비스의 메인 페이지나 광고 페이지 또는 내가 만든 전자책이 소비자들의 다양한 디바이스에서는 어떻게 보이는지 사전에 점검하고, 부족한 부분은 추가 보완을 통해 이목을 집중시키고 클릭을 부르는 목업을 만들어 보기 바랍니다.

# 트로우 AI(Traw AI) & 릴리스 AI(Lilys AI) : 요약 정리의 달인

나만의 콘텐츠를 만들 때 확장 도구로 사용할 수 있는 AI입니다. 유튜브 링크만 넣으면 무료로 영상의 주요 내용을 요약 정리해 주고, 주요 장면을 스탬프로 제공해 줍니다.

저는 업로드한 유튜브 콘텐츠를 블로그 포스팅으로 발행하는 업무에 이 기능을 사용하고 있습니다. 또한 빠르게 변화하는 트렌드를 공부하기 위해 구독 중인 채널들에서 올라온 영상에서 주요 내용과 트렌드를 빠르게 인풋하는 데 활용하고 있습니다.

독자 여러분도 콘텐츠 소비의 효율성을 높이고, 내 콘텐츠를 만드는 데 확장 도구로 적절히 활용해 보기 바랍니다. 요약 정리해 주는 수많은 생성형 AI가 있지만 대표적인 서비스로는 트로우 AI와 릴리스 AI를 들 수 있습니다.

트로우 AI

검색창에 '트로우 AI'라고 검색하거나 트로우 사이트(traw.ai)에 접속합니다. 구글 아이디로 가입할 수 있습니다.

요약 정리에 특화된 트로우 AI의 메인 화면

1) 유튜브 링크 제공 시 해당 콘텐츠를 주요 타임 구간별로 요약합니다. (영상 요약 시 한국어 외에도 영어, 중국어, 프랑스어 등 9개국 언어를 제공합니다.)
2) Recording : 요약이 필요한 문서나 음성 파일을 업로드합니다.
3) 한 달에 300크레딧이 무료 충전되며, 유튜브는 1분당 1크레딧이, 영상과 오디오는 1분당 2크레딧이 소모됩니다. (유튜브 기준 300분, 즉 5시간 분량의 영상을 한 달에 요약해서 볼 수 있습니다.)

트로우 AI의 경우 유튜브 영상 요약뿐만 아니라 사용자가 보유하는 파일 요약까지 할 수 있습니다.

트로우 AI를 활용해 요약된 유튜브 강의 영상

얼마 전에 제 채널에 업로드한 '챗GPT-4 무료로 사용하기 꿀팁'이라는 영상 콘텐츠의 요약을 요청했습니다. 정말 임팩트 있게 주요 내용들을 잘 선정해 요약했다는 생각이 들었습니다. 영상 전반을 아우르는 요약 정리도 좋았지만, 콘텐츠 영역에서 타임별 주요 장면과 해당 구간의 내용을 요약해 주는 기능 또한 만족할 만한 수준이었습니다. 만약 처음 접하는 분야나 주제의 영상에 대한 사전 정보가 필요하다면 주요 내용을 파악하는 데 요긴하게 활용될 것입니다.

트로우 AI로 요약된 자료를 HTML/마크다운으로 복사하여 블로그 포스팅에 사용할 수 있다.

해당 영상의 요약본을 블로그에 업로드하고 추가적인 채널과 영상 콘텐츠 홍보를 손쉽게 할 수 있습니다. 상단의 '공유 및 내보내기' 버튼을 클릭하면 'HTML/마크다운으로 복사' 탭이 있습니다. 여기서 '복사'를 누르고 내 블로그 입력창에 붙여 넣으면 됩니다.

HTML/마크다운으로 복사한 후 블로그 포스팅에 붙여넣기한 화면

블로그에 붙여넣기를 했더니 깔끔하게 요약 정리된 내용이 영상의 원본 링크와 함께 첨부되었습니다. 물론 블로그에 업로드할 때에는 바로 발행 버튼을 누르기보다는 일부 수정 과정을 거치는 것이 좋습니다.

예를 들어 링크가 가장 상단에 있을 경우 해당 포스팅을 읽지 않고 바로 유튜브 링크로 이탈할 수 있기 때문에 가장 하단으로 이동해 줍니다. 또 긴 영상을 압축해서 요약하다 보면 주요 내용이 빠지는 경우가 있기 때문에 한 번 더 읽으며 살을 붙여 주고, 내가 상위노출하고자 하는 키워드들도 적절히 배치해 준 다음에 발행하는 것을 추천합니다.

릴리스 AI

트로우 AI는 영어에 특화된 모델이기 때문에 영어가 아닌 한국어의 인지는 조금 아쉬운 부분이 있습니다. 그런데 이제 그런 걱정을 하지 않아도 됩니다. 바로 한국어에 특화된 요약 정리 생성형 AI 릴리스가 있기 때문입니다.

검색창에 '릴리스 AI'라고 검색하거나 릴리스 사이트(lilys.ai)에 접속합니다. 한국에서 만든 서비스답게 구글뿐만 아니라 네이버 아이디와 연동해 가입할 수 있습니다. 간단한 회원가입 과정을 거치면 사용할 수 있습니다.

요약 정리에 특화된 릴리스 AI의 메인 화면

1) 분석을 원하는 포맷을 설정합니다. 현재 2024년 4월 기준 영상 요약, PDF 요약, 실시간 녹음 요약, 텍스트 요약 기능을 사용할 수 있습니다. 웹사이트 요약 정리 서비스는 곧 출시될 예정입니다.

2) 선택한 요약 정리에 맞춰 링크 또는 파일을 업로드하거나, 텍스트를 입력하는 입력창입니다.

릴리스 AI가 요약 정리해 준 유튜브 영상 강의

1) 상단에 각각의 기능이 구분되어 있습니다.
  - 요약 노트(영상/문서/녹음/텍스트) : 소화하기 어렵고 힘든 영상, 또는 길어서 읽기 힘든 PDF를 핵심 정보만 빠르게 정리합니다.
  - 스크립트(영상/문서) : 영상을 넣으면 AI가 녹취 스크립트를 생성합니다.
  - 타임스탬프(영상) : 영상을 넣으면 AI가 구간별 주요 내용들의 요약과 타임스탬프를 생성합니다.
  - 블로그 글(영상/텍스트) : OSMU 전략에 맞춰 영상을 블로그 글로 변환해 멀티채널 운영을 더 쉽게 도와줍니다.
2) 정확도 높이기 : 오타가 너무 많다면 업그레이드된 음성 인식 AI로 정확도를 높일 수 있습니다.
3) 접기/펼치기 : 요약된 영상의 주요 장면 캡처 이미지와 해당 구간의 주요 내용을 좀 더 구체적으로 요약 정리해서 보여 줍니다.
4) AI에게 질문하기 : AI와 질의응답을 통해 요약 정리된 내용에서 필요한 부분만 쉽고 빠르게 파악할 수 있습니다.

트로우 AI에 넣었던 동일한 링크를 넣었습니다. 훨씬 더 풍성한 자료들을 제공하고 있다는 것을 느낄 수 있습니다. 특히 한국어에 특화되어 있기 때문에 요약 정리의 퀄리티도 훨씬 더 만족도가 높습니다. 특히 유튜브 영상을 제작한 후 타임스탬프를 만드는 일에 정말 많은 시간이 소요되었는데, 이제는 릴리스 AI가 요약해 준 타임스탬프를 통해 쉽고 빠르게 유튜브 콘텐츠의 주제별 구간을 나누어 제공할 수 있습니다.

릴리스 AI가 요약 정리해 준 유튜브 영상 강의

펼치기를 통해 해당 구간의 주요 내용을 더욱 상세하게 확인할 수 있습니다. 이러한 기능 덕분에 긴 영상을 시청하기 전에 활용한다면 주요 내용을 훨씬 더 체계적이고 효율적으로 파악할 수 있습니다.

블로그 글 기능은 앞서 트로우 AI에서 설명한 것처럼 영상의 주요 내용을 쉽고 빠르게 포스팅할 수 있도록 블로그 포스팅 형태로 변환해 줍니다. 멀티채널 운영을 더 쉽게 도와주는 좋은 기능입니다. 하지만 앞서 언급한 것처럼 바로 붙여넣기하고 발행 버튼을 누르기보다는 내 글을 읽는 사용자들이 계속해서 읽고 싶은 글을 쓰기 위해 일정 부분 다듬는 작업이 필요하다는 점을 기억하기 바랍니다.

저는 새로운 콘텐츠 제작이나 집필 아이디어를 확보해야 할 때 사전 자료 수집용으로 트로우 AI와 릴리스 AI 두 요약 정리 생성형 AI를 활용하고 있습니다. 이전에는 하루에 영상 2~3개를 보고 정리하는 것이 버거웠는데 맥락을 구체적으로 나누어서 정리해 주기 때문에 동일한 시간에 영상

20~30개 정도는 거뜬히 핵심 자료를 추려내 정보를 파악할 수 있게 되었습니다. 독자 여러분도 요약 정리 생성형 AI를 활용해 콘텐츠 기획 및 아이디어 확장, 트렌드 파악에 적절히 활용하기 바랍니다.

스크라이블 디퓨전(Scribble Diffusion) &
오토드로우(Autodraw) : 낙서가 작품이 되다

앞에서 다양한 이미지 생성 AI를 배웠습니다. 하지만 텍스트만으로 내가 원하는 그림을 생성하는 것은 쉬운 일이 아닙니다. 이럴 때 '내가 직접 스케치한 그림을 바탕으로 바로 이미지나 클립아트를 생성해 준다면 참 좋겠다.'라는 생각을 한 번쯤은 해 보았을 것입니다. 스케치를 그림으로 바꾸는 데 유용한 생성형 AI 서비스를 배워 보겠습니다.

스크라이블 디퓨전

검색창에 'Scribble Diffusion'이라고 검색하거나 스크라이블 디퓨전 사이트(scribblediffusion.com)에 접속합니다. 별도의 가입 없이 누구나 무료로 이용할 수 있습니다.

낙서가 그림이 되는 스크라이블 디퓨전 메인 화면
1) 내가 상상하는 그림을 마우스로 그립니다.
2) 표현하고 싶은 그림에 대한 프롬프트를 간단히 입력해 줍니다. 모든 명령어는 영어를 기반으로 되어 있습니다. 'Go' 버튼을 클릭하면 그림이 생성됩니다.

356

처음 접속하면 샘플 그림과 프롬프트가 입력되어 있는데 하단의 'Clear'
버튼을 눌러 지웁니다.

간단한 낙서에 프롬프트가 더해져 생성된 멋진 그림

마우스로 스케치를 그리고, 해당 그림에 대해서 AI에게 어떻게 묘사시킬
지에 대한 프롬프트를 입력해 상상하던 이미지를 그려 냈습니다. 내가 무
엇을 상상하고 그리든 결과적으로 보다 업그레이드된 버전의 그림을 얻을
수 있습니다. 여기서 생성된 이미지를 바탕으로 달리나 빙 이미지 크리에이
터에서 더욱 발전된 이미지를 생성해 보면 흥미로운 작업이 될 것입니다.

오토드로우

초등학교에 다니는 아들이 교실 꾸미기 시간에 생성형 AI를 활용해 다
양한 클립아트를 만들어 쉽고 빠르면서도 재미있게 작업했다는 이야기를
들었습니다. 이때 활용한 도구가 바로 구글의 이미지 생성 AI 오토드로우
였습니다.

구글의 이미지 생성 AI 오토드로우 메인 화면

　검색창에 '오토드로우'라고 검색하거나 오토드로우 사이트(autodraw.com)
에 접속한 다음 왼쪽의 'Start Drawing'를 클릭합니다. 별도의 가입 없이 누
구나 무료로 이용할 수 있습니다.

　마우스로 내가 그리고 싶은 그림을 그립니다. 저는 피자 그림을 그렸습
니다.

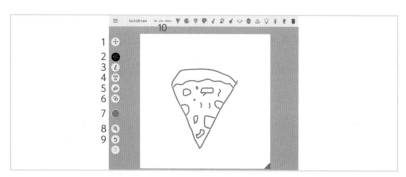

오토드로우의 주요 기능 및 설정 화면
1) 그림이나 글자 이동하기
2) 오토드로우 : 하얀 배경 위에 원하는 그림을 그리면 상단에 비슷한 이미지를 추천해 줍니다.
3) 일반 드로우 : 자동 변환하지 않을 그림을 그릴 때 활용합니다.
4) 텍스트 쓰기　　5) 색 채우기 : 스케치 위에서 클릭하면 색이 자동으로 채워집니다.
6) 도형 넣기　　7) 색깔 고르기　　8) 돋보기 : 확대해서 보기　　9) 돌아가기 : 작업 취소
10) 그림 추천 : 내가 스케치한 그림을 바탕으로 AI가 추론하여 적절한 그림을 추천해 줍니다.

동동이네 피자

오토드로우로 그린 다양한 피자 이미지

저는 미적 재능이 없어서 그림 그리기만 생각하면 겁부터 먹었는데, 오토 드로우 덕분에 그림 그리는 재미에 푸욱 빠졌습니다. 간단한 스케치만으로 멋진 클립아트 작품이 탄생할 수 있으니 여러분도 도전해 보기 바랍니다.

💻 D-ID : 말하는 AI 휴먼 제작

AI를 활용하여 이미지, 아바타 등 가상 인물이 말하는 영상을 제작할 수 있는 '말하는 AI 휴먼 만들기' 프로그램을 소개하겠습니다. 툴에서 기본으로 제공되는 삽화를 선택하거나, 직접 아바타를 생성하거나, 나만의 이미지를 업로드하여 나만의 AI 휴먼을 만들 수 있습니다. 이렇게 만들어진 아바타에게 음성 파일 또는 텍스트를 입력해 실제로 말하는 것처럼 보이게 만들어 줍니다.

우리에게 잘 알려진 영화 「해리포터」의 주인공들이 프랑스 명품 브랜드 '발렌시아가' 모델 분위기를 내며 런웨이를 차례로 지나가는 영상이 큰 화제가 되었습니다. 영화 속 대사들이 발렌시아가 키워드와 조합돼 재치 있게 등장하기도 합니다.

'해리포터 바이 발렌시아가' 광고 영상 화면

출처 : 데몬플라잉폭스 유튜브

디자이너 데몬플라잉폭스(demonflyingfox)가 유튜브에 게시한 뒤 조회수 1173만을 기록하며 화제를 모았던 '해리포터 바이 발렌시아가(Harry Potter by Balenciaga)' 광고 영상의 내용입니다. 이 영상에는 비밀이 있는데 바로 영상 속 주인공들이 실제 사람이 아닌 생성형 AI로 만들어졌다는 사실입니다. AI로 광고를 만드는 시대가 왔다는 사실에 뜨거운 관심을 불러 일으켰습니다. 이 광고가 애니메이션 작업에 사용되는 생성형 AI 프로그램 D-ID로 작업한 것으로 밝혀지며 대중에게 D-ID가 알려졌습니다.

사용 방법은 간단합니다. 구글에서 'D-ID'라고 검색한 후 사이트에 접속하여 'LOG IN' 버튼을 눌러 가입하거나 'Start Free Trial' 버튼을 클릭하여 제작 페이지에 접속합니다. 가입하면 20크레딧이 기본으로 제공되며 영상의 길이에 따라 크레딧이 소모됩니다. 제대로 사용하기 위해서는 유료 플랜 결제를 해야 합니다. 로그인 후 오른쪽 상단의 '+Create video' 버튼을 클릭합니다.

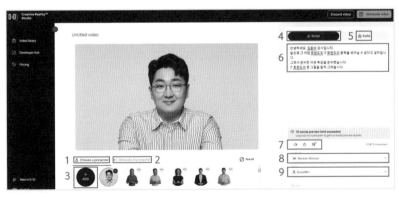

AI 휴먼 만들기 서비스 D-ID의 상세 설정 화면
1) Choose a presenter : 서비스에서 기본으로 제공되는 아바타 중 하나를 선택합니다.
2) Generate AI presenter : 원하는 프롬프트를 입력하여 직접 아바타를 생성합니다.
3) ADD : 가지고 있던 이미지 파일 중 조건에 맞는 이미지를 업로드합니다.
4) Script : 원하는 스크립트를 직접 입력합니다.
5) Audio : 사전에 녹음한 음성 파일을 업로드합니다.   6) 텍스트 입력창

7) 세부 설정(왼쪽부터)
  -Listen : 입력한 대사를 미리 들어 볼 수 있습니다.
  -Add a 0.5s break : 대사 내용 중 원하는 위치에서 해당 메뉴 적용 시 시계 아이콘이 삽입됩니다. 시계
    모양 아이콘에서는 0.5초 동안의 간격을 두고 대사를 읽습니다.
  -Continue your text using AI : 기본적인 스크립트를 작성한 후 해당 메뉴를 클릭하면 이어지는 대사
    의 내용을 AI가 자동으로 작성해 줍니다.
8) 언어 : 다양한 나라의 언어를 선택할 수 있으며 한국어가 지원됩니다.
9) 목소리 : 현재 한국어는 남성(3명), 여성(6명)의 목소리가 지원됩니다.

가장 먼저 해야 할 작업은 영상 제작을 위한 AI 아바타 선택하기입니다.
아바타 선정이 완료되면 이제 영상 제작을 위한 멘트를 작성할 차례입니
다. 음성, 텍스트 입력 2가지 방법이 있습니다.

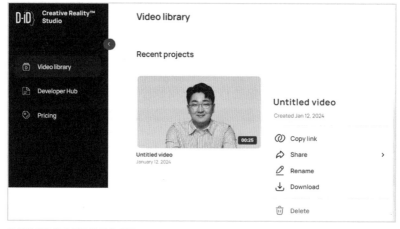

완성된 영상 다운로드 및 공유 화면

보이스 아바타가 완성되면 왼쪽 사이드바의 'Video library' 메뉴에 등
록됩니다. 확인하고 싶다면 해당 비디오를 클릭하면 됩니다. 제작된 영상
은 링크로 공유 및 다운로드, 다양한 SNS 채널로의 공유도 가능합니다.

직접 경험하고 나니 어렵지 않지요? 말하는 AI 휴먼을 활용해 나의 대상 타깃을 위한 유튜브 콘텐츠를 만드는 과정에서 내 얼굴을 직접 노출하는 것이 꺼려진다거나, 이러닝 콘텐츠를 제작하는 과정에서 직접 녹음·녹화가 어려운 경우 말하는 AI 휴먼 툴을 활용하여 효과적으로 콘텐츠를 만들어 보기 바랍니다. 의류 브랜드 발렌시아가 광고처럼 내 브랜드나 제품, 서비스를 알리는 홍보 영상을 만들 때 비용을 절감하고 실재감을 높이는 용도로 활용할 수 있으니 다양한 분야에서 적극 활용해 보기 바랍니다.

🖥 헤이젠(HeyGen) : 나 대신 영상을 만들어 주는 아바타

앞선 툴들이 초급 버전이었다면 이번에는 고급 버전의 툴을 사용해 보겠습니다. 헤이젠 AI는 복잡한 비디오 제작 과정을 단순화하여 영상 생성 분야에서 판도를 바꾸는 존재로 급부상하고 있습니다. 직접 사용해 본 결과 헤이젠 서비스는 일반적인 비디오 제작 도구가 아닌, 다양한 요구 사항을 충족하는 다목적 플랫폼이라고 생각합니다. 그만큼 잘 다루면 활용 가치가 무궁무진하다는 뜻입니다. 그럼 사용 방법에 대해서 자세히 알아보겠습니다.

검색창에 'HeyGen'이라고 검색하거나 헤이젠 사이트(app.heygen.com)에 접속합니다. 가운데의 'Get started for free' 버튼이나 오른쪽 상단의 'Get started' 버튼을 클릭하고 회원가입과 로그인을 진행합니다.

AI 아바타 만들기

AI 휴먼 아바타를 생성해 주는 헤이젠의 메인 화면

우리는 나를 대신할 AI 아바타를 만들어야 하기 때문에 'Free Instant

Avatar' 버튼을 클릭합니다. 총 4단계 과정을 거쳐 AI 아바타를 만들게 될 것입니다.

1단계 : Intro

AI 아바타를 만드는 방법에 대한 가이드 영상이 나옵니다. 누구나 쉽게 따라 할 수 있습니다. 영상을 볼 때 어렵다는 생각이 들어도 걱정하지 않아도 됩니다. 자세히 단계적으로 설명할 테니 차근차근 따라오면 됩니다. 영상 시청을 마무리하고 'Next' 버튼을 클릭해 줍니다.

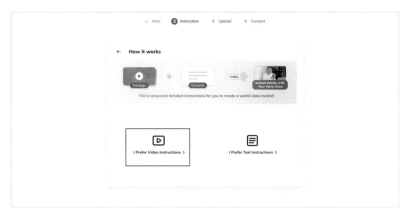

AI 아바타 만들기 2단계

2단계 : Instruction

'I Prefer Video Instructions'을 클릭하고, 내 아바타 제작을 위해 영상을 촬영하고 업로드하는 방법에 대한 설명 영상을 확인한 다음 'Let's Try' 버튼을 클릭합니다.

AI 아바타 만들기 3단계 1

3단계 : Upload your footage(영상 업로드)

영상을 업로드하는 방법에는 2가지가 있습니다. 사전에 촬영된 영상을 올리는 방법과 웹캠(Webcam)을 활용해 실시간으로 촬영한 후 업로드하는 방법입니다. 저는 전자의 방법을 추천합니다. 그래야 완성도 높은 영상을 확보할 수 있기 때문입니다. 어려울 것은 없습니다.

카메라를 셀카모드로 하고 촬영을 진행합니다. 이때 깔끔한 흰색 벽면을 배경으로 최대한 손동작은 크지 않게 촬영합니다. 만약 어떻게 촬영해야 할지 감이 오지 않는다면 헤이젠에서 제공하는 기본 아바타들의 자세, 표정, 제스처를 확인한 후 참고하여 그대로 촬영하면 됩니다. 영상은 너무 짧지 않게 2~3분 내외로 촬영을 진행하면 됩니다.

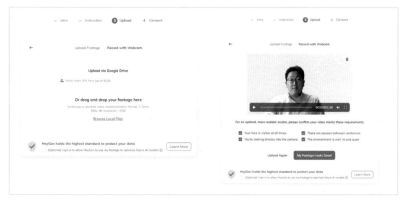

AI 아바타 만들기 3단계 2

'Upload footage'를 선택한 후 파일을 첨부해 줍니다. '드래그 앤 드랍'
으로도 쉽게 파일을 첨부할 수 있습니다. 그럼 오른쪽 화면처럼 사전에 촬
영한 이미지가 첨부되었음을 확인할 수 있습니다. 영상 아래의 체크박스를
모두 체크해 준 뒤 'My footage Looks Good' 버튼을 클릭합니다.

AI 아바타 만들기 4단계

4단계 : Consent

마지막 단계입니다. 영상의 도용 방지를 위해 생성 중인 영상의 주인공이 내가 맞다는 것을 증명하는 추가 영상을 찍는 단계입니다. 노트북이나 PC에 연결된 웹캠을 켜고 주어진 영어 문장을 읽으며 촬영합니다. 내가 올린 영상과 현재 업로드된 영상을 검수한 후 승인이 완료되면 나만의 AI 아바타를 만드는 작업이 진행됩니다. 생성되는 시간은 10~20분 내외가 소요됩니다.

영상 제작하기

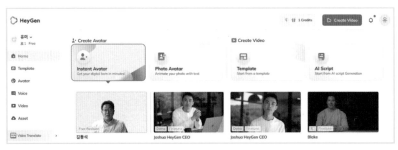

AI 휴먼 아바타

헤이젠에서 기본으로 제공하는 아바타처럼 영상 제작에 활용할 수 있는 나만의 AI 아바타가 완성되었습니다. 그럼 이제 본 영상을 만들어 보겠습니다. 오른쪽 상단의 'Creat Video' 버튼을 클릭하면 다음과 같은 영상 제작 화면이 나옵니다.

다양한 언어로 나 대신 말하는 AI 휴먼 아바타가 말할 스크립트 작성 화면

1) 내가 선택한 아바타입니다.
2) 텍스트 입력창으로 원하는 스크립트를 직접 입력합니다.
3) Add a 0.5s break : 대사 내용 중 원하는 위치에서 해당 메뉴 적용 시 시계 아이콘이 삽입됩니다. 시계 모양 아이콘에서는 0.5초 동안의 간격을 두고 대사를 읽습니다. 위 스크립트창을 보면 중간중간 시계 모양을 볼 수 있습니다.
4) Translate(언어 변환) : 한국어로 입력된 대본을 40여 개국 이상의 다양한 언어로 변환합니다. 번역 생성형 AI가 탑재되어 있어 상당히 완성도가 높습니다. 내가 변환을 원하는 언어를 선택한 후 'Apply Scene'을 클릭하면 적용됩니다.
5) GPT Script Writer(GPT 스크립트 작성기) : 챗GPT-4의 글쓰기 기능이 탑재되어 있습니다. AI와 대화를 통해 추가 생성된 내용들이 더해져 기존 원고 내용을 AI보다 풍성하고 퀄리티 있게 만들어 줍니다.
6) 해당 스크립트가 적용된 후 재생 시간과 음성 적용 결과물을 확인할 수 있습니다.
7) AI 아바타가 스크립트를 읽는 목소리의 속도와 높낮이를 조절할 수 있습니다.
8) Play Scripts : 입력한 대사를 미리 들어 볼 수 있습니다. 음성만 들을 수 있으며, 아바타에 적용된 모습은 오른쪽 상단의 'Submit' 버튼을 클릭한 후 생성 작업을 수행해야 보입니다.
9) Submit(제출) : 영상 생성을 위한 모든 준비가 끝났다면 버튼을 클릭합니다.

다양한 나라의 언어로 쉽고 빠른 변환이 가능하다.

GPT 스크립트 작성기를 통해 원고 내용을 생성, 수정할 수 있다.

헤이젠 AI를 통해 나 대신 말하는 아바타 만들기

이렇게 프랑스어와 일본어로 김동석 강사를 소개하는 영상이 만들어졌습니다. 해당 영상을 다운로드하거나 SNS로 링크 공유하기도 가능합니다. 지인에게 보여 주니 입 모양과 발음까지도 완벽하게 변환되었다고 무척 신기해하며 여러 번 돌려 보았습니다. 10개 국어를 하는 내 AI 아바타를 통해 다양한 나라 사람들을 위한 콘텐츠를 만들고 소통하는 일이 이제는 현실이 되고 있습니다.

감마 AI(Gamma AI) : PPT를 쉽고 빠르게 제작

AI가 드디어 PPT까지 만들어 주는 시대가 왔습니다. 감마 테크(Gamma Tech)사에서 AI로 PPT, 문서, 웹페이지를 생성해 주는 감마 AI 서비스를 출시했습니다. 특히 무에서 유를 창조해야 하는 프레젠테이션 초안을 만들 때 매우 유용합니다. 다양한 템플릿과 디자인 요소를 제공하여 쉽고 빠르게 프로페셔널한 슬라이드를 만들 수 있습니다. 무엇보다 내가 만들고자 하는 슬라이드의 주제만 입력하면 슬라이드의 개요부터 생성까지 순식간에 진행됩니다.

웹 브라우저에서 작업할 수 있어 별도의 소프트웨어 설치나 업데이트가 필요하지 않다는 점 또한 사용성에서 큰 장점입니다. 클라우드 저장 기능을 통해 언제 어디서나 접속하고 수정할 수 있으며, 공유 링크를 통해 다른 사람들과 쉽게 협업하고 피드백받을 수 있는 것 등 정말 다양한 장점이 있습니다. 감마 AI의 사용 방법에 대해 자세히 알아보겠습니다.

검색창에 '감마 AI'라고 검색하거나 감마 사이트(gamma.app)에 접속합니다. 가운데의 'Sign up for free' 버튼이나 오른쪽 상단의 'Sign up for free' 버튼을 클릭하고 회원가입과 로그인을 진행합니다. 회원가입 시 400크레딧이 기본으로 제공되고 PPT 문서를 만들 때마다 40크레딧이 차감됩니다. 모든 크레딧을 소진하면 유료 회원으로 가입해야 사용할 수 있습니다.

누구나 쉽고 간단하게 PPT 슬라이드를 만들 수 있는 감마 AI 메인 화면

로그인 후 '+ 새로 만들기' 버튼을 클릭합니다. 본격적으로 PPT 발표 자료를 만들기 위해 프레젠테이션, 문서, 웹 페이지 중 어떤 유형을 제작할 것인지 선택합니다. 가장 기본이 되는 프레젠테이션을 선택한 후 생성하고자 하는 슬라이드 개수를 선택합니다. 슬라이드 개수는 1~10장까지는 무료 버전에서 사용할 수 있고 15, 20, 25장은 유료 플랜으로 업그레이드한 후 사용할 수 있습니다. 언어 선택도 할 수 있습니다. 내가 생성하고자 하는 주제를 입력하고 '개요 생성'을 클릭합니다.

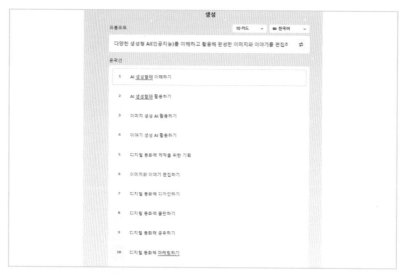

슬라이드 생성을 위한 10장의 기본 뼈대를 만드는 감마 AI

주제어에 대하여 AI가 자동으로 생성한 목차입니다. 사용자는 목차 중 필요 없는 내용은 삭제하고, 수정이 필요한 내용은 수정할 수 있습니다. 만약 제시된 목차의 구성이 마음에 들지 않는다면 '다시 생성' 버튼을 클릭하여 개요를 새롭게 생성할 수 있습니다. 제시된 개요가 마음에 든다면 '계속(Continue)' 버튼을 클릭합니다.

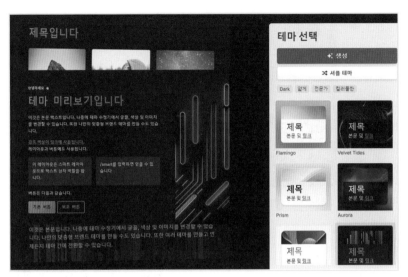

주제와 어울리는 다양한 테마 선택 가능

　이제 내가 원하는 슬라이드 디자인을 선택한 후 오른쪽 상단의 '생성' 버튼을 클릭합니다. 그러면 감마 AI가 자동으로 목차에 기반을 둔 발표 자료를 생성해 줍니다. 주제만 넣었는데 목차를 짜고 내용을 작성할 때 슬라이드에 들어가는 이미지까지 생성해 순식간에 발표 자료를 만들어 줍니다.

주제와 어울리는 슬라이드가 단 3분 만에 생성되었다.

생성된 슬라이드에 포함된 텍스트, 이미지 요소들은 자유롭게 수정할 수 있습니다. 슬라이드 수정이 완료되면 오른쪽 상단의 '프레젠테이션'을 클릭합니다. 슬라이드쇼 형태로 완성된 PPT를 점검, 확인할 수 있습니다.

다양한 문서 형태로 다운로드 및 링크를 공유한 후 슬라이드를 수정할 수 있다.

오른쪽 상단의 '공유' 버튼을 클릭하면 다른 사람 초대, 공개적으로 공유, 내보내기 등 생성된 자료들을 다양한 방법으로 공유할 수 있습니다. 내보내기 선택 시 PDF나 PPT로 저장할 수도 있습니다.

감마 AI 개인정보 설정 및 확인 화면

문서 생성에는 40크레딧, 문서 수정에는 10크레딧이 차감됩니다. 모든 크레딧 소진 시 유료 플랜으로 결제해야 합니다. 하지만 왼쪽 사이드바에서 '작업 공간에 초대'를 클릭하면 초대 링크가 제공되는데, 링크 주소를 복사해 지인들이 회원가입을 할 수 있도록 전달하면, 링크 주소를 통해 감마에 가입한 사용자와 링크를 제공한 사용자 모두에게 200크레딧을 추가로 제공하기 때문에 지속적으로 무료로 사용할 수 있습니다.

05

생성형 AI가 불러올
변화

최근 화두가 되는 주제 중 하나를 꼽으라면 단연 챗GPT로 대표되는 생성형 인공지능일 것입니다. IT뿐만 아니라 의료, 출판 등 많은 분야의 패러다임을 바꾸며 사회 전반에 돌풍을 일으키고 있습니다. 생성형 AI는 이용자의 특정 요구에 따라 결과를 능동적으로 생성해 내는 인공지능 기술을 의미합니다.

기존에는 딥러닝 기반 AI 기술을 통해 단순히 기존의 데이터를 기반으로 분류하거나 예측하는 정도였습니다. 하지만 최근 생성 AI 기술의 발전과 고도화로 인하여 사용자가 요구한 질문이나 과제를 해결하기 위해 스스로 데이터를 찾아 학습하여 얻어진 결과물을 토대로 능동적으로 데이터, 콘텐츠와 같은 결과물을 제시해 줄 만큼 한 단계 더 진화된 AI 기술로 우리의 일상과 일하는 방식까지 바꾸고 있습니다.

챗GPT가 등장하면서 본격적인 AI의 시대가 열리고 있습니다. 이제 AI를 뺀 트렌드 전망이 무의미해질 만큼 그 어떤 트렌드도 AI 트렌드의 중력에서 벗어날 수 없다고 생각합니다. AI는 앞서 반짝하고 잊힌 수많은 기술과 같이 한순간에 사라져 버리는 단기 트렌드로 끝나지 않을 것입니다. AI는 개인의 삶과 산업지형에 큰 변화를 몰고 올 것이 자명하기에 기업은 물론이고 개인도 공부하고 직접 경험을 통해 내 일상과 업무에 빠르게 적응해야만 합니다.

어떤 산업이든 3단계(1. 우리의 일상을 바꾸는 단계 − 2. 산업의 구조를 바꾸는 단계 − 3. 하나의 문화로 자리 잡는 단계) 변화 과정을 거치며 고도화됩니다. 스마트폰을 떠올려 보면 쉽게 이해가 갈 것입니다.

1단계 : 일상을 바꾸다

스마트폰의 등장과 함께 일상에서 소통하는 방식, 업무를 처리하는 방식, 인터넷 검색을 하는 방식들이 바뀌기 시작했습니다.

2단계 : 산업 구조를 바꾸다

카카오T의 등장으로 교통을 이용하는 방식, 쿠팡/마켓컬리의 등장으로 쇼핑하는 방식, 배민/요기요의 등장으로 음식을 주문·포장하는 방식, 카카오뱅크의 등장으로 금융의 방식이 변화했고 산업의 구조가 바뀌었습니다. 산업의 구조가 바뀌니 사회와 기업에서 원하는 인재상 또한 이전과 달라졌습니다.

3단계 : 문화로 자리 잡다

이제 스마트폰은 하나의 문화로 자리 잡으며, 스마트폰을 신체의 일부처럼 여기는 '포노 사피엔스(Phono Sapiens)'라는 새로운 인류가 탄생했습니다.

이 3단계 발전 과정을 이제 AI에 대입해 보겠습니다.

1단계 : AI가 일상을 바꾸다

챗GPT를 중심으로 다양한 생성형 AI의 등장은 우리의 일상을 바꾸고 있습니다. 모르는 것이 생기면 검색(Search)을 하던 사람들이 챗GPT에게 질문을 하는 생성(Generative)의 형태로 넘어가고 있는 것이 대표적입니다. MS는 자사 서비스에 맞춤형 코파일럿 서비스를 출시하며 워드와 엑셀, 파워포인트, 아웃룩 등에서 AI에게 질문을 통해 답을 얻거나 데이터를 요약하고 콘텐츠를 생성하는 구독 서비스인 MS 365 구독서비스를 제공하고 있습니다.

2단계 : AI가 산업 구조를 바꾸다

산업의 구조가 바뀌고 있습니다. 대표적인 예로 MS는 자사 검색 엔진 빙에 오픈AI의 AI 챗봇 챗GPT를 탑재하였고, 아마존은 AI 솔루션 아마존 큐(Q)를 출시해 일반적인 업무 질문, 고객 상담 보조, 물류 관리, 프로그래밍 보조 등 광범위한 업무에서 생산성을 향상시키고 있습니다. 2024년 4월 기준 시가총액 상위 10종목을 살펴보면 마이크로소프트, 애플, 엔비디아, 구글, 아마존, 메타 6개 기업이 AI 역량을 강화하고 있습니다. 그로 인하여 사회와 기업에서 원하는 인재상 또한 이전과 달라지고 있습니다.

이제 AI는 하나의 문화로 자리 잡는 3단계 발전 과정을 향해 달려가고 있습니다. 아직 나와는 거리가 멀다고 생각할 수 있겠지만, 우리가 알게 모르게 AI는 우리가 이 책을 읽고 있는 지금 이 순간에도 성장을 거듭하고 있다는 사실을 잊어서는 안 될 것입니다.

AI가 불러올 정보 획득 방식의 변화

1990년대 초에 등장한 월드와이드웹(www)은 정보 검색에 혁명을 불러왔습니다. 당시 인터넷의 등장은 '3차 산업혁명'을 불러올 정도로 파괴적이었습니다. 현재 세계 검색 시장의 92.8%의 점유율을 자랑하는 글로벌 공룡 구글은 1998년 혜성처럼 나타난 검색 엔진이었습니다. 물론 2002년 이전에는 검색 포털 야후가 시장을 리드했지만 2002년 구글 검색 사용량이 야후를 추월하며 대약진이 펼쳐지기 시작했습니다.

구글은 창업자인 레리 페이지와 세르게이 브린이 개발한 검색 엔진으로 검색이라는 행위를 사용자가 단순히 필요로 하는 정보를 찾는 일에서 모든 생활의 시작으로 변화시켰습니다. 당시 구글이 도입한 페이지랭크(PageRank)는 많이 링크된 정보에 우선순위를 주는 독특한 순위 결정 방식으로 검색 이용자들을 사로잡았습니다. 그리고 업계 최초로 검색을 광고와 연결한 서비스인 애드센스(AdSense), 애드워즈(AdWords)를 통해 급격한 성장을 이루었습니다. 이를 기반으로 구글은 세계를 호령하는 검색 최강자로 등극할 수 있는 발판을 마련했습니다.

지금까지는 궁금한 것이 있으면 검색으로 통했습니다. 하지만 생성형 AI가 나온 이후에는 검색 vs 챗의 경쟁으로 패러다임이 변화하고 있습니다. 현재 우리는 생성형 AI의 등장과 기술의 빠른 발전으로 20년 만에 검색의 시대가 저물고 생성의 시대로 진입하려는 초입에 서 있습니다. '프롬프트'를 입력하면 '응답(response)'이 생성되고 원하는 질문이나 요청에 빠르게 답변을 받아 볼 수 있게 되었습니다. 다시 말해 검색(Search)의 시대를 지나 생성(Generative)의 시대가 열렸습니다.

2022년 11월 30일 챗GPT는 출시 5일 만에 100만 유저를 확보하고 공개 후 2개월 만에 1억 명의 사용자를 돌파하며 세상을 깜짝 놀라게 했습니다. 챗GPT가 인터넷 역사상 가장 빠른 성장을 보이자 2022년 12월 순다르 피차이 구글 CEO가 주력 비즈니스 가운데 하나인 검색광고에 심각한 위협이 발생했다며 코드 레드(Code Red)를 발령하고, 이를 극복하기 위해 전사적인 역량을 집중할 수 있도록 발 빠른 대응에 나섰습니다. 전 세계 검색 시장의 90% 이상을 독점하고 있는 구글이 위기를 느꼈다는 점에서 챗GPT와 생성형 AI의 위력을 알 수 있는 대목이었습니다.

2023년 사내 특강에서 카이스트 김대식 교수님께서 검색의 시대와 생성의 시대에 대해 인상 깊은 비유를 했습니다. 우리는 궁금한 것이 생기면 인터넷 검색을 합니다. 그런데 구글이나 네이버와 같은 검색 포털에서 하는 일은 질문에 대한 대답을 해 주는 것이 아니라 우리가 한 질문과 비슷한 질문을 한 사람들이 방문한 웹사이트(홈페이지, 블로그, 카페, 뉴스 등)의 링크를 걸어 주는 일을 합니다.

그래서 검색 이용자들은 제시된 링크를 하나하나 클릭해 직접 들어가 내용을 읽고 필요한 정보를 찾아내야만 합니다. 때로는 필요한 정보를 하나도 건지지 못하고 나오는 경우도 있습니다. 질문에 대한 답을 얻기까지 많은 시간과 노력이 필요합니다. 일종의 '정보 사냥'을 해야 합니다. 마치 원시시대에 배가 고프면 원시인들이 활을 메고 직접 사냥을 나간 것처럼 말이죠.

하지만 현대사회를 사는 우리는 더 이상 배가 고파 사냥을 할 필요가 없습니다. 냉장고 문을 열고 어떤 고기와 음식을 먹을지 선택만 하면 되는 세상에 살고 있습니다. 그런데 신기하게 정보화 시대에 정보가 필요하면 우리는 여전히 사냥을 나가야만 합니다.

구글과 네이버와 같은 검색 포털은 지난 20년 동안 더 많은 기능, 넓은 적용 범위와 함께 조금 더 빨라지는 정도였을 뿐 큰 틀에서 보면 정보를 얻기 위한 사냥을 하는 방식에서 크게 변하지 않았습니다. 따라서 기본 기능과 사용자 경험은 동일하게 유지됐습니다.

그러다가 드디어 2022년 챗GPT의 등장과 함께 패러다임이 바뀌었습니다. 복잡한 질문을 하거나 할 일을 지정하면 생성형 AI는 질문에 대해 완전한 답변을 하거나 그림 그리기, 음악 생성, 코드 생성 등 지시한 임무를 완료해 줍니다. 검색의 결괏값으로 링크를 제공받을 필요가 없어진 것입니다. 더 이상 정보 사냥을 나갈 필요가 없어지고 있는 것입니다.

사용자가 원하는 질문에 대한 답변의 제공 속도도 빠르고 신속해져 거의 실시간으로 답을 얻을 수 있습니다. 챗GPT의 인터페이스와 마치 친구와 대화하듯 프롬프트만 입력하면 되는 사용 편의성과 같은 경험은 경이로운 수준입니다.

이처럼 챗GPT를 비롯한 생성 AI 도구는 간단하고 빠르며 유용합니다. 이제 정보가 필요할 때 더 이상 정보 사냥을 나가지 않아도 된다는 점에서 생성형 AI는 정보의 획득 방식을 바꾸어 나가고 있습니다. 이는 검색의 시대에서 생성의 시대로의 전환을 의미합니다.

도구의 탄생과 활용 방법 : 기회는 판의 이동기에 등장

만약 누군가가 독자 여러분에게 "지금 이 공간을 3D 공간으로 만들어 보세요."라고 주문한다면 어떤 반응을 보일 건가요? 이전에는 "저는 이 분야의 전문가가 아니어서, 저는 그런 툴을 다루지 못해서 할 수 없습니다."라는 대답이 주를 이루었을 것입니다.

하지만 지금은 생성형 AI의 등장으로 내가 3D로 만들고 싶은 사물, 공간의 사진을 찍고 생성형 AI에 넣고 명령만 하면 수 초 이내에 바로 3D 공간과 3D 객체로 만들어 줍니다. 그래서 이제 더 이상 '전문가가 아니라서, 툴을 다루지 못해서'라는 대답은 사라지게 되었습니다.

말 그대로 누구나 쉽게 AI 도구를 사용할 수 있는 기술의 대중화 시대에 살고 있는 것입니다. 기존 이미지, 영상으로 만들어진 수많은 2D 콘텐츠를 3D로 바꾸는 것과 공간으로 집어넣는 일들 역시 누구나 쉽고 간단하게 할 수 있는 작업이 되었습니다. 다시 말해 도구의 민주화가 시작되었고, 우리는 새로운 도구의 탄생에 관심을 기울여야 할 때입니다.

SF 영화의 효시로 불리는 「2001: 스페이스 오디세이」의 원작자 아서 C. 클라크는 "앞서가는 기술은 마술과 구분되지 않는다."라고 했습니다. 지금까지 나온 많은 혁신적 기술은 초자연적 마술의 모습으로 등장해 세상을 깜짝 놀라게 하고 많은 사람의 관심을 집중시켰습니다. 그러다가 시간이 흘러 점차 사람들이 과학적 원리를 이해하게 되면 기술의 지위가 낮아져 상식이 됩니다.

우리는 이러한 흐름을 '기술의 민주화'라고 부릅니다. 100년 전 사람들이 현재로 시간여행을 왔다면 그들의 눈에 인터넷과 스마트폰을 자유자재로 다루는 현대인들은 모두 위대한 마법사처럼 보일 것입니다.

이 책을 읽고 있는 대부분의 독자는 아직 생성형 AI를 다루거나 그것을 통해 콘텐츠를 생산해 내는 것에 대해 어려움을 가지고 있을 것입니다. 그리고 생성형 AI를 자유자재로 다루며 양질의 콘텐츠를 생성하고 브랜딩과 수익화를 만들어 내는 사람들을 보면 마치 마술을 부리는 마법사처럼 보이고, 부러워하기도 할 것입니다.

하지만 이 생성형 AI를 다룰 줄 아는 기술이나 능력 역시 시간이 흘러 기술의 민주화 과정을 거쳐 우리에게 익숙해지는 순간이 분명 다가올 것입니다. 결국 누가 얼마나 먼저, 다양하게, 지속적으로 경험하느냐가 차이를 만들어 낼 것입니다.

누군가가 "나는 서울에서 부산까지 기차와 달리기 시합에서 이기기 위해 열심히 달리기 연습을 하고 있어."라고 말한다면 무슨 생각이 드나요? 아마 황당하다는 생각이 먼저 들 것입니다. 다소 극단적인 예시이지만 아무리 열심히 달리기 연습을 한다고 해도 인간이 수십, 수백 km/h의 속도로 달리는 기차를 이긴다는 것은 불가능합니다. 현명한 사람이라면 빨리 인터넷을 켜거나 매표소에 달려가 부산행 KTX 티켓을 끊을 것입니다. 즉 현명한 사람은 방법을 찾고, 도구를 활용하게 된다는 뜻입니다.

이런 현명한 사람들은 기회를 잘 포착합니다. 기회는 판의 이동기에 등장합니다.

첫 번째 판은 1970~80년대에 최고의 개인용 PC라는 도구의 등장과 함께 시작되었습니다. 전 세계에 놀라움과 두려움, 기대와 흥분이 공존했습니다. 그리고 PC라는 도구는 세상의 중심이 되었습니다.

시간이 흘러 두 번째 판이 등장했습니다. 스마트폰이라는 새로운 도구가 등장했고, PC에서 모바일로 빠른 전환을 시도한 기업인 아마존, 구글, 애플, 메타(구 페이스북)와 같이 현재 세계를 지배하고 있는 글로벌 공룡 기업들을 만들어 냈습니다.

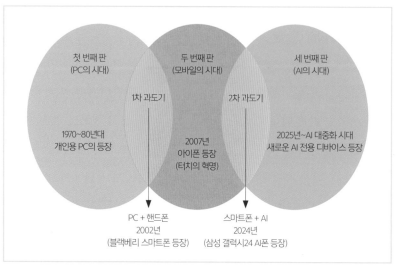

판의 이동기에는 늘 기회가 찾아온다.

다시 시간이 흘러 세 번째 판의 움직임으로 지각 변동이 일어나고 있습니다. AI라는 새로운 도구가 등장했고, 제2의 모바일 모멘텀(Momentum)을 기대하며 빅테크 공룡들의 총성 없는 기술 전쟁으로 AI에 대한 관심이 뜨겁습니다.

컴퓨터의 등장이 그랬고, 모바일의 등장이 그랬습니다. 기술이 발전하는 동안 새롭고 혁신적인 도구들은 계속해서 등장해 왔습니다. 그때마다 우리의 삶과 산업의 구조는 변화를 겪어 왔습니다.

우리가 기억해야 할 사실은 이 판의 이동기에 기업이나 개인에게 많은 기회가 주어진다는 점입니다. 이러한 변화와 새로운 도구가 등장할 때 누군가는 나와는 상관없는 일이라며 안주했지만, 누군가는 먼저 변화를 수용하고 도구를 경험하며 새로운 판의 중심으로 이동했습니다.

중요한 사실은 그 기술과 새로운 도구의 등장이 나타나는 주기가 점점 짧아지고 있다는 점입니다. 기억하십시오. '올 것은 반드시 옵니다.' AI가 중심이 되는 세상, AI를 다루고 활용할 줄 아는 기업과 개인이 기회와 주도권을 잡는 세상이 분명히 오게 됩니다. 판의 이동 시기, 새로운 도구가 등장하는 순간을 주목해야 하는 이유입니다.

　2023년 7월 미국 샌프란시스코의 한 도로에서 제너럴모터스(GM)의 크루즈 자율주행 택시가 길 한가운데에 비상등을 켜고 멈춰 서 있는 사진과 영상이 SNS를 떠들썩하게 했습니다.

제너럴모터스(GM) 자율주행 택시가 길 한가운데에 정차해 있는 장면

safe street rebel

　갑자기 자동차를 멈춰 서게 한 원인은 트래픽콘(Traffic Cone)으로 불리는 빨간색 삼각뿔 모양의 작은 경고판이었습니다. 이는 시민들의 안전이 위협받고 있는 데다가 도시가 마치 자율주행 기술의 시험장처럼 쓰이는 것에 대해 항의하고 경각심을 주기 위해 벌인 시위 때문에 일어난 일이었습니다.

　작은 고깔 하나를 씌웠을 뿐인데 로보택시가 꼼짝도 하지 못했다는 첨단기술의 맹점을 지적하기 위해 진행한 것입니다. 사람들은 이를 19세기

388

초반 영국에서 일어난 러다이트 운동(신기술 저항운동)과 비교해 21세기 러다이트 운동이라고 부릅니다. 이를 통해 우리는 기술 발전의 단계나 속도도 중요하지만 이를 받아들이는 사회적 수용성이 뒷받침돼야 한다는 것을 알 수 있습니다.

역사적으로 혁신적인 도구의 출현은 늘 '기회 vs 위험'을 동시에 가져왔고, 양쪽의 팽팽한 대결 구도를 불러오며 서서히 사회 전반의 문화와 경제 구조를 바꾸었습니다. 19세기 초 증기기관을 이용한 방직기가 본격적으로 도입되면서 1811년 영국에서 러다이트 운동이 벌어졌습니다. 직조 공정의 대부분이 자동화되어 더 이상 직조공이 필요 없게 되자 경쟁에 밀린 수공업자들이 벌인 기계 파괴 행위입니다.

그들은 기계가 노동자들을 가난으로 내몬 원인이라고 지목하며 게릴라 부대를 만들어 기계를 파괴하고 공장주들을 위협하며 근로 조건과 처우 개선 등을 요구했습니다. 사회 구조 변혁 과정에서 생긴 문제와 신기술에 밀린 기존 산업 종사자들의 두려움과 분노가 기계를 파괴하는 반발로 이어진 것입니다.

이번에는 1877년으로 이동해 보겠습니다. 토머스 에디슨이 세계 최초로 축음기를 발명해 공개할 당시 많은 음악가는 축음기가 자신의 일자리를 빼앗을 것이라고 생각했습니다. 당시 음악가와 관련업 종사자들은 축음기가 자신들의 일자리를 빼앗을 것이라며 '위험'이라는 반대 목소리를 냈습니다. 하지만 축음기 탄생 이후 음악은 끊임없이 변화하며 더 많은 관심을 불러일으키고, 더 많은 서비스와 일자리를 만들어 내며 '기회'를 제공해 주고 있습니다.

러다이트 운동 이후 직조공들을 포함한 노동자들의 처우는 개선되었지만 과학기술의 발전과 공장 자동화는 멈출 수 없었던 것처럼 현재 진행 중인 AI 혁명 역시 막을 수 없기는 마찬가지일 것입니다. 역사적으로 새로운 도구가 등장할 때마다 위험과 기회는 항상 동시에 찾아왔습니다.

이제 우리 앞에 생성형 AI 기술이 다가와 있습니다. 독자 여러분에게 묻겠습니다. 당신은 '위험'과 '기회'의 문 중 어떤 문을 열겠습니까?

백문불여일용(百聞不如一用)의 시대

백문불여일견(百聞不如一見)이라는 말은 누구나 한 번쯤 들어봤을 것입니다. '백 번 듣는 것보다 한 번 보는 것이 낫다.'는 뜻으로 무엇이든지 스스로 직접 경험해야 제대로 알 수 있다는 말입니다. 생성형 AI의 시대와 마주한 현재 이 말을 이렇게 바꾸어 보려 합니다. 바로 백문불여일용(百聞不如一用)입니다. 견(見, 볼 견)이 용(用, 쓸 용)으로 바뀌었습니다. '백 번 듣는 것보다 한 번 사용해 보는 것이 낫다.'는 뜻입니다. 앞으로 우리가 마주하며 살아가야 할 세상은 무엇이든지 스스로 직접 활용해 봐야 제대로 알 수 있고, 그것을 내 삶과 일상에 적용해 경쟁자들보다 앞서 나아갈 수 있게 될 것입니다.

초등학교 2학년 아들과 이제 마흔이 된 아빠 둘 중 누가 더 많은 경험과 지식을 가지고 있을까요? 이에 대한 독자 여러분의 답은 당연히 아빠일 것입니다. 하지만 게임 속 세상으로 들어가면 이야기는 전혀 달라집니다. 요즘 초등학생들이 즐겨하는 브롤스타즈라는 게임 속에서는 나이, 성별, 학력, 직급 등의 사회적 배경은 전혀 중요한 기준이 아닙니다. 레벨 3인 아빠와 레벨 50인 아들의 대결에서 아빠는 매번 패배합니다. 레벨 즉 실력이 서열입니다.

생성형 AI 시대의 핵심은 '경험과 실력'이 기준이 되고 중요해진다는 사실입니다. 나 자신을 대변하는, 개인화되고 더 지능적인 1인 1AI의 시대가 다가오고 있습니다. 생성형 AI가 나아가고자 하는 방향 또한 AGI(Artificial General Intelligence, 범용인공지능)와 개인화를 향할 것입니다. 그럼 생성형 AI 에 대응하여 우리는 어떻게 해야 할까요?

다양한 생성형 AI 기술에도 관심을 가지고 직접 경험을 통해 내 삶과 일상에 어떻게 적용해 볼지에 대해 고민해 봐야 합니다. 적응을 늦추는 것은 시대에 뒤처지는 결과만 가져올 뿐입니다. 새로운 기술에 대한 빠른 이해, 그에 따른 가이드를 만들어 우리의 것으로 만드는 시행착오를 앞당기는 것이 답일 수 있겠습니다.

다양한 생성형 AI를 하나하나의 '점'으로 생각해 보기 바랍니다. '점'과 '점' 이 만나 '선'을 이루고, 이 '선'과 '선'들이 만나 '면'을 이루듯 각각의 생성형 AI 툴들은 단독의 서비스로 보면 하나의 점에 불과합니다. 하지만 챗GPT 라는 하나의 점이 콘텐츠를 기획하고, 비디오스튜라는 하나의 점이 영상을 생성하고, 이 노하우들을 잘 정리해 감마 AI로 슬라이드로 만든다면 점과 점이 연결되어 선이 만들어지면서 새로운 '강의 콘텐츠'가 탄생합니다. 이와 같이 점과 점의 연결, 선과 선의 연결로 인해 나의 브랜딩과 수익화까지 연결될 수 있습니다.

이 책을 통해 배우게 될 수많은 생성형 AI 서비스를 하나의 서로 다른 점으로만 볼 것이 아니라 '어떻게 선으로 만들지?', '어떻게 면으로 만들어 나의 브랜딩과 수익화로 만들어 낼 수 있을까?'라는 질문을 던지며, 읽고 직접 실행해 보기 바랍니다.

이제는 AI가 논문도 쓰고, 읽고, 구현하고, 설계도 합니다. AI로부터 AI가 탄생하는 모습을 보며 AI를 만드는 것 자체는 여전히 인간의 몫이라는 믿음은 이미 오래전에 사라졌습니다. 아직 인간만의 몫이라고 생각하고 있다면 시대착오적인 흐름에서 빨리 벗어나기 바랍니다.

생성형 AI 시대에 AI를 잘 해석하고 다루는 역량만큼은 인간이 가져가야 할 고유 가치라 생각합니다. 각자만의 IP를 통해 콘텐츠 크리에이터로 거듭나기 위해서는 메타버스와 생성형 AI에 대해 백 번 듣는 것보다 한 번 콘텐츠를 만드는 것을 보는 게 낫고, 백 번 콘텐츠를 만드는 것을 보는 것보다 한 번 깨우침이 나으며, 백 번 깨우침보다 한 번 행하는 것, 즉 직접 만들어 보는 것이 낫습니다.

이 책을 통해 나만의 IP 만들기를 직접 실행에 옮겨 보기 바랍니다. Web 2.0 시대에 블로그, 인스타그램, 유튜브 등의 채널로 브랜딩을 구축했던 이들이 부러웠다면, Web 3.0 시대에는 바로 내가 타인의 부러움을 살 주인공이 되어 있을 것입니다.